ars vivendi

SIEGFRIED ZELNHEFER, geboren 1956, war Leiter des Presse- und Informationsamts der Stadt Nürnberg. Er ist promovierter Historiker, Journalist und Autor mehrerer Bücher. Zuletzt erschienen bei ars vivendi *Nürnberg und die Spuren des Nationalsozialismus*, *Das Nürnberger Christkind* und *Die Bratwurst*.

THOMAS GEIGER, Jahrgang 1961, ist Fotografenmeister und Bildjournalist. Seit mehr als 30 Jahren arbeitet er als Freiberufler. Sein Spezialgebiet sind Reportagen und Porträts aus Industrie und Wirtschaft. Der Naturliebhaber hat für dieses Buch Nürnberg mit der Kamera so intensiv erkundet wie noch nie zuvor.

Siegfried Zelnhefer

NÜRNBERG

Ein Stadtporträt in 50 Kapiteln

Mit Fotos von Thomas Geiger

ars vivendi

In diesem Buch wird in der Regel das generische Maskulinum verwendet, ohne Frauen und Diverse auszuschließen oder abzuwerten. Sie sind immer gleichwertig gemeint und angesprochen.

Originalausgabe

1. Auflage Juni 2024

Bauhof 1, 90556 Cadolzburg

www.arsvivendi.com

Lektorat: Dr. Eva Elisabeth Wagner
Umschlaggestaltung: Annalena Weber
Satz: Annalena Weber; ars vivendi
Druck und Bindung: Pustet, Regensburg
Gedruckt auf Magno Volume weiß holzfrei

Printed in Germany

ISBN 978-3-7472-0603-4

INHALT

KULTUR UND RELIGION

ORTE UND INSTITUTIONEN

ZU DEN DOPPELSEITIGEN FOTOS:

Vorwort

Das was war, interessiert uns nicht
darum, weil es so war, sondern
weil es in einem gewissen Sinne noch ist.
ERICH FRIED

Was macht Nürnberg aus? Nürnberg kann auf eine schriftlich dokumentierte Geschichte von fast tausend Jahren zurückblicken. Archäologische Funde belegen eine noch um ein paar Jahrtausende längere Existenz menschlicher Ansiedlungen. Seit dem Mittelalter hat sich Nürnberg stetig entwickelt, stieg auf zur Freien Reichsstadt, war eine beliebte Kaiserpfalz, europäische Metropole – »Quasi Centrum Europae«, meinte Regiomontanus –, erlebte einen bemerkenswerten Niedergang, wurde 1806 nicht freiwillig Teil des Königreichs Bayern, schwang sich mit der Industrialisierung nochmals zu neuer Größe auf, um im 20. Jahrhundert nach kurzen demokratischen Jahren zu einer weltweit bekannten Symbolstadt des Nationalsozialismus zu verkommen. Und aus den Weltkriegstrümmern erwuchs wieder eine blühende Stadt, was sich 1945 niemand hätte vorstellen können.

Nürnbergs Vergangenheit ist geprägt von Erfolgen und Niederlagen, von Kontinuitäten und Brüchen, von Verbrechen und dem Eintreten für die Menschenrechte. Manche Linien ziehen sich durch viele Jahrhunderte. Die Stadt steht aber auch für mehr. »Nürnberg spiegelt nun einmal deutsche Geschichte in ihren Höhe- und Tiefpunkten«, stellte der Historiker Gerhard Pfeiffer im Dürerjahr 1971 fest. Das Nürnberg von heute ist auch das Ergebnis des Nürnbergs von gestern und vorgestern.

Manches vergangene Geschehen und Hinterlassenschaften wie die Reichsparteitagsbauten sind so berühmt (geworden), dass Nürnberg damit auch in Zukunft assoziiert wird – ob es die

Bürgerinnen und Bürger wollen oder nicht. Bei aller Veränderung bleiben auch Konstanten, die für die Identität(sbildung) der Einwohner von Bedeutung sind.

Der Kölner Dom steht für Köln, das Ulmer Münster für Ulm und das Brandenburger Tor für Berlin. Nürnberg ist reich an solchen Erkennungsmerkmalen: Kaiserburg, Albrecht Dürer, Christkindlesmarkt, Bratwurst, Lebkuchen, der Club – und auch das Reichsparteitagsgelände, die »Nürnberger Prozesse« und die ganze NS-Vergangenheit mit all ihren Folgen. Die Stadt ist jedoch so vielfältig, dass sie sich nicht auf eines dieser Stichworte reduzieren ließe.

Vor allem drei geschichtliche Phasen prägen Nürnberg bis heute: die in der Dürerzeit an der Wende vom Spätmittelalter zur Renaissance kulminierenden erfolgreichen Zeiten von Aufstieg, Internationalität, Prosperität und stetem Bedeutungszuwachs; die Industrialisierung ab der Mitte des 19. Jahrhunderts und – die NS-Zeit. Von all diesen Epochen künden in der Stadt viele Bauwerke. Heute strömen die Touristen in die Stadt wegen Kaiserburg, Henkersteg, Männleinlaufen – und wegen der beispiellosen NS-Bauten. Nürnbergs Rolle als führender Industriestandort Bayerns bis in die zweite Hälfte des 20. Jahrhunderts haben weniger Menschen vor Augen. Vielleicht auch nicht einmal die Einheimischen.

Nürnberg ist in der Außenwahrnehmung noch immer bestimmt von seiner verklärenden romantischen Vergangenheit. Der Dichter Max von Schenkendorf (1783–1817) hat es so formuliert:

»Wenn einer Deutschland kennen / Und Deutschland lieben soll, / Wird man ihm Nürnberg nennen, / Der edlen Künste voll. / Dich, nimmer noch veraltet, / Du treue, fleißige Stadt, / Wo Dürers Kunst gewaltet / Und Sachs gesungen hat.«

Rund 200 Jahre später hat der Nürnberger Autor Klaus Schamberger seiner Heimatstadt ein Mundartgedicht mit der Überschrift »Närmberch an der Bengerz« gewidmet. Die erste Strophe lautet:

»Nix Halbs, nix Ganz / Nix Grouß, nix Glanns / Hald asuu zwischerdrin / zwischern Schuggerd und Nordosdring / Zwischer Kouhweiher, Kanal und Bengerz / Dou bumberd mei Lebkoungherz / Iich mecherd nercherds leem wäi dou / Iich bin hald a Bäiderlasbou.«

Dieses Buch zeichnet ein persönliches Bild der Stadt im dritten Jahrzehnt des 21. Jahrhunderts. Bei allem Bemühen, das Wesentliche zu erfassen, ist die stoffliche Auswahl durchaus subjektiv. Was mir besonders wichtig erscheint, nimmt mehr Platz ein als andere Themen. Manche Inhalte tauchen in mehreren Kapiteln auf. Dieses Buch erhebt keinen wissenschaftlichen Anspruch. Der besseren Lesbarkeit wegen fehlen Fußnoten. Gleichwohl habe ich versucht, die Fachliteratur so gut wie möglich zu berücksichtigen. Medienberichte, schriftliche Dokumente, Gespräche mit Zeitzeugen, aber auch eigene Beobachtungen sind in meine Darstellung eingeflossen.

Nürnberg wird seit jeher intensiv erforscht. Es gibt zu vielen Themen sehr aufschlussreiche Aufsätze und Bücher. Wer sich genauer mit der Stadt beschäftigen will, findet im Literaturverzeichnis zahlreiche Hinweise. Ich danke allen akribischen Wissenschaftlern, Forschern, Journalisten, Heimatkundlern und anderen Neugierigen, deren veröffentlichte Erkenntnisse ich nutzen konnte.

Der Blick auf Geschichte und Gegenwart ist immer bestimmt von der eigenen Position, dem jeweiligen Zeitalter und dem Stand der Erkenntnisse. Als ein inzwischen einigermaßen gereiftes Kind dieser Stadt schaue ich auch mit einiger Anteilnahme und Sympathie auf »mein Nürnberg«.

Siegfried Zelnhefer

NAMEN UND BEGRIFFE

Sigena

Symbol der Freiheit

Am Anfang der verbrieften Geschichte der Stadt Nürnberg stand vielleicht so etwas wie Liebe. Wenn Liebe überhaupt eine Gefühlsempfindung war, die in diesen Zeiten eine Rolle spielte. Gerne würden wir von den handelnden Personen mehr wissen. Doch es gibt keine näheren Hinweise. Vielleicht ging es auch nur um einen formalen Akt oder um rechtliche Gewissheit. Auf jeden Fall ist mit einem besiegelten Dokument vom 16. Juli 1050 bezeugt, dass Kaiser Heinrich III. (1016/17–1056) in »Norenberc« (siehe Kapitel »Norenberc«) die Unfreie Sigena freigelassen hat. Damit erblickte erstmals der Stadtname Nürnberg das Licht der schriftlichen Welt. Deshalb ist die Sigena-Urkunde so bedeutsam.

Schon lange gilt der 16. Juli 1050 als »Stadtgründungstag«, was ein wenig irreführend ist. Denn gegründet wurde an diesem Tag nichts. Es konnte an einem namentlich benannten Ort ja nur etwas beurkundet werden, wenn es den Ort schon gab. Tatsächlich existierten schon einige Zeit zuvor eine Ansiedlung, eine Burg und zwei Königshöfe, in denen der Herrscher logierte, wenn er in Nürnberg Station machte. Wahrscheinlich hat Heinrich III. bei diesem Aufenthalt im Königshof südlich der Pegnitz bei der heutigen St. Jakobskirche residiert. Der andere Hof lag dort, wo seit 1718 die barocke St. Egidienkirche steht. Der König hatte keinen festen Sitz. Er war ständig unterwegs. Die Regierungsgeschäfte wurden auf Reisen und aus dem Sattel erledigt.

So machte Heinrich III. Mitte Juli 1050 auf dem Weg von Burgund nach Mitteldeutschland wieder einmal in Nürnberg

links Die überlebensgroße Figur steht vor dem Sigena-Gymnasium in Gibitzenhof. Leo Smigay hat die Statue 1958 geschaffen.

Station, um hier einen Hoftag, in diesem Fall eine Versammlung mit den bayerischen Fürsten, abzuhalten. Bei der Gelegenheit wurde auch ein Feldzug gegen die Ungarn beschlossen – eine schwerwiegende Entscheidung. So zeigt die Bedeutung der Zusammenkunft, dass Nürnberg schon Mitte des 11. Jahrhunderts eine wichtige Rolle gespielt haben muss.

Sigena – ein germanischer Name mit der Betonung auf der ersten Silbe – war eine Leibeigene des Adligen Richolf. Beider Herkunft ist ungewiss. Er war vermutlich ein nicht unbedeutender »Königsbeamter«, ein Königsgutsverwalter oder Burgkommandant, möglicherweise aus dem Raum Bamberg. Deshalb liegt es nahe, dass Heinrich III. gerne die Bitte seines »Mitarbeiters« um Freilassung erfüllt hat.

Leibeigene waren abhängig von ihrem Herrn, durften sich nicht vom Hof entfernen, wegziehen oder heiraten. Sie waren auch zu Abgaben, etwa Naturalien oder Geld, verpflichtet. Zum Zeichen, dass es diese Zinshörigkeit nicht mehr gab, schlug der König Sigena eine Münze aus der Hand. Der Schatzwurf (»manumissio«) war ein üblicher und jedem verständlicher bildhafter Akt.

Wie können wir uns die Leibeigenschaft von Sigena vorstellen? Unfreie Frauen erfüllten nach Gabriele Wood zahlreiche Aufgaben: »Sie brauten Bier, mahlten Getreide, backten Brot, versorgten das Vieh im Stall, sammelten Beeren, legten Gemüse- und Kräutergärten an, ernteten Getreide und verarbeiteten Naturalien.« Dazu kamen die Herstellung von Kerzen, Seife, Tongefäßen und Textilarbeit. Sigena könnte auch in einer Webwerkstatt tätig gewesen sein. In der Urkunde wird sie als »serva« bezeichnet, was darauf hindeutet, dass sie keine »einfache« Leibeigene war. Möglicherweise hat sie wegen ihrer eigenen Verdienste selbst zu ihrer Befreiung beigetragen, vielleicht auch weil sie am Königshof schon eine gehobene Stellung innehatte.

Ihre Freilassung hatte bedeutsame Rechtsfolgen. In der Übersetzung der lateinischen Urkunde steht: »Wir haben sie ganz vom Joch der Hörigkeit gelöst, sodass die genannte Sigena von nun an das gleiche Recht und die gleiche Freiheit genießen soll, wie sie die übrigen von Königen und Kaisern freigelassenen Leibeigenen bisher genossen haben.« Das kam einer Nobilitierung gleich. Dabei waren in jener Zeit Freilassungen nicht selten. Die Nürnberger Urkunde war schon vorgefertigt wie ein Standardformular. Es wurde an einer Stelle nur der Name »Sigena« eingesetzt. Nun war Sigena rechtlich Richolf gleichgestellt. Vielleicht wollten die beiden heiraten und so sichergehen, dass ihre Kinder ebenfalls frei sein konnten. Vielleicht hatten sie schon gemeinsame Kinder, die sie legitimieren und ihnen die Unfreiheit ersparen wollten. Wir wissen es nicht. Auch nicht, was aus Sigena und Richolf geworden ist.

Für das 1958 gegründete Sigena-Gymnasium hat der polnische Künstler Leo Smigay (1900–1970), 1946 Gründer der noch heute existierenden Künstlergruppe »Der Kreis«, eine vom Expressionismus beeinflusste überlebensgroße Statue aus Muschelkalk geschaffen. Die Figur ist gesichtslos, wirkt elegant und geheimnisvoll. Smigay »sah die Freigelassene als lang gewandete junge Frau, die, das Gesicht erhoben, in eine neue Zukunft schreitet.« Die Skulptur entstammt einem Steinblock, der für das Reichsparteitagsgelände vorgesehen war. Es sollte zeigen, »dass aus dem harten Stein der Diktatur weiche demokratische Linien entstehen können« (Gabriele Wood).

Dabei waren in jener Zeit Freilassungen nicht selten. Die Nürnberger Urkunde war schon vorgefertigt wie ein Standardformular.

In Ermangelung sicherer Quellen wurde Sigena immer wieder zur Projektionsfigur. Man muss nichts überinterpretieren. Fest steht: Am Anfang der schriftlich dokumentierten Geschichte Nürnbergs steht Sigena. Und schön ist der Gedanke schon, dass Nürnbergs erste urkundliche Erwähnung möglicherweise einer Liebesgeschichte zu verdanken ist. Sigena bleibt ein Symbol der Freiheit.

Nürnberg
Nürnberg
Ziegelstein
NÜRNBERG

Norenberc

Woher der Stadtname kommt

Manches ist selbstverständlich. Namen zum Beispiel. Man heißt eben so, wie man heißt. Aber warum heißt Nürnberg Nürnberg? Sicher ist: In der Sigena-Urkunde vom 16. Juli 1050, der ersten schriftlichen Erwähnung Nürnbergs, ist von Norenberc die Rede. Später gibt es Varianten wie Norenberg (1061), Nuorenberc (1062), Nveremberc (1077), Nurnberg (1138), Nurinberch (1142), Norenberch (1155), Nuerenberc (1165) oder Nurnberc (1186). Im Mittelalter war sprachlich noch einiges im Fluss.

In den vergangenen Jahrhunderten kursierten zum Teil seltsame Ableitungen des Namens, etwa »Nur ein Berg«, »Neuromberg« oder »Nahrungsberg«. Originell ist auch die Rückführung auf den römischen Kaiser Nero, wonach Nürnberg seinen Ursprung in »Neroberg« habe. Dabei vergaßen die Erfinder dieser Theorie, dass der römische Einfluss am Limes bei Weißenburg endete und auch sonst nichts darauf hinweist, dass Nürnberg je etwas mit den alten Römern zu tun gehabt hätte. Ähnlich verhält es sich mit einer vermeintlichen Anlehnung an die römische Provinz »Noricum«, die überwiegend Teile des heutigen Österreichs umfasste.

Seriöse Forscher haben zwei sehr wahrscheinliche Erklärungsmuster für die Namensgebung gefunden. Nach der einen Version hat die Burg ein Mann namens »Noro« gegründet. Diese These haben über Jahrzehnte mehrere Wissenschaftler zu bekräftigen versucht. Ein bei Aalen gefundener Halsring eines Germanen aus dem 5. Jahrhundert n. Chr. mit der Runenschrift des Namens des Trägers »Noru« sollte sie stützen. Doch eine

links Der Stadtname ist an vielen Straßen zu sehen, manchmal auch in Kombination mit dem kleinen Stadtwappen.

schriftliche Quelle dafür gibt es nicht. Die zweite Version leitet den Stadtnamen vom alten Wort »nuor« oder »nor« für Fels ab. Die Adjektive »nuorin« oder »norin« bedeuten »felsig«. »Norenberc« meint also nichts anderes als »Felsberg«. Dieser Deutung kann man sich nicht verschließen.

Der Nürnberger Sprachforscher und Historiker Herbert Maas hat das einmal sehr anschaulich so zusammengefasst: »So kann man an den drei Stufen der Entstehung des Namens ganz deutlich die Entstehung der Stadt verfolgen: 1. der Norenberc: ein unbesiedelter, aus der eintönigen Gegend ragender Fels. 2. Nürnberg: der Name der auf diesem Berg erbauten Burg. 3. Nürnberg: der Name der zu Füßen und im Schutz der Verteidigungsanlage wachsenden Siedlung.«

Bleibt noch der gebräuchliche Name »Noris«, gern auch »alte Noris« genannt. Dabei schwingen Assoziationen an irgendeine »gute alte Zeit« mit, wann immer die gewesen sein möge. Dutzende von Firmen in der Stadt haben sich diesen Begriff für ihr Unternehmen zu eigen gemacht. Das Synonym für den Stadtnamen Nürnberg hat aber nichts mit den Norikern zu tun. Vielmehr ist es einer Mode des 16. Jahrhunderts geschuldet, als vieles latinisiert wurde. Helius Eobanus Hessus, ein Dichter jener Zeit, bezeichnete Nürnberg als »noris amoena« (liebliche Noris). Auch in lateinischen Urkunden wurde Nürnberg als »Noricum« oder »Norimberg« benannt. Und von da ist es nicht mehr weit zur heutigen Bezeichnung in romanischen Ländern. Italiener beispielsweise besuchen nicht den Christkindlesmarkt in Nürnberg (mit dem seltsamen Umlaut »ü«), sondern freuen sich einfach auf »Norimberga«.

Auch in lateinischen Urkunden wurde Nürnberg als »Noricum« oder »Norimberg« benannt. Und von da ist es nicht mehr weit zur heutigen Bezeichnung in romanischen Ländern.

Den meisten Einheimischen dürften diese sprachlichen Betrachtungen ziemlich egal sein. Wer in Nürnberg aufgewachsen und mit der ortsüblichen Mundart vertraut ist, ist eh nicht in Nürnberg zu Hause, sondern in »Närmberch« (so schreibt es der Nürnberger Autor Klaus Schamberger). Das ist nahe dran am quasi hochdeutschen Namen. Aus »Nürn« wird »Närm«. Doch auch im Dialekt ist der Name zu Varianten fähig. Der fränkische Erfolgsschriftsteller Fitzgerald Kusz (*Schweig, Bub!*) zum Beispiel verzichtet auf das »r« und spricht von »Nämberch«.

Sandstein

Geschenk der Erdgeschichte

Wo auch immer man sich in Nürnberg bewegt, zumal im Zentrum, sticht er einem ins Auge: der Sandstein. Nürnberg ist auf und mit Sandstein gebaut. Die Kaiserburg steht auf Sandstein. Zu ihren Füßen schimmert er in all seinen roten und braunen Schattierungen. Hier haben Geologen dieses markante Gestein auch erstmals wissenschaftlich untersucht und der so genannten Typlokalität deshalb den Namen »Burgsandstein« gegeben. Er kommt aber auch in anderen Teilen Frankens vor.

Die Festungsanlage, die Stadtmauer, die Frauenkirche, St. Sebald und St. Lorenz, stolze Bürgerhäuser wie das Pellerhaus, das Unschlitthaus oder die Mauthalle, unzählige private Anwesen und Wohnhäuser, Brücken, Mauern, Einfriedungen bis zu den Grabmalen auf dem St. Johannis- oder Rochusfriedhof – es gibt wenige Städte in Deutschland, die so sehr vom einheimischen Gestein geprägt sind wie Nürnberg. Alle historischen und baugeschichtlichen Epochen von der Romanik und Gotik über die Renaissance, das Barockzeitalter (vor allem noch an St. Egidien abzulesen), die klassizistische Phase und die Gründerzeit bis in die Gegenwart spiegeln sich in diesem Baumaterial.

Nur große öffentliche und kirchliche Gebäude waren schon im Hochmittelalter in Steinbauweise entstanden. Auch patrizische Häuser dürften oft schon durchgehend mit Stein gebaut worden sein. Bescheidenere Gebäude errichtete man mit Fachwerk. Die Rohstoffe fand man lange im großen Reichswald und in den nahen Steinbrüchen. Das einfache Bürgerhaus verfügte meist über ein steinernes Erdgeschoss, die Etagen darüber waren

links Die verschiedenen Farbschattierungen des heimischen Sandsteins sind besonders gut unterhalb der Burgfreiung zu erkennen.

in Fachwerkbauweise errichtet. Das Holz als Baumaterial verschwand jedoch immer mehr. Im 16. Jahrhundert verbot der Rat den Neubau von Fachwerkhäusern und bestimmte, dass nur noch Steinbauten errichtet werden durften. Allein das letzte Geschoss durfte Fachwerk aufweisen. Einerseits spielte der Brandschutz eine Rolle, andererseits geriet auch das Holz zur Mangelware, weil der Verbrauch enorm und die nachhaltige Forstwirtschaft noch nicht erfunden war. Seit 1622 musste »zu Verschonung des Walds und Abwendung Feuersgefahr« jedes neue Haus komplett aus Stein gebaut werden.

Der Stein legt in seiner optischen Vielfalt Zeugnis ab von der Stadt und ihrer Geschichte. Selten ist er monochrom. Er changiert, lässt auf engstem Raum verschiedene Farbnuancen zu. Heute strahlt er nach Jahrhunderten an der Oberfläche längst nicht immer in den prächtigsten Farben. Die Spuren der Zeit sind allerorten zu erkennen. Da und dort überzieht grünes Moos die Burgbastion. Viele Mauern und Fassaden sind grau bis schwarz: das Ergebnis jahrzehntelanger Umweltverschmutzung, vornehmlich ausgelöst durch den Autoverkehr, aber auch durch Qualm, Ruß und Abgase zahlreicher Kohleöfen, die lange Zeit in vielen Haushalten standen.

Das Schreyer-Landauer'sche Epitaph am Ostchor von St. Sebald, einst geschaffen von Bildhauer Adam Kraft (1455/60–1509), ist das traurigste Beispiel der Beschädigung bis hin zur Zerstörung des Sandsteins. Das Relief stellt drei Szenen der Passion Christi dar. Hier leidet aber auch das Material. Über den Figuren liegt schon lange eine dunkle Patina. Jahrzehntelang war die Straße zwischen Rathaus und Sebalduskirche eine wichtige Ost-West-Verkehrsachse. Tausende von Fahrzeugen passierten sie tagtäglich – bis sie in eine Fußgängerzone verwandelt wurde. Zum Umdenken mag auch das traurige Antlitz historischer Fassaden beigetragen haben.

Entstanden ist der Burgsandstein im Erdmittelalter – vor rund 215 Millionen Jahren zur Zeit des Mittleren Keupers im Trias. Es handelt sich um ein Sedimentgestein mit mindestens

50 Prozent Sandkörnern, die aus Mineralien, meistens aus Quarz, bestehen. Er ist mittel- bis grobkörnig. Eingelagertes Eisenoxid sorgt für die typische rotbraune Färbung. Ein erhöhter Quarzanteil macht den Stein besonders widerstandsfähig und witterungsbeständig.

Auf den Anhöhen rund um das Nürnberger Becken entdeckten die Menschen unter ihren Füßen das praktische Baumaterial. Schon im Mittelalter gab es in Nürnberg rund 30 Steinbrüche. Der Worzeldorfer Steinbruch im Süden der Stadt ist inzwischen der letzte seiner Art nicht nur in Nürnberg, sondern in ganz Mittelfranken. Die dort gebrochenen Steine tragen heute etwa zur Erneuerung schadhafter Stellen in der Nürnberger Stadtmauer bei. Sie boten auch den notwendigen Baustoff für die Rekonstruktion des Innenhofs des im Zweiten Weltkrieg zerstörten Pellerhauses, die die Altstadtfreunde in eigener Regie – und finanziert mit Millionenspenden – zwischen 2008 und 2018 erfolgreich betrieben. Manche aufgelassenen Steinbrüche sind als Naturdenkmal erhalten wie zum Beispiel der Hohlsteiner Steinbruch, ebenfalls in Worzeldorf gelegen. Dieser Ort ist heute in Nürnberg der letzte Lebensraum der Gelbbauchunke.

Auf den Anhöhen rund um das Nürnberger Becken entdeckten die Menschen unter ihren Füßen das praktische Baumaterial.

Sandstein gehört zu Nürnberg. Der Berliner Architekt Volker Staab hat dies erkannt und das heimische Naturmaterial im Neuen Museum respektvoll integriert. In den Sebalder Höfen am Laufertorgraben schuf er die längste neue Sandsteinfassade seit vielen Jahrzehnten – auch als Reminiszenz an die hier fehlende Stadtmauer. Da zur Bauzeit der Sebalder Höfe Burgsandstein nicht verfügbar war, kam hier der Rote Schweinstaler Sandstein (aus Rheinland-Pfalz) zum Einsatz. Sandstein ist ein Geschenk der Natur. Ein Geschenk der Erdgeschichte. Der spezifische Nürnberger Burgsandstein strahlt eine Wärme aus, der man tagtäglich begegnet.

Bratwurst

Kultprodukt seit 700 Jahren

Die Nürnberger Bratwurst, auch Nürnberger Rostbratwurst genannt, gehört zu dieser Stadt wie nur ganz wenige andere Produkte. Die Bratwurst ist omnipräsent. Beim Metzger, in einschlägigen Wirtshäusern, am Imbissstand, bei jeder Kirchweih und jedem Grillabend. Die Bratwurst gehört zu jedem Fest. Die Bratwurst ist Kult. Seit mehr als 700 Jahren.

Und sie ist eine kulinarische Botschafterin der Stadt weltweit. Denn sie wird in nahezu alle Länder Europas, nach Asien und in die USA exportiert. Viele handwerkliche Metzgereien, aber auch vier große industrielle Betriebe produzieren Nürnberger Bratwürste. Pro Jahr werden rund 1,5 Milliarden Bratwürste hergestellt. Am 15. Juli 2003 hat die Nürnberger Bratwurst in Europa das Gütesiegel einer »geschützten geografischen Angabe« (g. g. A.) erhalten. Mit dem Eintrag in das EU-Qualitätsregister steht sie beispielsweise auf einer Stufe mit dem italienischen Parmaschinken oder dem Grana Padano – oder dem Nürnberger Lebkuchen.

Eine Nürnberger Bratwurst darf nur so genannt werden, wenn der Metzger sie im Stadtgebiet herstellt und sich dabei auch an eine vorgeschriebene Rezeptur hält. Das Ausgangsmaterial sind grob entfettetes Schweinefleisch, Salz und Pfeffer. Ganz typisch ist die Majoran-Würzung. Manche Metzger geben auch noch eine Prise Piment, Macisblüte oder Zitronenabrieb hinzu. Die Nürnberger Bratwurst ist mittelgrob gekörnt. Sie wird im engen Schafsaitling auf sieben bis neun Zentimeter abgedreht. Im rohen Zustand wiegt ein Exemplar 20 bis 25 Gramm.

links Frisch vom Grill – so schmeckt die Nürnberger Rostbratwurst vielen Menschen am besten.

Damit ist sie die kleinste aller Bratwürste. Ein Alleinstellungsmerkmal.

Das Prinzip der Bratwurstherstellung ist seit rund 7000 Jahren zeichnerisch bezeugt. Schon in der *Odyssee* wird beschrieben, wie ein Ziegenmagen mit Fleisch und Blut gefüllt und anschließend gegrillt wird. In Nürnberg findet die Bratwurst erstmals 1313 schriftliche Erwähnung. Zu jener Zeit achtete die Obrigkeit auch schon auf Qualität. Metzger und Bierbrauer waren für die Grundversorgung der Stadtgesellschaft mitverantwortlich. Es ging auch um das gesundheitliche Wohl der Bevölkerung. Man stellte deshalb klare Regeln auf, was in die Pelle durfte. Vor allem kein minderwertiges Fleisch oder gar Abfälle. Stattdessen heißt es in der vom Rat erlassenen Satzung: »Alles Schweinelenden-Prät soll man in die Würste hacken.« Es handelte sich also um bestes Schweinefleisch, das in die Bratwurst wanderte. Nur spezialisierte Schweinemetzger durften die Nürnberger Bratwurst herstellen, und sie mussten ihre Produkte täglich den geschworenen, also vereidigten Metzgern und Marktmeistern vorlegen. Sie kontrollierten sie hinsichtlich der Rezeptur, Struktur, Fleischzusammensetzung und des Wassergehalts.

Vor 500 Jahren war die Nürnberger Bratwurst also etwa so groß und schwer wie eine fränkische Bratwurst unserer Tage.

1497 legte eine Metzgersatzung Größe, Art der Füllung und Preis fest. Aus einem Nürnberger Pfund (etwa 560 Gramm) waren danach für Garküchen fünf Würste, für Privatleute aus der gleichen Menge vier Würste herzustellen. Vor 500 Jahren war die Nürnberger Bratwurst also etwa so groß und schwer wie eine fränkische Bratwurst unserer Tage. Nach einer Legende soll die Nürnberger Bratwurst irgendwann so klein geworden sein, wie sie heute ist, damit sie auch nach der Sperrstunde durch das Schlüsselloch des Wirtshauses gereicht werden konnte. Tatsächlich gab es in Notzeiten schon kleinere Exemplare der Bratwurst.

Nachhaltig klein geworden ist die Nürnberger Bratwurst schließlich im 19. Jahrhundert. Sehr wahrscheinlich steckte eine geschickte Marketingaktion der Metzger und Gastwirte dahinter. Zum einen ließen sich im Wirtshaus vier Bratwürste à 25 Gramm teurer verkaufen als eine Wurst à 100 Gramm. Zum anderen zeigte sich auch, dass der originelle Winzling sich von allen anderen bratwurstigen Wettbewerbern deutlich abhob. 1817 schrieb Johann Wolfgang von Goethe an einen Bekannten in Nürnberg: »Vielleicht senden Sie mir, während der kalten Jahreszeit, ein Kästchen mit Nürnberger kleinen Bratwürsten, die wir lange entbehrten.« Nürnberger Bratwürste wurden zur Marke. Der im 19. Jahrhundert beginnende Tourismus half mit, die »Nürnberger« immer bekannter zu machen. Für Nürnberg-Reisende gehörte es zur Pflicht, in einem der zahlreichen Bratwurstlokale – allen voran das ikonenhafte »Bratwurstglöcklein« (im Zweiten Weltkrieg unwiederbringlich vernichtet) – einzukehren.

Seit gut drei Jahrzehnten haben Nürnberger Bratwürste auch im Bewusstsein der Bürger eine deutliche Aufwertung erfahren. Maßgeblich daran mitgewirkt hat der langjährige oberste Jurist der Stadt Hartmut Frommer (1941–2022). Er war der Motor und erste Vorsitzende des 1989 gegründeten Schutzverbands Nürnberger Bratwürste, in dem alle Bratwursthersteller Nürnbergs Mitglied sind. Der Verband bemühte sich erfolgreich um das g.-g.-A.-Label der Europäischen Union. Der Verein prüft die geografische Herkunft, achtet auf Qualität, kümmert sich um den Ausbau der Marke. Seit 2021 betreibt er am Trödelmarkt das Nürnberger Bratwurstmuseum. Noch Ende des 20. Jahrhunderts hatte Nürnberg versucht, sich von seinem angeblich negativen »Bratwurstimage« zu befreien. Davon kann keine Rede mehr sein. Was kann einer Stadt Besseres widerfahren, als über einen solchen unverwechselbaren kulinarischen Botschafter zu verfügen?

Gegrillte Nürnberger Bratwürste sind ein einfaches, aber wohlschmeckendes Gericht. Ihre traditionellen Beilagen wie Kartoffelsalat, Sauerkraut, Laugenbreze, Schwarzbrot, Senf und Meerrettich sind es nicht minder. Alles passt zum bodenständigen

Nürnberg. Und wenn die Qualität stimmt, ist der Hochgenuss perfekt. Die Bratwurst kennt auch keine Standes- oder Altersgrenzen. »Drei im Weggla« (Drei Bratwürste im Brötchen) – die gängige Darreichungsform am Imbissstand – schmeckt allen. In Zeiten des allzeit verfügbaren Fastfoods mit Burger, Falafel, Döner, Pizza und anderem behauptet sich die Bratwurst selbstbewusst und tapfer. Sie ist nicht nur typisch für Nürnberg, sondern auch etwas Verlässliches. Die Nürnberger Bratwurst stellt auch so etwas wie ein Stück Heimat dar. Sie ist eine kulinarische Botschafterin erster Güte, um die nach wie vor auch kein Tourist herumkommt.

Als klassische Begleitung zum Bratwurstgericht werden seit Jahrhunderten Wein und Bier gereicht. Bis zum Dreißigjährigen Krieg wurde in Nürnberg wie auch in ganz Süddeutschland mehr Wein als Bier getrunken. Beide Getränke waren vor allem Grundnahrungs- und erst in zweiter Linie Genussmittel. Der Wein stammte aus den Regionen am Main, vom Neckar oder vom Rhein, aber im 14./15. Jahrhundert auch aus sonnigen Hanglagen westlich der Altstadt. Der Hauptumschlagplatz war der noch heute so genannte Weinmarkt.

Im Satzungsbuch 1302–10 wird in Nürnberg erstmals Bier erwähnt. Festgeschrieben wurde unter anderem, dass ausschließlich mit Gerste zu brauen sei. Typisch war ein untergäriges Rotbier. Dabei handelte es sich in der Regel um ein dünnes, weniger alkoholstarkes Bier. Viele Brunnen im Stadtgebiet erleichterten das Bierbrauen – ebenso wie die kühlen Felsenkeller im Burgberg, die bestens zum Gären und Lagern geeignet waren, sowie die nahen Hopfenanbaugebiete um Spalt (nachgewiesen seit 1376) oder Hersbruck, das seit dem 18. Jahrhundert zunehmende Bedeutung errang. 1579 existierten in Nürnberg – innerhalb des heutigen Altstadtrings – 42 Brauereien. Die Zahl verringerte sich in den nachfolgenden Jahrhunderten stetig. 1806 waren es noch 34. In der Industrialisierung nahm die Konzentration auf wenige Großunternehmen zu, die die handwerklichen Betriebe verdrängten. Nürnberg exportierte 1880 173 000

Hektoliter und stand damit an der Spitze in Bayern. Der Konzentrationsprozess ging weiter. 1925 gab es noch fünf Brauereien. 1994 fusionierten die beiden letzten Brauereien »Tucher« und »Patrizier«, in der auch ehemalige Fürther Brauereien aufgegangen waren. Seit 2008 produziert Tucher auf einem neuen Betriebsgelände mit einem Sudhaus, das sowohl auf Nürnberger als auch Fürther Stadtgebiet steht. Die Tucher Bräu ist indes längst nicht mehr selbstständig. Sie gehört zur Radeberger Gruppe im Oetker-Konzern. Gleichwohl hat sich das Traditionsunternehmen wieder auf die Pflege alter Marken besonnen.

Die großen Hopfenanbaugebiete rund um Nürnberg und die verkehrsgünstige Lage trugen mit dazu bei, dass Nürnberg Ende des 19. Jahrhunderts zum Welthandelszentrum für Hopfen aufstieg. Mehr als 400 Firmen beschäftigten sich zeitweise mit dem Verkauf und Vertrieb von Hopfen. Viele Unternehmen lagen in jüdischer Hand und trugen so zum Prosperieren und Renommee der Stadt bei. Nach dem Zusammenbruch des Weltmarkts mit Beginn des Ersten Weltkriegs 1914 konnte Nürnberg diese Stellung allerdings nicht mehr halten.

Nürnberg wird wieder Rotbierstadt. Das hat sogar Tucher zu einer Neuauflage des Nürnberger Ursprungsbiers animiert.

Die 1984 am historischen Standort des ehemaligen Roten Brauhauses in der Bergstaße gegründete Hausbrauerei Altstadthof hat sich seither dem handwerklichen Brauen verschrieben. Die Brauerei Schanzenbräu ist ein anderes Beispiel des lokalen Bier-Revivals. Nürnberg wird wieder Rotbierstadt. Das hat sogar Tucher zu einer Neuauflage des Nürnberger Ursprungsbiers animiert.

In der weltweiten Bedeutung sind die Nürnberger Bratwürste dem heimischen Bier weit voraus. Doch beide lokalen Genussprodukte bleiben eng miteinander und mit Nürnberg verbunden.

Lebkuchen

Beliebt nicht nur zur Weihnachtszeit

Mit der Bratwurst verfügt Nürnberg schon über eine exzellente kulinarische Botschafterin. Sie ist aber nicht allein. Auch Nürnberger Lebkuchen sind weithin bekannt, sogar berühmt, eine Marke, ein von nicht wenigen hochgeschätztes Gebäck, vornehmlich in der Weihnachtszeit. Vorformen von gebackenem Honigkuchen wurden schon vor 3500 Jahren in Ägypten gegessen. Im Mittelalter waren in deutschen Landen die Klöster auf die Herstellung spezialisiert. Sie setzten den Teig auf Oblaten, damit er nicht auf dem Backblech festklebte. Zunächst diente das Gebäck der Eigenversorgung. Die nahrhafte Kost war glücklicherweise auch in Fastenzeiten erlaubt. Zudem war sie wegen des hohen Zuckeranteils haltbar. Pilger nahmen sie deshalb auch gerne als Proviant mit.

Später zog die Lebkuchenherstellung zunehmend auch in die Städte ein. Nürnberg war dafür aus zwei Gründen prädestiniert. Zum einen bot das ausgeprägte Zeidelwesen im Reichswald – »des Deutschen Reiches Bienengarten« – die Voraussetzung für die Gewinnung von notwendigem Honig: ein Standortvorteil. Zum anderen sorgten die internationalen Handelsbeziehungen dafür, dass exotische Gewürze aus dem Orient zur Verfügung standen. Neben heimischen Nüssen verliehen auch Anis, Kardamom, Ingwer, Muskatblüte, Piment, Koriander, Nelken, fremdländische Mandeln und vor allem Zimt dem Nürnberger Lebkuchen seine gewisse Note. Die günstige Verkehrslage Nürnbergs ermöglichte zudem den Export.

links In handwerklichen Bäckereien wird jeder einzelne Lebkuchen mit viel Sorgfalt hergestellt.

Woher das Wort Lebkuchen kommt, ist nicht eindeutig geklärt. Es gibt Ableitungen vom mittellateinischen *libum* (»Fladen«) und vom mittelhochdeutschen *leip* (»ungesäuertes Brot«), woraus sich der neuhochdeutsche »Laib« entwickelte. Andernorts heißen ähnliche Gebäcke Pfefferkuchen, Gewürzkuchen, Magenbrot oder Printen, englisch auch *gingerbread* (»Ingwerbrot«). Pfeffer war der Sammelbegriff für alle möglichen Gewürze. Belegt ist das Gebäck in Nürnberg schon im 13. Jahrhundert. Im Jahr 1395 taucht der Beruf des Lebküchners erstmals schriftlich auf. Schon 1487 erlangten die Nürnberger Lebkuchen eine besondere Berühmtheit. Kaiser Friedrich III. (1415–1493) ließ anlässlich des Reichstags an Kinder kleine Lebkuchen mit seinem Porträt verschenken, genannt Kaiserlein.

Lange Zeit war die Lebkuchenherstellung eine »Freie Kunst«. Jeder konnte sie ausführen. Oft hatten sich Bäcker spezialisiert. Doch die Lebküchner wollten als eigenes Handwerk anerkannt werden. Dagegen waren allerdings die übrigen Bäcker. Im Dreißigjährigen Krieg brach der Export zusammen. Am 17. April 1643 erließ der Rat eine Lebküchnerordnung, die die Lebkuchenherstellung in den Rang eines eigenen »Geschworenen Handwerks« erhob.

Neben den Lebküchnern gab es auch die Zuckerbäcker – eine solide Ausgangsposition für immer wieder auflebenden Streit. Durften die Lebküchner mit Zucker die Lebkuchen glasieren, auch wenn es ihnen nur erlaubt war, mit Sirup und Honig zu arbeiten? Die Zuckerbäcker sahen das anders. Sie wollten den Lebküchnern die Herstellung weißer Lebkuchen verbieten. 1808 entstand daraus sogar ein »Lebkuchenkrieg«. Schließlich entschied der erste bayerische König Maximilian I. (1756–1825) Anfang des 19. Jahrhunderts zugunsten der Lebküchner, die fortan Lebkuchen mit Schokoladen- *und* Zuckerguss herstellen durften. Mit der Einführung der Gewerbefreiheit 1867 hatte sich der Konkurrenzstreit endgültig erledigt.

Längst hatte der Wettbewerb aber auch schon andere Formen angenommen. Die Dampfmaschine ermöglichte eine neue

Massenproduktion. Es entstand eine Lebkuchenindustrie. Heinrich Häberlein begann als Erster. Die Firmen Metzger, Richter, Anker, später Wolff, Kißkalt oder Seim folgten. Georg Goess warb als »Älteste Lebküchnerei Nürnbergs« für sich, urkundlich bestehend seit 1610. Gottfried Wicklein rühmte sich ebenfalls, die älteste Lebküchnerei zu betreiben, zurückzuführen auf das Jahr 1615 – dank der Vorfahren seiner Frau.

1926 versandte Ernst Otto Schmidt (1892–1961) erstmals Lebkuchen aus Nürnberg weltweit. Ein einfaches, aber innovatives Vertriebskonzept, bei dem der Zufall Regie führte. Schmidts Bruder überließ ihm einem Güterwaggon voller Lebkuchen, die er von einem Kunden in Zahlung genommen hatte. Schmidt versandte die süße Ware in alle Welt. Später kaufte er Lebkuchen bei lokalen Bäckern ein. Bald entschloss er sich – zunächst in einer kleinen Backstube – zur eigenen Produktion. 1933 hatte das Unternehmen bereits rund hundert Mitarbeiter. 1938 enteigneten die Nationalsozialisten Schmidt. Den Zweiten Weltkrieg überstand die Firma nicht. 1948 konnte Schmidt mit dem Neuaufbau seines Betriebs beginnen. Die Brüder Martin und Rudolf Burkhardt traten in die Firma ein. Zwischen den dreien muss ein besonderes Verhältnis bestanden haben, denn 1960 adoptierte Schmidt die Geschwister. Nach seinem Tod ein Jahr später führten die Adoptivsöhne den Familienbetrieb weiter, doch Rudolf (1980) und Martin (1983) starben relativ früh. Ab 1983 leitete Rudolfs Witwe, die Grundschullehrerin Henriette Schmidt-Burkhardt, das Unternehmen. Die zupackende Geschäftsfrau machte in den nachfolgenden drei Jahrzehnten aus Lebkuchen-Schmidt nach Angaben des Unternehmens »den erfolgreichsten Lebkuchen-Versandhändler der Welt«. Seit der Übernahme der Traditionslebküchnerei Wicklein 1988 wird auch der Einzelhandel beliefert. Nach dem Tod der Patriarchin

Ab 1983 leitete Rudolfs Witwe, die Grundschullehrerin Henriette Schmidt-Burkhardt, das Unternehmen.

2014 wurde das Unternehmen in eine gemeinnützige Stiftung überführt.

Ab 1957 erweiterte der »Eiskönig« Theo Schöller (1917–2004) sein Warenangebot auch um die winterliche Saisonware Lebkuchen. Erst erwarb er eine Fürther Lebkuchenfirma, 1976 kam die Nürnberger Firma Haeberlein & Metzger dazu. Auch andere Firmen wie Seim oder ein Aachener Printen-Hersteller gehörten zum Schöller-Lebkuchenimperium. Ende der 1980er-Jahre verkaufte Schöller schon 49 Prozent seiner Anteile an die Südzucker AG, 1998 wurde die Backwarensparte aufgegeben, 2002 erwarb der Nestlé-Konzern den Rest des Schöller-Konzerns. Das letzte Eiswerk in der Nürnberger Nordstadt wurde 2017/18 geschlossen. Lebkuchen aus dem Hause Schöller gibt es schon lange nicht mehr.

Je nach Anteil der verschiedenen Zutaten wie Nüssen, Mandeln, Mehl oder Glasur werden Lebkuchen in verschiedene Sorten unterteilt. »Feinste Elisen-Lebkuchen« – angeblich benannt nach der Tochter eines Lebküchners – gelten als am hochwertigsten. Sie müssen mindestens 25 Prozent Nüsse oder Mandeln, dürfen aber nur maximal zehn Prozent Getreidemehl enthalten. So ist es auch im Deutschen Lebensmittelbuch festgeschrieben. Manche Lebküchner verzichten aber auch komplett auf Mehl. »Nusslebkuchen« bestehen zu mindestens 20 Prozent der Teigmasse aus Nüssen (Walnüsse, Haselnüsse, aber auch Mandeln) und dürfen ebenfalls nur höchstens zehn Prozent Mehl enthalten. Für »Feine Oblatenlebkuchen« reichen mindestens 12,5 Prozent Nussanteil. Beim Mehl gibt es keine Begrenzung. »Oblatenlebkuchen« kommen mit sieben Prozent Ölsamen aus, von denen die Hälfte Nüsse oder Mandeln sein müssen.

Nürnberg hat eine lange Lebkuchen-Tradition. Das süße Gebäck bleibt ein sympathisches (und kalorienreiches) Aushängeschild.

So viel Qualität hat auch Konsequenzen für das Produkt. Seit 1. Juli 1996 verfügt der Nürnberger Lebkuchen über das europaweite g.-g.-A.-Siegel. Nur Lebkuchen, die in Nürnberg hergestellt werden und den Qualitätskriterien genügen, dürfen auch Nürnberger Lebkuchen genannt werden. Es gab aber schon einen Vorläuferschutz im Jahr 1927.

Nürnberg hat eine lange Lebkuchen-Tradition. Das süße Gebäck bleibt ein sympathisches (und kalorienreiches) Aushängeschild. Es strahlt Wärme aus und ist positiv besetzt. Auch wenn es sich um ein saisonales Gebäck handelt, gehört es unverzichtbar zu Nürnberg. Es wird das ganze Jahr produziert, wenn auch nur in kleineren Mengen als in der Vorweihnachtszeit. Dann verlassen beispielsweise bei Lebkuchen-Schmidt im Drei-Schicht-Betrieb täglich rund drei Millionen Lebkuchen die Backstraße. Dabei bestehen manche alte Herstellernamen nur noch als Marken. Haeberlein-Metzger, Seim, Wolff und Weiss etwa gehören längst zur Aachener Lambertz-Gruppe. Aber es wird zum Teil weiter in Nürnberg produziert. Doch neben E. Otto Schmidt mit seinen Produkten führen viele Bäcker und handwerkliche Betriebe die reiche Tradition fort. Firmen wie Düll, Fraunholz, Eckstein, Mirus oder Woitinek haben heute ihren eigenen Klang – und viele Fans.

Mundart

»Der allerschönste Dialekt«

Franken gliedert sich in verschiedene Dialektgebiete, Nürnberg wird dem oberostfränkischen Sprachraum zugeordnet. Darunter gibt es weitere Differenzierungen, selbst zwischen den Nachbarstädten Nürnberg und Fürth. Mädchen heißen in Nürnberg *Maadla*, in Fürth *Maadli*. So hat wahrscheinlich *der* eine Nürnberger Dialekt nie existiert. Und wenn es ihn gab, dann hat er sich wie jede Sprache stetig verändert. Inzwischen hört man ihn immer weniger in der Fußgängerzone oder beim Einkauf. Ob er einmal verschwindet? Dabei bietet jede Mundart – die Nürnberger besonders – eine ungeheure Vielfalt des Ausdrucks, die jeder Standard- oder Hochsprache überlegen ist.

Der Nürnberger Gymnasiallehrer, Sprachwissenschaftler, Autor und Dialektforscher Herbert Maas (1928–2014) hat die Nürnberger Mundart als »Stiefkind unter den deutschen Stadtdialekten« bezeichnet. Er führte das unter anderem darauf zurück, dass Nürnberg nie Mittelpunkt eines Landes gewesen war und große Dichter fehlten, die diese Sprache bekannt gemacht hätten, so wie etwa Ludwig Thoma das Bairische, Gerhart Hauptmann das Schlesische oder Johann Nestroy das Wienerische. Auch der Klang der Nürnberger Mundart sei nicht allzu ansprechend. Manche sagen sogar, der Nürnberger Dialekt sei ordinär.

Manchmal schämen sich Nürnberger ihres Dialekts. Das kann auch für ein fehlendes Selbstbewusstsein sprechen. Dazu passt die Neigung zur Verkleinerung oder Verniedlichung. Das Christkind ist das *Christkindla* (Christkindlein), ein Schnapsglas heißt *Schdamberla* und ein eher schwächlicher, nicht so hel-

links Herausragende Vertreter der Nürnberger Mundart: Klaus Schamberger (links) und Fitzgerald Kusz.

ler Mensch ist ein *Männla*. In jüngster Zeit wird sogar die beliebte Begrüßungs- und Abschiedsformel Servus zum *Servusla*.

Im Nürnbergerischen und anderen fränkischen Dialekten gibt es in der Aussprache der Konsonanten »p« und »b« oder »t« und »d« keinen Unterschied. Sie werden alle weich gesprochen, etwa besonders schön in der bereits im Jahr 1800 mit der Sprichwörtersammlung des reichsstädtischen Beamten Benedict Wilhelm Zahn (1738–1819) festgehaltenen Redewendung *Bäiderla af alle Subbm* (Petersilie auf jeder Suppe). Das Sprachbild bezeichnet einen Menschen, der überall dabei ist und sich selbst recht wichtig nimmt.

Man erkennt den Nürnberger Mundartsprecher manchmal leicht daran, wenn er versucht, sich hochdeutsch zu artikulieren. Dann kann es passieren, dass er im Bemühen, sich besonders korrekt zu verhalten, ein wenig übertreibt und selbst weich auszusprechende Konsonanten hart betont. Was auch ein sublimer Versuch sein kann, Sympathie zu erwecken.

Über Jahrhunderte fand die Nürnberger Mundart keinen schriftlichen Niederschlag. Selbst der bekannte Schuhmacher und Poet Hans Sachs (1495–1576) – ein paar Jahrhunderte später Hauptfigur in Richard Wagners Werk *Die Meistersinger von Nürnberg* – bemühte sich trotz mancher Dialektausdrücke nicht, nürnbergerisch zu schreiben. Es änderte sich erst mit dem frühen, bedeutenden Mundartdichter Konrad (eigentlich: Johann Conrad) Grübel (1736–1809). In seinen lustigen Gedichten beschrieb der Flaschnermeister volksnah seine Mitmenschen. Zahlreiche Handwerksmeister folgten seinem reimenden Beispiel.

In den vergangenen zwei Jahrhunderten erlebte die Nürnberger Dialektliteratur einige Aufs und Abs. Oft prägten sie Hobbydichter.

In den vergangenen zwei Jahrhunderten erlebte die Nürnberger Dialektliteratur einige Aufs und Abs. Oft prägten sie Hobbydichter. Es ging um Alltagsbeobachtungen, Befindlichkeiten und um die Pflege des lokalen Egos. Manche Texte blieben an der Oberfläche oder verloren sich ins Heiter-Belanglose. Einige Autoren nutzten aber auch immer die Kraft der Mundart zur Gesellschaftskritik. In den 1960er-Jahren standen sich Traditionalisten, vor allem Vertreter des Collegiums Nürnberger Mundartdichtung, und eine neue Generation von Autoren gegenüber, die in ihren Gedichten auch auf Reime verzichteten – in der hiesigen Mundartdichtung eine ungeheure Neuerung. Heute mag es keinen Gegensatz mehr geben, oder die Gegensätze haben sich zumindest abgeschwächt. Dabei macht sich der 1988 gegründete Cadolzburger *ars vivendi verlag* (man beachte die selbst gewählte Kleinschreibung) seit den 1990er-Jahren besonders verdient um die Pflege des Dialekts. Verleger Norbert Treuheit hat sich zum Ziel gesetzt, gute Mundartliteratur in moderner Gestaltung herauszugeben und damit auch ein junges Publikum anzusprechen. Der Verlag bietet renommierten Autoren wie Günther Hießleitner, Gerhard C. Krischker, Gerhard Falkner, Helmut Haberkamm, Klaus Schamberger oder Fitzgerald Kusz ein Forum. Auch der *Verlag Nürnberger Presse* hat früh den Stellenwert der Mundart erkannt, insbesondere durch die Herausgabe mehrerer Buchtitel von Herbert Maas.

Hauke Stroszeck (Pseudonym: Lothar Kleinlein, wunderbar gewählt, denn der *Klein* macht sich mit dem *lein* noch mal kleiner. Nürnbergerischer geht es nicht.) oder Fitzgerald Kusz sind wichtige Protagonisten einer neuen Nürnberger Mundartlyrik. Und Kusz ist der erste und einzige Nürnberger Dialektschriftsteller, der vor allem mit seinem erfolgreichsten Bühnenstück *Schweig Bub!* im deutschsprachigen Raum und darüber hinaus bekannt geworden ist. Nach der Uraufführung in den (kleinen) Nürnberger Kammerspielen am 6. Oktober 1976 wurde das fränkische Volksstück über 700-mal in den Städtischen Bühnen, bald im großen Schauspielhaus, aufgeführt. Mit *Schweig, Bub!* hat Kusz gezeigt, wie nah der Dialekt am »Volk« ist, wie er perfekt dazu dienen kann, unter dem Mantel des Vertrauten – der Mundart – und mit Hilfe humoriger Pointen die Verwerfungen in Familie und Gesellschaft offenzulegen. In diesem Stück kann viel gelacht werden. Aber es bleibt einem oft im Halse stecken. Ein fränkisches Familiendrama, das in der Hochsprache wohl nicht seine Wucht hätte entfalten können. Das Volksstück wurde in 13 deutsche Dialekte sowie ins Flämische übersetzt und auf viele Bühnen und in Hörspielfassungen gebracht.

Neben Kusz ist heute der wirkungsvollste Protagonist des Nürnbergerischen der Journalist und Autor Klaus Schamberger. Seit Jahrzehnten bedient sich Schamberger in unzähligen Zeitungsglossen und vielen Büchern oft der Mundart, um Heiteres, aber immer wieder auch sehr Ernstes, den Lesern nahezubringen. Er mag seine Heimatstadt Nürnberg. Und weil er sie mag, entgeht sie auch nicht seiner wortgewandten Kritik. Verpackt in die Mundart, kommt sie gefälliger daher. Sie ist eine raffinierte Camouflage. Aus Schambergers Gedichten spricht auch immer wieder eine überraschende Zärtlichkeit.

Die Mundart spielt(e) ebenso im Lied eine Rolle. Auf der Kleinkunstbühne reüssierte Hermann Strebel (1877–1949, von vielen liebevoll *Strebala* genannt, wieder eine Verkleinerungsform) mit Couplets und Mundartvorträgen seit Beginn des 20. Jahrhunderts, auch in seinem eigenen Kabarett im *Hotel Wittelsbach*. Von ihm stammt die nachhaltigste Hommage an den Nürnberger Dialekt: sein Lied »Das ist doch der allerschönste Dialekt«, in dem sich Mundartausdruck an Mundartausdruck reiht, darunter auch manch derber. Sie wird heute noch auf den musikalischen Bühnen gepflegt. Der fränkische Humorist Herbert Hisel (1927–1982), zunächst Ingenieur bei der Grundig AG, startete 1961 eine bundesweit steile Karriere als Humorist mit fränkischem Zungenschlag. Er hatte mit dem Nürnberger Dialekt viel Erfolg und machte ihn weithin bekannt. Schließlich erhielt er acht Goldene Schallplatten.

Die Peterlesboum, das Gesangs- und Gitarrenduo Willi Händel (1930–2022) und Karl Vogt (1926–1988), traten seit 1958 mit eigenem Programm auf. Vor allem im Fasching feierten sie mit ihren Ohrwürmern im Nürnberger Dialekt große Erfolge. Sie nahmen Schallplatten auf und trugen so die einheimische Mundart auch in andere Gefilde. Mit dem Tod von Karl Vogt waren die Peterlesboum Geschichte. *Die Peterlesboum Revival Band* (seit 1995) unter der Regie von Conny Wagner (1945–2016) erweckte Melodien und Intentionen des Originals wieder zu neuem Leben.

In den Liedermacherzeiten der 1970er-Jahre kam die Mundart wieder besonders zu Ehren: Günter Stössel (1944–2023), Dichter, Kabarettist und Songschreiber (und im Brotberuf technischer Redakteur bei der Kraftwerk Union in Erlangen) vereinte Dialekt mit Blues, Folk und Ragtime. Er übersetzte auch zwei Asterixbände in die Nürnberger Mundart. In zahlreichen Hörfunksendungen brachte er über viele Jahre einem großen Hörerkreis die Eigenwilligkeiten des Dialekts näher. Der Liedermacher und Buchhändler Maximilian Kerner (1949–2005) übertrug mit Stössel Wilhelm Buschs *Max und Moritz* ins Fränkische. Mit seinem Lied »Iiech bin a Glubberer« legte Kerner 1995 ein musikalisches Bekenntnis für seinen Herzensverein 1. FC Nürnberg ab, bei dem Seitenhiebe auf den FC Bayern München nicht fehlen durften. Auch Musikgruppen wie die *Frankenbänd* oder *Wassd scho? Bassd scho!* pflegen das tradierte Liedgut und die Mundart.

Insgesamt war und ist die Verbreitung der Nürnberger (und fränkischen) Mundart via Fernsehen überschaubar.

Mediale Präsenz der Mundart ist für ihre Relevanz wichtig. Insgesamt war und ist die Verbreitung der Nürnberger (und fränkischen) Mundart via Fernsehen überschaubar. Während Generationen von deutschen Fernsehzuschauern das Kölsche aus dem Millowitsch-Theater, das domestizierte Plattdeutsche aus dem Hamburger Ohnsorg-Theater oder das Altbaierische aus unzähligen Komödienstadeln kennenlernen durften, fehlten fränkische Töne auf der Mattscheibe. Erst über die Kabarettszene mit Protagonisten wie dem Unterfranken Frank-Markus Barwasser (»Pelzig«), dem Bamberger Manfred Härder (»Mäc Härder«), Roman Sörgel (1966–2023) aus Nürnberg (»Bembers«), Bernd Regenauer (»Nützel«) oder Matthias Egersdörfer (auch als Spurensicherer Michael Schatz seit 2015 im Franken-

Tatort vertreten) wurden das Nürnbergerische und Fränkische medial hoffähig. Für ein großes Revival fränkischer Mundart sorgt die Kult-Sendung des *Bayerischen Rundfunks* (*BR*) Fastnacht in Franken. Die Prunksitzung des Fastnachtverbands Franken in Veitshöchheim wird seit 1987 vom *BR* live im Fernsehen gesendet und ist längst der Quotenbringer des *BR*. Die Nürnberg-Fürther Mundart sprechenden Komiker Volker Heißmann und Martin Rassau (»Waltraud und Mariechen«) sind Erfolgsgaranten. Dass es gelegentlich deftig zugeht, passt zum Dialekt.

Thomas Schmauser hat in dem im Jahr 2003 ausgestrahlten Münchner *Tatort* mit dem Titel *Der Prügelknabe* den vertretungsweise aus Nürnberg entsandten Hauptkommissar Wolfgang Hackl großartig gespielt. Leider aber hat das Drehbuch die Figur zum Deppen degradiert. »Mehr als 6,6 Millionen Fernsehzuschauer bekamen wieder einmal das Klischee des piefigen, kleingeistigen und besserwisserischen Franken serviert. Kommissar Hackl ist vom *Bayerischen Rundfunk* zu einer Aufbereitung bekannter Vorurteile der Altbayern gegenüber den Franken missbraucht worden«, urteilte damals der Nürnberger Landtagsabgeordnete und spätere bayerische Ministerpräsident Markus Söder. Der von Thomas Schmauser, aufgewachsen in Oberfranken, gesprochene Dialekt trug zu dem Negativbild bei.

Die gebrauchte Lautschrift ist oft sehr unterschiedlich. Jeder Mundartautor versucht seine eigene schriftliche Wiedergabe zu finden.

Mundart ist in erster Linie eine gesprochene Sprache. Die gebrauchte Lautschrift ist oft sehr unterschiedlich. Jeder Mundartautor versucht seine eigene schriftliche Wiedergabe zu finden. Wie schon an anderer Stelle vermerkt, heißt beispielsweise der Stadtname bei Schamberger *Närmberch*, bei Kusz *Nämberch*. Es hat nie ein Wörterbuch der Nürnberger Mundart gegeben – bis 1962, als das Buch von Herbert Maas mit dem Titel *Wou die Hasen Hoosn und die Hosen Huusn haaßn* im *Verlag Nürnberger Presse* erschien. Der akribische Sprachforscher hat mit diesem Wörterbuch seinem eigenen Dialekt ein Denkmal gesetzt. Maas hat dabei auch deutlich gemacht, dass Hochsprache und Mundart zwei verschiedene Sprachen sind. Manche Ausdrücke und Wendungen ergeben in der wörtlichen Übersetzung auch keinen Sinn. Einer seiner vielen Belege lautet: *Heid feiermer der Ooma iern Gebordsdooch; dou houd si ä Schwärzn zammzuung.* Wörtlich übersetzt lautet der zweite Satzteil: »Da hat sich eine Schwärze zusammengezogen.« Was soll das bedeuten? Zum Ausdruck bringt die Dialektformulierung dies: »Heute feiern wir Omas Geburtstag; viele Leute sind zu Besuch gekommen.« Der Nürnberger verschluckt auch gerne Konsonanten und Silben. Aus »leben« wird *leem* oder aus »morgen« *morng*. »Ein wenig« heißt *ä weng*. Was sich auch noch steigern lässt in Form von *ä weng weng* (»ziemlich wenig«).

Auch im 21. Jahrhundert wird weiter Nürnberger Mundart gesprochen. Sie zeichnet sich durch Vielfalt, Direktheit, manchmal Derbheit, aber auch durch eine gewisse Gelassenheit, Lakonie und Understatement aus. Die Wendung *bassd scho* (passt schon) ist vielschichtig. Sie kann die Antwort auf die Frage sein, wie es einem gehe. Das kann bedeuten: »Alles ist bestens, mir geht es gut«, aber auch: »Es könnte besser gehen, aber ich will nicht darüber reden.« Schließlich ist *bassd scho* aber vor allem das höchste fränkische Lob.

Der vielleicht bekannteste Nürnberger Begriff ist *Allmächd!*, auch in der Variante *Allmächdis Leem!* Ein Ausdruck des Erstaunens und Erschreckens, mit dem jeder Nürnberger in der Fremde als solcher identifiziert wird. Fitzgerald Kusz hat dem Wort ein Gedicht gewidmet: »allmächd / also suwoss / allmächd / also suwoss / gibt's doch ned / allmächd / also suwoss / moumä gsäing hoom / allmächd / also suwoss / na«

Image

Romantisch, langweilig, sympathisch

Im Juli 1992 versetzte *Der Spiegel* der kollektiven Nürnberger Psyche einen schweren Treffer. Das Nachrichtenmagazin hatte die Stadt als »langweiligste Großstadt Deutschlands« ausgemacht. Auslöser für den leicht hämischen Beitrag waren Analysen einer städtischen Arbeitsgruppe, die wissen wollte, wie der Rest Deutschlands auf die Stadt schaut. Das sah nicht gut aus. Begriffe wie »beschaulich«, »provinziell« oder »spießig« dienten als Beschreibung. »Das erstrebte Großstadtflair«, so *Der Spiegel*, »verfliegt im Duft von Pfefferkuchen und Blauen Zipfeln, einer säuerlichen Wurstspezialität.« Abgesehen davon, dass in Nürnberg Pfefferkuchen Lebkuchen heißen und Blaue Zipfel keine Wurstspezialität sind, sondern es sich um die Zubereitungsart von Bratwürsten im Essigsud handelt, hatte *Der Spiegel* es der Stadt so richtig gegeben.

Nürnberg wird heute mit vielem assoziiert, mit Bratwürsten und Lebkuchen, mit Bleistiften und Spielzeug, mit dem 1. FC Nürnberg und dem Christkind, mit NS-Reichsparteitagen, »Nürnberger Gesetzen« und »Nürnberger Prozessen«, mit Mittelalter und Butzenscheiben. Zwar stimmt alles, aber die Reduktion auf wenige Themen werden der Vielfalt dieser Stadt nicht gerecht. Die Perpetuierung bestimmter Bilder ist auch einfach. Der Nürnberger Journalist André Fischer hat 2013 in der Würdigung eines Nürnberg-Porträts in der *Frankfurter Allgemeinen Zeitung* festgestellt: »Klischees haben ihre eigene Wahrheit und sie bleiben haften, weil sie das Fehlen eigener Anschauung kompensieren.«

links Das historische Nürnberg samt Butzenscheiben prägt das Image der Stadt seit dem 19. Jahrhundert.

Das Image einer Stadt lässt sich nicht künstlich schaffen, sondern es resultiert aus der mitunter subjektiven Wahrnehmung vieler von außen. Es kann sich im Lauf der Zeit verändern oder auch verfestigen. Es ist abhängig davon, was die Menschen von einer Stadt *wissen*. An dem Fremdimage sind die Nürnberger mit ihrem Eigenimage nicht unbeteiligt. Ein eher zurückhaltendes Lebensgefühl, von manchen auch als »Nürnberg-Komplex« bezeichnet, kann gelegentlich beobachtet werden. »Mir schämen uns, daß mir mir sind«, zitierte *Der Spiegel* 1992 den Nürnberger Erfolgsschriftsteller Fitzgerald Kusz. *Der Spiegel* meinte: »Diese an Gemütskrankheit grenzende Melancholie wird von der Mehrheit der Nürnberger stark genossen.«

Nürnberg hatte in früheren Zeiten ein durchaus positives Image. Das hatte mit seiner Strahl- und Wirtschaftskraft im Heiligen Römischen Reich Deutscher Nation zu tun. In geflügelten Worten wie diesen kam es zum Ausdruck: »Nürnberger Tand geht durch alle Land.« Damit wurde deutlich, dass Nürnbergs Produkte (Tand ist hier nicht abwertend gemeint) in alle Welt exportiert wurden und dass Nürnberg selbst eine Handelsmetropole war, die wie die Spinne im Netz der europäischen Fernhandelswege saß. Oder: »Hätt' ich Venedigs Macht und Augsburgs Pracht, Nürnberger Witz und Straßburger G'schütz und Ulmer Geld, so wär' ich der Reichste der Welt.« Dabei bezeichnete »Nürnberger Witz« etwas, das wir heute mit Wörtern wie Einfallsreichtum, Erfindergeist oder Innovationskraft beschreiben würden.

Als auf lange Sicht prägend und in gewisser Weise fatal erwies sich der Umstand, dass zwei junge Berliner Studenten namens Wilhelm Heinrich Wackenroder (1773–1798) und Ludwig Tieck (1773–1853) – beide studierten kurzzeitig in Erlangen und gelten als Mitbegründer der deutschen Romantik – in ihren 1797 veröffentlichten *Herzensergießungen eines kunstliebenden Klosterbruders* Nürnberg früh einen romantischen Stempel aufdrückten: »Nürnberg! Du vormals weltberühmte Stadt! Wie gerne durchwanderte ich deine krummen Gassen; mit welcher kindlichen Liebe betrachtete ich deine altväterlichen Häuser und Kirchen, denen die feste Spur von unsrer alten vaterländischen Kunst eingedrückt ist! (…) Wie oft hab' ich mich in jene Zeit zurückgewünscht!«

Nürnbergs Image als altdeutsche, reichsherrliche Zeiten verkörpernde Stadt nahm seinen Anfang. Dieses Bild wirkt bis heute nach. Nürnberg bot Anfang des 19. Jahrhunderts innerhalb der Stadtmauern noch das gleiche Antlitz wie zur Dürerzeit 300 Jahre zuvor. Nürnberg galt als *die* mittelalterliche deutsche Stadt schlechthin. »Ihre große, über Jahrhunderte gewachsene bauliche Geschlossenheit machte die Stadt zu einem Gesamtkunstwerk«, urteilte der Kunsthistoriker Matthias Mende. Die Historikerin Charlotte Bühl-Gramer schrieb: »Die frühromantische Bewegung verklärte insbesondere Nürnberg zum Idealbild der mittelalterlichen Stadt, Sehnsuchtsort einer vorindustriellen Urbanität und Gedenkraum einer vergangenen nationalen (Kunst-)Blüte.«

Noch heute hat Nürnberg in Teilen ein Butzenscheibenimage, auch wenn Butzenscheiben im Stadtbild mehr als rar sind. Das Retrobild von der Stadt hat Konsequenzen.

Die romantische Entdeckung beförderte im 19. Jahrhundert auch den allmählich aufkommenden Tourismus. Während im Süden der Stadt außerhalb der Mauern Fabrik um Fabrik entstand und unzählige Schlote von der neuen Zeit kündeten, beschwor die Reiseliteratur die mittelalterliche Idylle. Dieses idealisierte Bild überlagerte selbst Nürnbergs Entwicklung zu *der* Industriemetropole Bayerns. 1893 ist erstmals »Des deutschen Reiches Schatzkästlein« als Beiname für Nürnberg belegt. Dieser Begriff fand Eingang in die Werbung des Fremdenverkehrsvereins. Die Stadtführer und Bücher zu Nürnberg, die »Des deutschen Reiches Schatzkästlein« im (Unter-)Titel tragen, sind seit 1900 bis in die 1960er-Jahre hinein Legion.

Noch heute hat Nürnberg in Teilen ein Butzenscheibenimage, auch wenn Butzenscheiben im Stadtbild mehr als rar sind.

Das Retrobild von der Stadt hat Konsequenzen. So wird Nürnberg gnadenlos unterschätzt. Das beginnt schon bei der Beurteilung seiner Einwohnerzahl. Mehr als 250 000 wird selten geschätzt, wenn man Gäste befragt. Im Extremfall wird Nürnberg als ein etwas größeres Rothenburg ob der Tauber beschrieben.

Nürnbergs Rolle in der NS-Zeit und die Folgen sind fraglos in der Nachkriegszeit zu einem weiteren das (Negativ-)Image prägenden Faktor geworden. Nicht zuletzt auch deshalb, weil der Stadtname mit Begriffen wie »Nürnberger Gesetze« und »Nürnberger Prozesse« weltweit bekannt ist. Nürnberg wird auch fast 80 Jahre nach dem Ende des NS-Regimes im Ausland manchmal noch als »Nazi-Stadt« wahrgenommen. Während der Fußball-Weltmeisterschaft 2006 (»Die Welt zu Gast bei Freunden«) fragten *BBC*-Journalisten in Nürnberg, wo man am besten alte Nazis interviewen könne.

Urteile und Vorurteile haben oft nichts mit der Realität zu tun. Allerdings *hat* Nürnberg im Gegensatz zu manch anderen Städten ein Image. Bratwurst und Lebkuchen oder das Nürnberger Christkind sind nicht die schlechtesten Botschafter. Bei Befragungen bekommt Nürnberg immer wieder hohe Sympathiewerte. Auch bei Städterankings schneidet Nürnberg alles andere als provinziell ab. Die internationale Unternehmensberatung Mercer analysiert auf Basis von 39 Parametern seit Jahrzehnten die Lebensqualität in Städten und Metropolen weltweit. Bei der Untersuchung »Quality of Living City Ranking« im Jahr 2023 wurden 241 Städte weltweit betrachtet. Nürnberg landete auf Platz 31 – vor Weltmetropolen wie Paris (32) und London (45), New York (40) und Los Angeles (70) oder Barcelona (48) und Rom (61).

Jenseits irgendeines Images hat die Stadt für viele Menschen eine hohe Anziehungskraft. Dafür spricht auch das Bevölkerungswachstum.

Jenseits irgendeines Images hat die Stadt für viele Menschen eine hohe Anziehungskraft. Dafür spricht auch das Bevölkerungswachstum. Zwischen 1985 und 2023 stieg die Einwohnerzahl um über 65 000 auf rund 544 000. Manche Menschen kommen auch wegen der Ausbildung, des Studiums oder eines neuen Jobs nach Nürnberg – nicht selten in der Absicht, die Stadt bald wieder zu verlassen. Manchen gelingt es indes nicht. So erging es auch Klaus Kusenberg, von 2000 bis 2017 Direktor des Nürnberger Schauspielhauses. Einmal befragt, warum er – wie in der Branche üblich – nach geraumer Zeit nicht wieder ein anderes Engagement angenommen habe, antwortete er, er sei in die »Nürnberg-Falle« getappt. Er habe sich hier einfach wohlgefühlt.

Zum Image Nürnbergs tragen viele Einflüsse bei. Der langjährige Schul- und Kulturreferent Hermann Glaser (1928–2018) bezeichnete Nürnberg als »freiheitliche, kunstreiche, engstirnige, intolerante, bergende, romantische, ingeniöse Stadt – eine Stadt vieler Gesichter, eines komplexen und widersprüchlichen Images! Jeder sollte sich sein eigenes Bild machen.«

Mentalität

»Bassd scho« als höchstes Lob

Nürnberg war nie Residenzstadt. Die nächsten Bischofssitze lagen in Bamberg oder Eichstätt. Von dort übte die Kirche ihr Regiment über das Kirchenvolk aus. Die weltlichen Regenten hatten in Nürnberg nie einen Dauersitz. Sie waren zwar gerne hier. Doch nach geraumer Zeit verließen sie alle die Stadt und übten ihre Geschäfte wieder andernorts aus. Vom König oder Kaiser initiierte oder gar bezahlte herrschaftliche Parks: Fehlanzeige. Die tatsächliche Bedeutung Nürnbergs als »Quasi-Hauptstadt des Reichs« fand keinen Niederschlag im öffentlichen Raum, wenn wir von der Kaiserburg einmal absehen. Die Herrscher ließen auch kein Geld da. Eher umgekehrt. Es war so, wie es war. Insgesamt nicht schlecht. Aber man will ja nicht klagen.

Nürnberg war schon im Mittelalter eine strebsame, höchst erfolgreiche Handwerker-, Handels- und Bürgerstadt, basierend auf dem Fleiß, dem Wissen, den Fähigkeiten und der Innovationsfreude der Menschen. Die Nürnberger Handelsdynastien waren führend in Europa, ihr wirtschaftlicher Erfolg offenkundig. Doch den Pelz trug man innen. Man zeigte seinen Reichtum nicht (außer vielleicht Meister Albrecht Dürer, der sowieso in einer ganz eigenen Liga spielte). Man übte sich in Bescheidenheit, fühlte sich später einem protestantischen Arbeitsethos verpflichtet. Die Arbeiterstadt des 19./20. Jahrhunderts gab ohnedies keinen Anlass zu überbordenden Lebensweisen und exaltierter Selbstdarstellung. Wer heute nach den Schönen und Reichen oder zumindest nach so etwas sucht, was andernorts

links Was hat der Sellerie mit der Nürnberger Mentalität zu tun? Die Erklärung steht auf der übernächsten Seite.

Gesellschaft heißt, wird irgendwann enttäuscht aufgeben. Nicht dass es sie nicht gäbe, aber die Repräsentanten der High Society bleiben gerne im Hintergrund. Die Hautevolée scheut das Rampenlicht.

Nürnberg schloss sich 1525 als erste deutsche Stadt der Reformation an. In den Nürnberger Kirchen gab es aber im Gegensatz zu vielen anderen Städten und Regionen keinen Bildersturm. Die Stadtoberen waren zurückhaltend. Wertvolle sakrale Kunst blieb so erhalten. Deshalb kann man sich heute noch am *Englischen Gruß* von Veit Stoß in der Lorenzkirche erfreuen, weil dieses wunderbare Werk eben nicht der Zerstörung unter dem Vorzeichen des neuen Glaubens anheimfiel. Nürnberg hat immer über den Tellerrand geblickt. Weltoffenheit und Liberalität sind fast zwangsläufige Folgen, wenn man als internationale Handelsstadt agiert. »Leben und leben lassen« ist durchaus eine Nürnberger Grundhaltung. Rationalität und Pragmatismus bestimmen das Handeln, impulsive Aufwallungen sind selten.

Die Nürnbergerinnen und Nürnberger wagen viel, doch sie neigen nicht zu radikalen Veränderungen. 1879 schlug der Bleistiftfabrikant Lothar von Faber vor, die gesamte Stadtmauer einzureißen und stattdessen eine großzügige Ringstraße mit prachtvollen Gebäuden nach dem Vorbild der Stadt Wien zu schaffen. Der Widerspruch tönte ihm von allen Seiten entgegen. Es blieb bei der Idee. Die Nürnberger wollten weder ein Wahrzeichen wie die Stadtmauer vernichten noch konnten sie sich Prachtboulevards mit entsprechenden Protzbauten vorstellen.

So war es auch rund hundert Jahre später, als es 1967 um das mächtige Köma-Projekt eines Investors zwischen *Kö*nigstor und *Ma*rientor mit Läden, Hotels, Restaurants und Büros ging. Eine zeitgeistige Betonattacke im Brutalismus-Stil auf die Seele der Stadtgesellschaft. Das Vorhaben wurde nie realisiert. Die Einheimischen sind mit ihrer Stadt sehr verbunden. Und »ihre Stadt« bedeutet in der Regel die Altstadt und das durch sie repräsentierte alte Nürnberg. Man bleibt auf dem Boden der

Tatsachen und schlägt nicht über die Stränge. Hermann Glaser hat gerne davon gesprochen, dass die Nürnberger »im Großen klein und im Kleinen groß« seien.

In Nürnberg herrscht mehr Sein als Schein vor. Selbst mit Erfolgen wird nicht geprahlt. Eher stellt man sein Licht unter den Scheffel. Eine Höchstform an Lob oder Zufriedenheit mündet in der knappen Formel »Bassd scho« (»passt schon«). Eher geht der Trend in Richtung Pessimismus. In Nürnberg ist das Glas halb leer statt halb voll. Ein typisches Gespräch an einem Gemüsestand am Hauptmarkt kann mit der skeptischen Frage beginnen: »An Sellerie hom S' gwiss ned?« (»Einen Sellerie haben Sie gewiss nicht?«). Die Kundin hätte auch positiv formulieren können: »Ich hätte gerne einen Sellerie.« Darin hätte sich aber nicht die prägende Grundeinstellung wiedergefunden, dass man immer mit dem Schlimmsten rechnen müsse. Sogar dass der Sellerie aus ist. Der Nürnberger weiß: »Schlimmer geht immer.« Selbstzweiflerisch und grüblerisch seien die Nürnberger. Vor diesem Hintergrund ist es selbstverständlich, dass ein nahezu provokant selbstbewusstes »Mia-san-mia«-Gehabe, das einem etwa in München begegnen kann und zudem dort imageprägend ist, in Nürnberg nicht anzutreffen ist. Dafür leiden die Nürnberger gerne unter der landeshauptstädtischen Benachteiligung und Bevormundung. Dieses Leiden wird aber auch gepflegt.

Oberflächliche oder gar spontane Verkumpelungen sind eine Rarität. Doch wer das Herz eines Nürnbergers einmal erobert hat, hat das für immer geschafft.

Bei aller Offenheit sind die Eingeborenen im ersten Kontakt mit aus anderen Regionen Deutschlands, Europas oder ferneren Teilen der Welt zugewanderten Menschen oft reserviert. Oberflächliche oder gar spontane Verkumpelungen sind eine Rarität. Doch wer das Herz eines Nürnbergers einmal erobert hat, hat das für immer geschafft. Das wird vielfach gerade von den Neu-Nürnbergerinnen und -Nürnbergern bezeugt, die in Einzelfällen zu glühenden Botschaftern ihrer neuen Heimat werden können.

Die historische Altstadt mit ihren idyllischen Ecken wirkt für viele heimelig. Da ist man daheim, da fühlt man sich wohl. Der Platz am Tiergärtnertor ist spätestens seit den 1970er-Jahren so etwas wie das beliebteste öffentliche Wohnzimmer – für Junge und Ältere, Einheimische wie Zugereiste. Die jahrhundertealte Umgebung mit Stadtmauer, Kaiserburg und Albrecht-Dürer-Haus erzeugt eine geborgene Atmosphäre. Der von öffentlichen Gebäuden, Bürgerhäusern und Gaststätten eng gefasste Platz nimmt einen auf, er bietet Schutz, man verliert sich nicht. Dabei ist der Ort nicht zum touristisch-musealen Ausstellungsstück verkommen, sondern ein sehr modernes, lebendiges Stück Nürnberg, wo sich die Menschen »zu Hause« fühlen; auch jene, die noch nicht so lange hier leben.

Nürnberg bietet eine Reihe von identitäts- und gemeinschaftsstiftenden Ankerpunkten. Die Altstadt steht ganz vorne dran. Die großen (sowie kostenlosen) Musik- und Kulturfestivals wie das *Bardentreffen* (seit 1976) oder das *Klassik Open Air* (seit 2000) gehören dazu. Die Menschen identifizieren sich mit »ihrem« Opernhaus oder – sehr viele – mit »unserem Club«. Der passt dann auch zur heimischen Grundhaltung, immer mit dem Schlimmsten rechnen zu müssen. Wenn es dann doch anders kommt, ist die Freude umso größer.

Viele Nachkriegsvertriebene haben in Nürnberg eine neue Heimat gefunden und haben sich assimiliert. Einschließlich der Übernahme ortsüblicher Verhaltensweisen.

Doch die Bevölkerung wird immer diverser, multikultureller und multiethnischer. Kann unter solchen Umständen überhaupt eine bestimmte Mentalität weitergetragen werden? In den vergangenen Jahrhunderten war das im Großen und Ganzen der Fall. Viele Nachkriegsvertriebene haben in Nürnberg eine neue Heimat gefunden und haben sich assimiliert. Einschließlich der Übernahme ortsüblicher Verhaltensweisen und Grundeinstellungen. Wenn ein türkischer »Gastarbeiter« der ersten Generation auf die Frage, wie es ihm gehe, mit einem verhaltenen

»Bassd scho« antwortet, könnte es sein, dass mehr als die Integration gelungen ist.

FCN

Der Club

»Die Legende lebt«

Der Nürnberger Autor und Journalist der *Abendzeitung* Klaus Schamberger hat einmal wenige, aber bald berühmt gewordene Worte gefunden: »Der Club is a Depp.« Der Schöpfer des prägnanten Satzes zur ultimativen Beschreibung des 1. Fußballclubs Nürnberg hat später bedauert, dass er ihn nicht hat schützen lassen. So oft, wie die Sentenz seit ihrer ersten Veröffentlichung zitiert wurde, hätte Schamberger sein Konto ordentlich aufbessern können. Der Verfasser hatte den inzwischen fast sprichwörtlichen Satz 1996 geprägt, als sich der Club mit dem Abstieg in die Regionalliga Süd (damals dritte Liga) am sportlichen Tiefpunkt befand.

Der 1. FC Nürnberg hat im Lauf seines mehr als 120-jährigen Bestehens viele Rollen gespielt, ohne dass die fußballerischen Akteure auf dem Platz immer wirklich gewusst hätten, welche Ausstrahlung sie mit ihrem sportlichen Tun oder Nichttun haben. Der FCN ist *der* Fußballverein der Stadt, er ist Projektionsfläche und Identifikationsraum, mit seinem verlässlichen Auf und Ab steht er für die Selbstbefindlichkeit der Nürnberger, er steht für Größe und für Niedergang, er steht für Freude und für Leiden. In den jüngsten Jahrzehnten dominierten eher die Leiden. Aber der Verein steht auch für Treue und Zusammenhalt.

»Ich bereue diese Liebe nicht« lautet das Bekenntnis überzeugter Anhänger. Der FCN ist eine Herzensangelegenheit auch im Zeitalter des Kommerzfußballs. Er ist Botschafter der Stadt. Nürnberg ohne den Club? Undenkbar. Der Club gehört zu

links Der 1. FC Nürnberg ist in vielfältiger Weise in der Stadt präsent – so wie hier mit einem Graffito nahe des Wöhrder Sees.

Nürnberg wie die Bratwurst, der Lebkuchen oder der Christkindlesmarkt. Den Club kennt jeder, selbst wenn er kein Fußballfan ist. Es handelt sich zwar »nur« um einen Sportverein, doch er steht für die Stadt und spiegelt die Gemütswelt vieler Nürnberger.

Angefangen hat alles am 4. Mai 1900, als 18 junge Leute den 1. Fußballclub Nürnberg gründeten. Eigentlich wollten sie Rugby spielen, aber dafür hätte es 30 Männer gebraucht. Da es so viele Gleichgesinnte jedoch nicht gab, sattelten sie auf den aus England importierten Fußball um. Dass schon 1897 und 1898 andere Begeisterte in Nürnberg (erste) Fußballclubs gegründet hatten, die allerdings mangels Mitgliedern wieder von der Bildfläche verschwunden waren, hat die 1.-FCN-Gründer nicht gestört. Wahrscheinlich wussten sie auch nichts von den früheren Vereinen. Das runde Datum hat Bestand: »Fußballkultur seit 1900«, wie im 21. Jahrhundert ein Club-Claim lautete, war geboren.

Der Nürnberger Fußball war zunächst keine Angelegenheit der Arbeiter (wie oft angenommen), sondern der gebildeten Mittel- und Oberschicht. Es sollten bald Ärzte und Zahnärzte in der ersten Mannschaft kicken. Schon wenige Jahre nach Gründung hatte der FCN respektable Erfolge. 1907 etwa gewann er die Bayerische Meisterschaft. In den 1920er-Jahren wurde der Grundstein gelegt für den »ruhmreichen« Club. Fünf Mal gewannen die Spieler in dieser Dekade die Deutsche Meisterschaft. Die Saison 1919/1920 endete auf Platz 1 der Kreisliga Nordbayern mit 36:0 Punkten und einem Torverhältnis von 115:6. Danach errang der FCN die Süddeutsche Meisterschaft und besiegte im Endspiel um die Deutsche Meisterschaft in Berlin die Spielvereinigung Fürth mit 2:0. Weitere Titel kamen 1921, 1924, 1925 und 1927 hinzu.

Der FCN war in den 1920er-Jahren in Deutschland der erfolgreichste und berühmteste Fußballverein, er war *der* Meisterclub. 1922 ging es in zwei Spielen gegen Sparta Prag um die Vorherrschaft im mitteleuropäischen Fußball. Das Team aus der tschechischen Hauptstadt galt zu jener Zeit als das beste auf dem Kontinent. Der FCN gewann das Heimspiel in Nürnberg mit 3:2 und das Rückspiel auf des Gegners Platz in Prag mit 3:0. Der FCN war das Maß aller Fußballdinge. Das 1920 gegründete und seit 1925 in Nürnberg verlegte Fußballmagazin *Kicker* schrieb schon Mitte der 1920er-Jahre vom »Club«, wenn der FCN gemeint war. Das Markenzeichen war geboren und hat bis heute Bestand – auch wenn die einstige Spitzenstellung längst perdu ist.

Weitere Meisterschaften kamen 1936, 1948, 1961 und 1968 hinzu. Der Club war lange Rekordmeister. Der FC Bayern München liegt mit 33 Meistertiteln in Deutschland längst uneinholbar vorne, doch der Club steht mit neun DFB-Meistertiteln immer noch auf Platz 2 in der Rangliste mit den meisten Meisterschaften vor Borussia Dortmund (acht Titel) und Schalke 04 (sieben Titel). Auch vier Pokalsiege mehrten den Ruhm. Am bislang letzten Pokaltriumph 2007 richten sich traurige Club-Seelen noch immer auf.

Denn der Club hat auch im Negativen nicht wenige Marksteine gesetzt. Er ist Rekordabstiegs- und Aufstiegsmeister. Nach der Deutschen Meisterschaft 1967/68 war er der erste und bislang einzige Verein, der sich in der nachfolgenden Saison direkt in die zweite Liga verabschiedet hat. Dieses Kunststück, unmittelbar nach einem großen Erfolg abzusteigen, ist ihm auch nach dem Pokalsieg 2007 in der Bundesligasaison 2007/08 gelungen. Seit dem letzten Meistertitel entwickelte sich der Club zur »Fahrstuhlmannschaft«. Neun Mal stieg er ab, acht Mal ist er wieder aufgestiegen. Zwischendurch verbrachte man sogar ein Jahr in der dritten Liga.

Seit dem letzten Meistertitel entwickelte sich der Club zur »Fahrstuhlmannschaft«.

Zur Vereinsgeschichte gehören unglaubliche, in der Liga nie zuvor erlebte Geschehnisse, etwa in der Spielzeit 1998/99, als vor dem letzten Spieltag alles für einen sicheren Klassenerhalt stand. Der Club rangierte auf Platz 12 mit drei Punkten Vorsprung und einer um fünf Treffer besseren Tordifferenz vor dem ersten Abstiegsplatz 16, den Eintracht Frankfurt belegte. Am Finaltag unterlag der Club jedoch zu Hause gegen den SC Freiburg mit 1:2, und Frankfurt besiegte den 1. FC Kaiserslautern seltsam deutlich mit 5:1. Frankfurt und Nürnberg hatten gleich viele Punkte (37) und die gleiche Tordifferenz: 44:54 (Frankfurt) beziehungsweise 40:50 (Nürnberg). Dank der mehr geschossenen Treffer konnte sich die Eintracht retten. Ein einziges Tor hat dem Club gefehlt, um dem bittersten Abstieg aller Zeiten zu entgehen. Hörfunkreporter Günther Koch kommentierte in der Kultsendung *Heute im Stadion*: »Hallo, hier ist Nürnberg. Wir melden uns vom Abgrund.« 2020 schien der Club gar schon in die 3. Liga abgestiegen zu sein. Das erste Relegationsspiel zu Hause hatte der Club souverän 2:0 gegen den FC Ingolstadt gewonnen. Doch im Rückspiel hatten die »Schanzer« seit der 62. Minute mit 3:0 geführt. In buchstäblich letzter Sekunde gelang Fabian Schleusener in der sechsten Minute der Nachspielzeit das erlösende 3:1. Der Club war gerettet. Der damalige Aufsichtsratsvorsitzende Thomas Grethlein berichtete später, dass er so etwas wie eine Nahtoderfahrung gemacht habe.

1924 bestand die deutsche Nationalmannschaft ausschließlich aus Fürther (sechs) und Nürnberger (fünf) Spielern.

Die »natürlichen« Rivalen des Clubs sind die SpVgg Fürth aus der Nachbarstadt (seit der Fusion mit dem TSV Vestenbergsgreuth 1996 in Spielvereinigung Greuther Fürth umbenannt) und der FC Bayern München. Derbys mit dem »Kleeblatt« und Begegnungen mit den Bayern sind weitaus mehr als nur Fußballspiele. Die Bayern sind dem Club in jeder Hinsicht meilenweit enteilt. Deshalb ist für das Nürnberger Fußballgedächtnis bis in alle Zeiten der 2. Dezember 1967 bedeutsam, als der FCN im heimischen Stadion den FC Bayern München mit 7:3 besiegte. Dabei erzielte Mittelstürmer Franz Brungs – wegen seiner vielen Kopfballtore »Goldköpfchen« genannt – allein fünf Tore, aber keines mit dem Kopf. Die großen Bayern-Namen wie Franz

Beckenbauer oder Gerd Müller gingen gnadenlos unter. Solche Erinnerungen wach zu halten, tut der Nürnberger und fränkischen Psyche gut, die unter der Münchner Dominanz leidet. Das Gefühl, benachteiligt zu sein oder in Bayern im Vergleich zu München allenfalls die zweite Geige zu spielen, drückt sich auch im fußballerischen Wettstreit aus.

Am 21. April 1924 fand ein Freundschaftsspiel zwischen Holland und Deutschland in Amsterdam statt. 1924 bestand die deutsche Nationalmannschaft ausschließlich aus Fürther (sechs) und Nürnberger (fünf) Spielern. Aber man war sich nicht grün. Der Grund für die große Abneigung der beiden Vereine lag nur acht Tage zurück. Am 13. April 1924 hatte in Nürnberg das 76. Derby zwischen dem 1. FC Nürnberg und der SpVgg Fürth in der Runde um die Süddeutsche Meisterschaft stattgefunden. Es endete mit 0:0, aber es ging hart zu. Der Club verlor an diesem Nachmittag zwei Spieler wegen Roter Karten, sicherte sich aber letztlich den Titel. Die Gegenspieler aus der Kleeblattstadt blieben verstimmt. Im selben Zug, aber verschiedenen Abteilen fuhren die Nürnberger und die Fürther eine Woche später nach Amsterdam. Sie verzeichneten mit einem 1:0 durch den Fürther Karl Auer den ersten deutschen Länderspielsieg gegen die Niederlande. Danach ging es wieder getrennt zurück nach Franken.

Große Spielernamen sind mit dem 1. FC Nürnberg verbunden. Der Torhüter Heiner Stuhlfauth galt als Bester seiner Zunft in den 1920er-Jahren. Von ihm stammt der Spruch: »Es ist eine Ehre, für diese Stadt, diesen Verein und die Bewohner Nürnbergs zu spielen. Möge all dies immer bewahrt werden und der großartige FC Nürnberg niemals untergehen.« Mit Stolz und Wehmut denken die Anhänger an die größte Club-Ikone Max Morlock (unter anderem Fußballweltmeister 1954) zurück, aber auch an spätere Publikumslieblinge wie Heinz Strehl und Franz Brungs aus der Meistermannschaft 1968, an den langjährige Keeper (und 59-fachen Nationaltorhüter) Andreas Köpke oder an das »Phantom« (weil er nicht immer zu sehen, aber rechtzeitig präsent war, um Tore zu schießen) Marek Mintal (Bundesligatorschützenkönig 2005).

Trainer wie Max Merkel (führte das Team 1968 zur Meisterschaft), Heinz Höher (formte nach einer Revolte etablierter Spieler, von denen einige entlassen wurden, ab 1984 mit ganz jungen Kickern eine erfolgreiche Mannschaft, die 1988 den Einzug in den UEFA-Cup schaffte) oder Kulttrainer Hans Meyer, mit dem der Club 2007 den Pokalsieg holte, haben in der Vereinshistorie einen besonderen Stellenwert.

Auch Jenö Konrad (1894–1978) ist unvergessen. Der Verein engagierte 1930 den ehemaligen Budapester Meisterspieler und renommierten jüdischen Trainer. Das antisemitische Hetzblatt *Der Stürmer* fuhr bald eine Denunziationskampagne gegen ihn. Eine Überschrift lautete: »Der 1. Fußballclub Nürnberg geht am Juden zugrunde.« An anderer Stelle hieß es an die Adresse des 1. FCN gerichtet: »Gib Deinem Trainer eine Fahrkarte nach Jerusalem. Werde wieder deutsch, dann wirst Du wieder gesund.« Bei der Reichstagswahl am 31. Juli 1932 wurde die NSDAP mit 37,3 Prozent der Stimmen erstmals die mit Abstand stärkste Partei. Nur wenige Tage später, am 6. August 1932, verließ Konrad mit Frau und kleiner Tochter Nürnberg in Richtung Wien. Nach einigen (Trainer-)Stationen in Europa wanderte die Familie 1940 in die USA aus. 1933, nach der sogenannten Machtergreifung, hätte die Club-Spitze Jenö Konrad sicher selbst aus dem Verein geworfen. Denn am 27. April 1933 – zehn Wochen vor der Gleichschaltung aller Vereine im Deutschen Fußballbund – hatte sich die Club-Spitze willfährig der NS-Ideologie unterworfen und beschlossen: »Der 1. Fußballclub Nürnberg streicht die ihm angehörenden jüdischen Mitglieder mit Wirkung vom 1. Mai 1933 aus seiner Mitgliederliste.« Es handelte sich um 142 Personen. Jenö Konrad ist in New York gestorben. 2013 ernannte ihn der FCN posthum zum Ehrenmitglied.

In sportlicher wie auch wirtschaftlicher Hinsicht ist der 1. FC Nürnberg seit vielen Jahren im Hintertreffen. Die »Goldenen« Zwanzigerjahre, die den Nimbus des »Ruhmreichen« begründet haben, sind lange vorbei. Profifußball ist zum knallharten Geschäft geworden. Um erfolgreich zu sein, bedarf es auch eines versierten Managements. Damit war der Club nicht immer gesegnet. Der Erfolg oder Nichterfolg lässt sich dann auch an den Zahlen ablesen. Der Umsatz des absoluten Branchenprimus FC Bayern München betrug im Geschäftsjahr 2022/23 854,2 Millionen Euro mit einem Jahresergebnis von 35,7 Millionen Euro. Der 1. FC Nürnberg operierte in dieser Saison mit Erträgen von 51,2 Millionen Euro und hatte einen »operativen Jahresüberschuss« von 300.000 Euro. Vor diesem Hintergrund kann von fairem Wettbewerb im deutschen Profifußball schon lange nicht mehr die Rede sein. Die Formel »Geld schießt Tore« hat durchaus Bestand. Gleichwohl kann man fragen, warum es bei »den Bayern« so gut und manch anderen, etwa dem FCN, nicht so gut lief und läuft. Die Gesetze des Kommerzfußballs sorgen dafür, dass es der Club dauerhaft schwer haben wird, wieder ganz nach oben zu kommen.

Der Fußballer, langjährige Manager, Strippenzieher und Ehrenpräsident des FC Bayern München Ulrich »Uli« Hoeneß hat in der Saison 1978/79 als Leihspieler elf Partien im Dress des 1. FCN absolviert. Neben dem Fußball knüpfte der Metzgersohn Hoeneß nachhaltige geschäftliche Verbindungen mit Nürnberg. Zusammen mit dem ansässigen Metzger Werner Weiß gründete Hoeneß eine Firma, die seit 1988 unter dem Namen HoWe Wurstwaren (*Ho*eneß und *We*iß) sehr erfolgreich ist. Das Unternehmen mit einer täglichen Produktion von bis zu vier Millionen Nürnberger Bratwürsten wird seit 2001 von Hoeneß' Sohn Florian geführt.

Der Club und seine Protagonisten liefern seit 1900 verlässlich Geschichten, Kuriositäten und jede Menge Emotionen.

Der Club und seine Protagonisten liefern seit 1900 verlässlich Geschichten, Kuriositäten und jede Menge Emotionen. Trotz vieler Misserfolge hat der Club eine große Fangemeinde, auf deren Treue er sich besonders in düsteren Zeiten verlassen kann. Der Journalist und Autor Markus Schäflein meint, es gehöre zum fränkischen Naturell, »sich in einer gewissen negativen Grundstimmung einzurichten.« Deshalb sei das »richtige Maß an Misserfolg (…) schon immer ein elementarer Bestandteil fränkischer Lebensqualität.« Als wahrer Anhänger muss man sehr leidensfähig sein. Und ein Job beim Club kann aufreibend sein. Der Niederländer Gertjan Verbeek war 2013/14 rund sechs Monate Trainer beim FCN. Über diese Zeit sagte er: »Ich hoffe, dass ich 90 Jahre alt werde. Dann kann ich sagen, ich hätte 100 werden können. Aber ich habe in Nürnberg gearbeitet.« Das Zitat wurde beim Deutschen Fußball-Kulturpreis 2014 als Fußballspruch des Jahres ausgezeichnet.

Der 1. FC Nürnberg ist eine Legende. Und so heißt die seit 1998 zu Beginn jedes Spieles gesungene Club-Hymne auch »Die Legende lebt«. Der Song mit Gänsehauteffekt enthält Verse wie diese: »Die Legende lebt, / wenn auch die Zeit vergeht. / Unser Club, / der bleibt besteh'n! / Die Legende lebt, / wenn auch der Wind sich dreht. / Unser Club / wird niemals untergeh'n!«

In der Zuneigung zu diesem Verein stecken viel Nostalgie und Verklärung. Auch Melancholie kann sich einstellen. Manches Phänomen ist schier nicht zu ergründen, die grenzenlose Treue vieler Menschen etwa. Reporterlegende (!) Günther Koch hat festgestellt: »Der Club ist so schön und so aufregend und so anstrengend wie das ganze Leben. In Worte zu fassen ist er nicht, der Club. Den versteht eh kein Mensch.«

»Wenn man irgendwas oder irgendjemand besonders schätzt, dann kann man sich auch erlauben, rumzupfopfern«, erklärte Klaus Schamberger einmal. So darf eigentlich auch nur jemand einen anderen einen Deppen nennen, der ihm zugetan ist. Deshalb ist der Satz »Der Club is a Depp« nichts anderes als eine verkappte Liebeserklärung.

Der Club ist zu allem fähig und scheint vielfache Inspirationen zu liefern. So ist er auch in die deutsche Lyrik eingegangen. Peter Handke verewigte die Mannschaftsaufstellung des

1. FC Nürnberg vom 27. Januar 1968 in seinem Buch *Die Innenwelt der Außenwelt der Innenwelt*. Das Handke'sche Werk mit der Überschrift »Die Mannschaftsaufstellung des 1. FC Nürnberg vom 27.1.1968« sah so aus:

WABRA

LEUPOLD POPP

LUDWIG MÜLLER WENAUER BLANKENBURG

STAREK STREHL BRUNGS HEINZ MÜLLER VOLKERT

Spielbeginn:
15 Uhr

Eine solche Hommage ist selbst dem FC Bayern München noch nicht zuteilgeworden.

Christkind

Reisende in Sachen Nächstenliebe

Das Nürnberger Christkind ist eine Institution, die bundesweit bekannt ist. Spätestens dann, wenn die engelsgleiche Gestalt im prächtig golden schimmernden Ornat samt flügelgleichen Ärmeln, mit blond gelocktem Haar (einer Perücke) und einer Krone auf dem Haupt am Freitag vor dem ersten Advent vom Balkon der Frauenkirche den weithin bekannten Nürnberger Christkindlesmarkt mit einem seit 1948 überlieferten Prolog eröffnet – und dies in *Tagesschau* und *heute journal* zur Hauptsendezeit zu sehen ist.

Der antiquiert klingende Text des Prologs beginnt mit den Versen: »Ihr Herrn und Frau'n, die Ihr einst Kinder wart, / Ihr Kleinen, am Beginn der Lebensfahrt, / ein jeder, der sich heute freut und morgen wieder plagt: / Hört alle zu, was Euch das Christkind sagt!« Und er endet so: »Die Kinder der Welt und die armen Leut', / die wissen am besten, was Schenken bedeut'. / Ihr Herrn und Frau'n, die Ihr einst Kinder wart, / seid es heut' wieder, freut Euch in Ihrer Art. / Das Christkind lädt zu seinem Markte ein, / und wer da kommt, der soll willkommen sein.« Nach diesem Schlusssatz brandet regelmäßig Jubel und Applaus von den rund 20 000 Zuschauerinnen und Zuschauern auf, die dicht gedrängt in den Budenstraßen die Zeremonie verfolgt haben. Diese schlichte, aber sehr emotionale Feier ist für viele Menschen der sichtbare Auftakt in die Adventszeit.

Der Nürnberger Christkindlesmarkt gehört zu den ältesten, bekanntesten und größten Weihnachtsmärkten in Deutschland. Für viele ist er auch der berühmteste. Eine mit Blumen verzierte

links Teresa Windschall war das Nürnberger Christkind in den Jahren 2021 und 2022.

Spanschachtel – im Germanischen Nationalmuseum aufbewahrt – ist der früheste schriftliche Beleg. Denn auf der Unterseite ist vermerkt, dass eine gewisse Susann Eleonora Erbsin (oder Elbsin) einer Regina Susanna Harßdörfferin die Schachtel »zum Kindles-Marck« 1628 geschenkt hatte.

Seine Situierung inmitten der Stadt auf dem Hauptmarkt, zu Füßen der Frauenkirche und angesichts des golden glitzernden Schönen Brunnens, verleiht ihm in historischer Umgebung ein besonderes Flair. Das sprach sich in der zweiten Hälfte des vergangenen Jahrhunderts schnell herum. Der Markt entwickelte sich zu einem wichtigen Tourismusfaktor. Mitte der 1970er-Jahre besuchten über eine Million Menschen den Markt. Ende der 1970er-Jahre titelten die *Nürnberger Nachrichten* nach einem Wochenende: »Altstadt ertrank in Besucherflut.« Die Menschen kamen und kommen unter anderem mit Bussen. 2018 wurden allein 3500 verzeichnet. Die Besucherzahlen kletterten 2016 auf über 2,5 Millionen. Die Gefahr des »Overtourism« ist nicht von der Hand zu weisen. Nach der Pandemie sind die Zahlen wieder auf rund zwei Millionen gesunken.

Die Beliebtheit des Nürnberger Christkindlesmarkts hat mit seiner Lage und seinem Charakter zu tun. Der Markt wirkt inmitten seiner historischen Kulisse heimelig und romantisch.

Die Beliebtheit des Nürnberger Christkindlesmarkts hat mit seiner Lage und seinem Charakter zu tun. Der Markt wirkt inmitten seiner historischen Kulisse heimelig und romantisch. Alle hölzernen Buden – manche sind selbst schon Geschichte – sind in den Stadtfarben mit rot-weißen Stoffen bespannt. Das »Städtlein aus Holz und Tuch« zeigt ein einheitliches Bild. Das Warenangebot ist gemischt: Weihnachtsartikel, Christbaumschmuck, Kunsthandwerk, Spielzeug, Lebkuchen und natürlich Bratwurst- und Glühweinbuden. Dabei handelt es sich um einen »stillen« Markt. Aus keiner der rund 180 Buden dringt Musik. Fahrgeschäfte und Dauerberieselung mit Weihnachtsmusik fehlen. Das unterscheidet den Nürnberger Christkindlesmarkt von anderen Weihnachtsmärkten, die eher einer Kirmes gleichen. Kennzeichen des Nürnberger Markts ist auch die traditionelle Eröffnungsfeier mit dem Prolog des Christkinds.

Das Christkind ist das Aushängeschild des Markts. Viele Nürnbergerinnen und Nürnberger lieben »ihr« Christkind. Manche belächeln es auch etwas von oben herab. Natürlich ist die Figur aus der Zeit gefallen. Sie ist im 21. Jahrhundert eigentlich ein Anachronismus. Aber sie ist es wiederum nicht, wenn man sich genauer ansieht, was das Nürnberger Christkind schon seit Langem ausmacht. Es stillt Sehnsüchte, strahlt in kalten Tagen viel Wärme aus und bringt Freude zu den Menschen, vor allem Kindern, Älteren, Kranken und Schwachen.

Urheber ist in gewisser Weise der Reformator Martin Luther. Der Protestantismus verzichtete auf jegliche Heiligen- und Marienverehrung. Traditionell erhielten bis dahin die Kinder in der Weihnachtszeit am Nikolaustag (6. Dezember) kleine Geschenke. Da der heilige Nikolaus quasi abgeschafft wurde in der neuen Religion, gab es auch niemanden mehr, der Geschenke brachte. Luther ließ seine eigenen Kinder bald vom »Heiligen Christ« bescheren. Zwei Jahrhunderte später kam in Nürnberg das Christkind in der Nacht vor dem ersten Weihnachtsfeiertag, um Geschenke in Schüsseln zu legen, die Kinder aufgestellt hatten.

Im Laufe der Zeit mischten sich verschiedene Figuren: das männliche Jesuskind und ein weiblich-jugendliches Christkind, Brauchtumsfiguren und die vor allem in Schweden bekannte Luzia mit Lichterkranz auf dem Kopf. Nach dem Ende der Marienverehrung in protestantischen Gebieten kamen noch Elemente der gekrönten Himmelskönigin dazu. In Nürnberg ging zudem der Rauschgoldengel in die Kunstfigur ein. Spätestens seit dem 19. Jahrhundert ist das gabenbringende Christkind eindeutig weiblich.

Die Nationalsozialisten haben das Nürnberger Christkind erstmals öffentlich in Szene gesetzt. Sie verlegten den Christkindlesmarkt, nachdem er über Jahrzehnte an anderen Orten in der Stadt eher ein Schattendasein gefristet hatte, zurück auf den

Hauptmarkt. Mit einer Schauspielerin, gewandet in ein goldverziertes silbernes Kleid und assistiert von zwei Rauschgoldengeln, eröffnete 1933 erstmals ein Christkind den Markt. Die leibhaftige Christkindfigur war geboren.

Mit dem ersten Christkindlesmarkt nach dem Zweiten Weltkrieg 1948 knüpfte die Stadt Nürnberg formal an die noch junge Zeremonie der Markteröffnung mit dem Christkind an. Friedrich Bröger, Sohn des Arbeiterdichters Karl Bröger und Chefdramaturg am städtischen Theater, schuf dafür einen neuen Prolog, der trotz mehrerer Überarbeitungen in den nachfolgenden Jahrzehnten noch immer den Kern des heutigen Prologs darstellt.

Von 1948 bis 1961 verkörperte die Schauspielerin Sophie Keeser das Nürnberger Christkind. Dann folgte ihr bis 1968 ihre jüngere Kollegin Irene Brunner nach. Bis dahin hatten die Nürnberger Christkinder im Wesentlichen nur eine Aufgabe: mit dem Prolog den Christkindlesmarkt zu eröffnen. 1969 stellte eine Zäsur dar. In diesem Jahr wurde auf Initiative von Walter Schatz, dem Leiter des Presseamts der Stadt, erstmals ein Christkind aus der Mitte der Stadtgesellschaft gewählt. Die damals aufgestellten Regeln gelten nach wie vor. Bewerben können sich Mädchen im Alter zwischen 16 und 19 Jahren, sie müssen in Nürnberg zu Hause, mindestens 1,60 Meter groß und schwindelfrei sein.

Die Wahl erfolgt in drei Phasen. Erst können sich Mädchen bewerben. Aus diesem Kreis trifft eine Jury mit Pressevertretern eine zwölfköpfige Vorauswahl. Diese Bewerberinnen werden in den Medien vorgestellt, damit Bürgerinnen und Bürger ihre Favoritin wählen können. Die sechs Mädchen mit den meisten Stimmen müssen sich zuletzt einer hochkarätigen Jury (Vorgänger-Christkind, Vertreter der Stadt, der Congress- und Touriszentrale, des Theaters und vor allem der Medien) stellen, die schließlich das Nürnberger Christkind kürt. Seit 1969 ist das Christkind immer zwei Jahre im Amt. In den beiden Nachfolgejahren kommt es als »Auslandschristkind« zum Einsatz, um nach entsprechenden Einladungen etwa Nürnberger Partnerstädte oder auch Weihnachtsmärkte in den USA zu besuchen.

Nach der Kür am 30. Oktober 2023 ist die damals 17-jährige Nelli Lunkenheimer das 28. gewählte Nürnberger Christkind.

Bald nach der ersten Wahl 1969 gab es Anfragen, ob das Christkind das eine oder andere Altersheim besuchen könne. Das war der Beginn einer einzigartigen nachhaltigen Prägung des Nürnberger Christkinds. Von Jahr zu Jahr kamen immer mehr karitative Termine hinzu. Lange Zeit waren es 30 bis 40 pro Amtszeit. Seit es im Jahr 1997 erstmals einen Fahrdienst der städtischen Verkehrsbetriebe mit einem »Christkindmobil« gibt, schnellten die Zahlen der Christkind-Einsätze nach oben. Seit Jahren liegen sie in jeder »Saison« – von der Eröffnung des Markts bis zum Heiligen Abend – bei rund 180.

In der Mehrzahl handelt es sich um Besuche in sozialen Einrichtungen, Alten- und Pflegeheimen, Begegnungsstätten für obdachlose Menschen, Behindertenwerkstätten, Kindergärten und Krankenhäusern. Dazu kommen Interviews und Fernsehauftritte und eine regelmäßige Präsenz auf dem Christkindlesmarkt. Schließlich ist die Figur die wichtigste Repräsentantin »ihres« Markts. Trotz aller notwendiger Professionalität, was allein Organisation und Management anbelangt, handelt es sich um ein Ehrenamt.

Dazu kommen Interviews und Fernsehauftritte und eine regelmäßige Präsenz auf dem Christkindlesmarkt.

Die soziale Seite des Christkinds macht es zum herausragenden Sympathieträger und zu einer unverwechselbaren Botschafterin der Stadt und des Markts. Bei den unzähligen Begegnungen mit Menschen ganz unterschiedlicher Herkunft und Biografien ist das Christkind willkommene Empfängerin von Wunschzetteln aus Kinderhand, Seelentrösterin, Kummerkasten, Freudenbringerin und Sozialarbeiterin. Das Christkind ist eine Reisende in Sachen Hoffnung und Nächstenliebe. Und es ist nicht zuletzt wegen des fast ikonenhaften Aussehens mit goldenem Ornat, blond gelockter Perücke und Krone eine weithin bekannte Marke.

POLITIK UND WIRTSCHAFT.

Nassauer Keller

Mittelalter

Aus dem Nichts zur europäischen Metropole

Dort, wo heute Nürnberg liegt, gab es dereinst nur Wald und kargen Sandboden. Also eigentlich: nichts. Lediglich ein kleiner Berg, eine Erhebung ragte aus dem Nichts heraus. An dem Ort lockten keine Bodenschätze, die seichte Pegnitz konnte nicht als Wasserweg dienen. Der Geograf Eugen Wirth urteilte über die Landschaft: »Das sind eintönige Ebenen, nur durch wenige Höhenrücken gegliedert und von Verwitterungs-, Schwemm- und Flugsanden überdeckt.« Alles in allem also eine ziemlich trostlose Gegend. Trotzdem siedelten sich im Nürnberger Becken Menschen an, bevorzugt am Fluss. Die bislang ältesten Zeugnisse auf dem heutigen Stadtgebiet stammen aus der Zeit zwischen 14 000 und 12 000 v. Chr. In Kornburg lassen Keramikscheiben aus dem 3. Jahrtausend v. Chr. auf ein kleines Dorf schließen. In Erlenstegen fanden sich steinzeitliche Werkzeuge, in Almoshof Hinweise auf bäuerliche Gehöfte.

Vor unserer Zeitrechnung siedelten im heutigen Nürnberg die Kelten. Im 9. Jahrhundert n. Chr. wanderten Slawen über Südpolen ein. Später kamen Franken aus dem Nordwesten hinzu. Mit Blick auf die heutige Altstadt ist nicht ganz sicher, wie die Ansiedlung erfolgte. Historiker vertreten die These, dass sich die Stadt von der Burg und einem Königshof bei der späteren St.-Egidienkirche nach Süden entwickelt hat. Der langjährige Stadtarchäologe John Patrick Zeitler hingegen meint, dass sich Nürnberg von der Pegnitz hinauf zum Burgfelsen ausgedehnt hat.

Im 10. Jahrhundert entstand auf dem Burgberg eine erste Wehranlage, die die Markgrafen von Schweinfurt errichtet

links Das Nassauerhaus gilt als einziges in der Stadt erhaltene mittelalterliche Turmhaus.

haben dürften. 1003 wurde diese Burg zerstört, wahrscheinlich im Zusammenhang mit einer kriegerischen Auseinandersetzung zwischen Heinrich II. von Schweinfurt und König Heinrich II. Bald darauf wurde eine neue Burg errichtet. Die Marktgründung war auch eine Folge der Gründung des Bistums Bamberg im Jahr 1007. Nürnberg wurde als Stützpunkt zur Verwaltung des Reichsbesitzes als königliche Pfalz auserkoren. Damit einher ging der Aufbau der notwendigen Versorgungs- und Infrastruktur mit Handwerkern, Lebensmittellieferanten und Beherbergungsmöglichkeiten. Nur so war es möglich, dass Heinrich III. 1050 einen Hoftag abhalten konnte, bei dem er mit der Urkunde vom 16. Juli die Leibeigene Sigena freigelassen und damit für den Eintritt Nürnbergs in die schriftlich belegte Geschichte gesorgt hat. Seit dieser Zeit wuchs die Siedlung, erst zu Füßen der Burg auf der nördlichen Seite der Pegnitz, Mitte des 12. Jahrhunderts auch auf der südlichen Hälfte, wo bei der heutigen St.-Jakobskirche schon ein königlicher Wirtschaftshof lag und nun eine »Neustadt« entstand.

Die schon im 12. Jahrhundert befestigte Stadt nahm einen rasanten Aufstieg. Der Historiker Peter Fleischmann führt dies auf mehrere Wurzeln zurück: Topografie und Demografie, Verfassung, Reichspolitik und Wirtschaft. Zu Beginn lag es mit an den zwischen 1025 und 1125 herrschenden Saliern, die ihr Reichsgut in Abgrenzung zu den (auch weltlich herrschenden) Bischöfen in Würzburg, Bamberg und Eichstätt zurückholen und sichern wollten. Da kam Nürnberg als strategische Bastion ganz recht. Den Saliern folgten die Staufer. Auch sie hatten ein Interesse an einer prosperierenden Stadt. Es entwickelte sich eine Geschäftsbeziehung auf Gegenseitigkeit. Bis ins 16. Jahrhundert war der König oberster Stadtherr. Und alle weiteren Herrschergeschlechter der Wittelsbacher, Luxemburger und Habsburger förderten die Stadt. Sie

Den Herrschern standen Steuern zu. Im Gegenzug gewährten sie der Stadt Privilegien wie Zollfreiheit oder Münzrecht. Nürnberg wurde Pfalz- und Hofstadt.

wiederum versicherte ihre Treue gegenüber König und Kaiser. Den Herrschern standen Steuern zu. Im Gegenzug gewährten sie der Stadt Privilegien wie Zollfreiheit oder Münzrecht. Nürnberg wurde Pfalz- und Hofstadt. Ministeriale (königliche Dienstleute) kümmerten sich darum, das Reichsgut im Umland zu verwalten.

Friedrich II. (1194–1250) erließ 1219 den »Großen Freiheitsbrief« für »karissimam civitatem nostram Nuremberch« (»unsere am meisten geliebte Stadt«), in dem er unter anderem Nürnberg unter den alleinigen Schutz des Königs stellte, wirtschaftliche Vorteile garantierte, Handel und Kaufmannschaft förderte. Nürnberg wurde zur beliebten Königspfalz, war nun als Reichsstadt besonders privilegiert. Allein der Wittelsbacher Ludwig der Bayer (1282/86–1347) hielt sich 74-mal in Nürnberg auf, Karl IV. weilte 52-mal dort. Mit der »Goldenen Bulle« beim Hoftag 1356 in Nürnberg schuf Kaiser Karl IV. das bedeutendste Reichsgesetz – eine Art Grundgesetz – des Heiligen Römischen Reiches, in dem vor allem die deutsche Königswahl geregelt wurde. Darin legte er Frankfurt am Main als Ort der Wahl, Aachen als Ort der Krönung sowie Nürnberg als den Ort fest, an dem jeder neu gewählte König künftig seinen ersten Hoftag abzuhalten hatte. Damit wurde Nürnberg reichsgesetzlich in einen außergewöhnlichen Rang erhoben.

Nürnberg war eine selbstständige, freie Reichsstadt. Das wurde schon 1256 deutlich, als Nürnberg in den Rheinischen Städtebund eintrat. Die besondere Stellung unterstrich König Sigismund (1368–1437) im Jahr 1423. Er übergab der Reichsstadt die sogenannten Reichskleinodien zur Verwahrung. Dazu zählten unter anderem der Reichsapfel, das Zepter und das Zeremonienschwert. Eine ganz besondere Auszeichnung und ein Zeichen, wie eng Königshaus und Stadt verbunden waren. 1796 wurden die Reichskleinodien vor den Franzosen nach Wien in Sicherheit gebracht. Seit einem kurzen Intermezzo zwischen 1938 und 1946, als sie Nazi-Deutschland nach Nürnberg zurückgeholt hatte, sind sie wieder in Wien, seit 1954 in der Hofburg ausgestellt.

Könige und Kaiser fühlten sich wohl in Nürnberg. Die Stadt profitierte von der engen Beziehung zu den Herrschern und den von ihnen gewährten Vorrechten. Nürnberg wurde zum Zentrum und quasi zur Hauptstadt des Reiches. Gleichzeitig entwickelte sich eine eigenständige bürgerliche Selbstverwaltung mit dem Großen und dem Kleinen Rat (dem eigentlichen Machtzentrum) mit Mitgliedern vor allem aus der Kaufmannschaft. Die dominante Gruppe waren die Patrizier. Ihre Anwesen kündeten oft von ihrem Vermögen und ihrer gesellschaftlichen Bedeutung. Mitte des 14. Jahrhunderts entstand eine oligarchische Ratsverfassung, die bis Ende des Alten Reiches 1806 Bestand haben sollte.

Nürnberg war nie von der natürlichen Umgebung – abgesehen vom reichlich vorhandenen Wald – begünstigt, doch die geografische Lage erweist sich bis heute als von großem Vorteil. Nürnberg liegt im Herzen Europas, an der Kreuzung wichtiger Straßen in alle Himmelsrichtungen. Das nutzten schon die Menschen im Mittelalter zu ausgeprägten Handelsgeschäften. Begünstigt wurde der Fernhandel – unter anderem mit Flandern, Südfrankreich, Österreich, Ungarn, Polen und Italien – durch die Zollprivilegien, derer es im 13./14. Jahrhundert allein 72 gab. Venedig war ein besonders wichtiger Handelsplatz. Im »Fondaco dei Tedeschi«, der Niederlassung deutscher Händler am Canal Grande nahe der Rialto-Brücke, spielten die Nürnberger eine führende Rolle.

Die Nürnberger Kaufleute importierten viele Waren und Rohstoffe (Nahrungs- und Genussmittel, Luxusgüter, Gewürze aus dem Orient, Farben oder Wolle), exportierten aber auch Nürnberger Produkte (Metallwaren, Textilien). Um 1500 hatten die Nürnberger auf vielen Gebieten eine Monopolstellung. Die reichen Kaufleute wurden seit dem 16. Jahrhundert als »Pfeffersäcke« geschmäht. Die Patrizier entfalteten zudem neue Fähigkeiten als Finanzdienstleister, wurden zu kaiserlichen und fürstlichen Geldgebern.

Der Erfolg der Stadt hat auch mit dem sprichwörtlichen »Nürnberger Witz« zu tun. Die alte Wendung kennzeichnet den

Erfindungsgeist und die Innovationskraft der Nürnberger. (Im englischen Wort *witty* – für geistreich, erfindungsreich, intelligent, originell – ist diese Bedeutung heute noch erhalten.) Das patrizische Regiment ließ aus machtpolitischen Gründen keine Zünfte zu, was jedoch auch den Wettbewerb förderte. Der ausgeprägte Fernhandel sorgte für die notwendigen Rohstoffe. Die Nürnberger zum Teil hoch spezialisierte Handwerkskunst war berühmt. Zwischen 2000 und 3000 Meister gingen den verschiedensten Disziplinen nach. Ganz vorne rangierte das vielfältige Metallgewerbe. Grundlage war das in der nahen Oberpfalz – dem »Ruhrgebiet des Mittelalters« – gewonnene und verhüttete Eisenerz.

Neben Waren wie Pfannen, Nadeln, Fingerhüten, Scheren oder Kämmen waren vor allem Rüstungen und Waffen aus Nürnberg sehr gefragt. Feinmechanische und astronomische Geräte wurden entwickelt. Es entstanden Instrumente von höchster Qualität, die auch den Seefahrern und Entdeckern der »Neuen Welt« dienten. Der Astronom Regiomontanus (eigentlich Johannes Müller, 1436–1476), der schon in Wien und Rom gearbeitet hatte, verlegte eigens seinen Wohnsitz nach Nürnberg. Der Verleger Anton Koberger (um 1440–1513) baute eine der bedeutendsten Druckereien auf. Nürnberg entwickelte sich zu einer Hochburg des Buchdrucks und der Kartografie. Nürnberg war das Medienzentrum der Reformationszeit und Deutschlands »Auge und Ohr«.

Nürnberg entwickelte sich zu einer Hochburg des Buchdrucks und der Kartografie. Nürnberg war das Medienzentrum der Reformationszeit.

Die Kreativität mancher führte zu wegweisenden Innovationen. Der Handelsherr und Bergbauunternehmer Peter Stromer (um 1315–1388) erfand 1368 die Nadelwaldsaat zur Aufforstung der Wälder (siehe Kapitel »Reichswald«). Ulman Stromer (1329–1407) schuf an der späteren Hadermühle 1390 die erste Papiermühle Deutschlands. Der Drahtzug wurde mit immer neuen Techniken verbessert. Peter Henlein (1479/85–1542) entwickelte

1504 mit dem »Nürnberger Ei« die erste Taschenuhr. Nach einem Entwurf von Martin Behaim (1459–1507) entstand 1492/94 der älteste erhaltene Erdglobus. Seit 2023 gehört er zum UNESCO-Welterbe, heute zu betrachten im Germanischen Nationalmuseum (siehe Kapitel »Germanisches Nationalmuseum«).

Die weit verzweigten Handelsbeziehungen weckten die Sinne, ließen Trends erkennen und sorgten für Wissenstransfer. Die Patrizier schickten ihre Söhne zum Lernen ins Ausland. Nürnberg war weltoffen. Seine wirtschaftliche, politische und kulturelle Blüte erlebte es um 1500, als auch der größte Sohn der Stadt, Albrecht Dürer (1471–1528), seine Werke schuf. Wissenschaft und geistige Welt waren in Nürnberg zu Hause. Die Stadt wurde zu einer Hochburg des Humanismus mit wichtigen Vertretern wie Konrad Celtis (1459–1508), Hartmann Schedel (1440–1514) oder Willibald Pirckheimer (1470–1530). Auch die Kunst erstrahlte. Hans Pleydenwurff (ca. 1420–1472), Michael Wohlgemut (1434/37–1519), Veit Stoß (vor 1450–1533), Adam Kraft (1455/60–1509) oder Peter Vischer d. Ä. (1460–1530) sind herausragende Exponenten einer eigenständigen Nürnberger Kunst. Über allen stand Albrecht Dürer. Zu Recht wird die Spanne zwischen 1480 und 1530 auch als Dürerzeit bezeichnet (siehe Kapitel »Albrecht Dürer«).

Der Erfolg war dem auf Sand gebauten Ort nicht in die Wiege gelegt. Den Aufstieg hatten viele Menschen aus eigener Kraft mit ihrem Fleiß und ihren Fähigkeiten bewerkstelligt. Es erwuchs in der Bürgerstadt ein eigenes Selbstbewusstsein. Eine geschickte Politik im Zusammenspiel mit Königen und Kaisern schuf die Basis für privilegierte internationale Handelsbeziehungen. Die Stadt war offen für Neues, suchte den Austausch mit anderen. Im ausgehenden Mittelalter wohnten in Nürnberg etwa 30 000 Menschen. Damit zählte die Stadt neben Augsburg, Köln, Straßburg, Lübeck und Wien zu den »bedeutenden Großstädten« im Reich. Ende des 15. Jahrhunderts gab es in ganz Deutschland eine Bevölkerungsexplosion – Nürnberg wuchs auf über 50 000 Bürger an.

Nürnberg war über lange Zeit eine Hauptstadt des Heiligen Römischen Reiches Deutscher Nation und eines der wichtigsten Handelszentren Europas. Regiomontanus ging noch ein Stück weiter. Er sprach vom »Quasi Centrum Europae«, also gleichsam dem Mittelpunkt Europas. An der Wende vom Spätmittelalter zur frühen Neuzeit strahlte Nürnberg in seiner größten Blüte. Nürnberg »leuchtet wahrlich in ganz Deutschland wie eine Sonnen unter Mond und Sternen«, meinte Martin Luther. Bald schoben sich jedoch dunkle Wolken vor die Nürnberger Sonne.

Maschinenzeitalter

»Bayerns heimliche Hauptstadt«

Anfang des 16. Jahrhunderts bemächtigte sich Nürnberg im Zuge des Bayerischen Erbfolgekriegs unter Billigung Kaiser Maximilians I. (1459–1519) der Städte Altdorf, Lauf und Hersbruck, die bis dahin zum Herzogtum Bayern-Landshut gehörten. Plötzlich hatte sich das Territorium Nürnbergs verdoppelt. Es entstand der größte Stadtstaat Deutschlands. Nürnberg kam noch gut ins 16. Jahrhundert. Doch die Bedeutung von Königen und Kaisern schwand, man entfremdete sich ohnedies von den katholischen Herrschern, seit sich Nürnberg dem Protestantismus angeschlossen hatte. In der zweiten Hälfte des Jahrhunderts begann der Stillstand in der Stadtentwicklung.

Die Katastrophe des religiös-politischen Dreißigjährigen Kriegs (1618–1648) warf die Stadt noch weiter zurück. »In der Zeit zwischen 1632 und 1634 starb in Nürnberg ungefähr jeder zweite Einwohner an Hunger, Ruhr, Pest, Fleckfieber oder Cholera«, schrieb der Historiker Peter Fleischmann. Nürnberg blieb zwar von einer Schlacht verschont, doch die zigtausend Mann starken Heere von Schwedenkönig Gustav Adolf und die Truppen Wallensteins plünderten im großen Umkreis alle Lebensmittel. So ist es fast erstaunlich, dass sich Nürnberg nach Ende des Krieges noch einmal als Gastgeber für den »Friedensexekutionskongress« auf die europäische Weltbühne schwang. Korrekterweise muss man aber sagen: geschwungen wurde. Denn dem Rat war es – aus Kostengründen – ganz und gar nicht recht, dass diese mehrmonatige Tagung in Nürnberg stattfand.

links Ausstellungsstück des Museums Industriekultur: Teil einer MAN-Tandem-Dampfmaschine vom Typ LT 10 aus dem Jahr 1907.

Worum ging es? Im Oktober 1648 war nach dem Dreißigjährigen Krieg in Münster und Osnabrück der Westfälische Frieden beschlossen worden. Aber, wie so oft, waren noch zahlreiche Details offen. Das sollte der Kongress in Nürnberg regeln. Erste Gespräche begannen im April 1649. Zum Abschluss der Verhandlungen, nachdem erste Zwischenergebnisse verhandelt waren, veranstaltete der schwedische Thronfolger Karl Gustav von Pfalz-Zweibrücken (1622–1660) am 25. September 1649 im großen Saal des Rathauses ein rauschendes Friedensmahl. 600 Speisen wurden in sechs Gängen aufgetischt. Aus dem Rachen eines Löwen floss Wein auf die Volksmenge herab. Der Künstler Joachim von Sandrart hat das opulente und außergewöhnliche Fest in einem großen Gemälde festgehalten (Sandrart gründete 1662 in Nürnberg die erste Kunstakademie Deutschlands). Kupferstiche verbreiteten das barocke Fest in ganz Europa. Die diplomatischen Gespräche reichten noch weit ins nächste Jahr hinein, ehe am 26. Juni 1650 der endgültige Vertrag, der »Reichsexekutionshauptrezess«, feststand.

Das »Nürnberger Friedensmahl« hat eine Neuauflage in unseren Tagen erfahren. Nürnberg versteht sich als »Stadt des Friedens und der Menschenrechte«. 1999 fand in Erinnerung an den Friedensschluss von 1649 erstmals wieder ein Friedensmahl im Historischen Rathaussaal statt. Prominentester Gast war Königin Silvia von Schweden als Vertreterin eines einstigen Kombattanten. Seither kommen am Tag der Verleihung des Internationalen Nürnberger Menschenrechtspreises auf Straßen und Plätzen viele Bürgerinnen und Bürger im Geist des Friedens und der Völkerverständigung zu einem großen Friedensmahl zusammen.

Ab 1649/50 hat Nürnberg allmählich die Weltbühne verlassen. Der aufkommende Merkantilismus – die Politik, möglichst viele Waren zu exportieren, aber möglichst wenige hereinzulassen – schadete den Nürnbergern. Trotz der wirtschaftlichen Krisen mussten weiter Abgaben an König und Kaiser entrichtet werden. Die Verschuldung nahm zu, das Patriziat hatte sich aufgebraucht. Die Bedrohungen von außen wuchsen, die Stadt war ohnmächtig. Bayern holte sich Ende des 18. Jahrhunderts sein Territorium zurück. 1796 rückten französische Revolutionstruppen auf Nürnberg vor. Die Stadt konnte die Sicherheit der Reichskleinodien nicht mehr gewährleisten – und ließ sie deshalb nach Wien bringen. Preußen und Bayern rangen um Nürnberg. Schließlich gewann Bayern die Oberhand. Nach dem Willen Napoleons wurden in der Rheinbundakte vom 12. Juli 1806 Nürnberg und sein Territorium dem Königreich Bayern zugeschlagen. Die Freie Reichsstadt war genauso Geschichte wie das Heilige Römische Reich Deutscher Nation. Die Stadt hatte rund 25 000 Einwohner, ähnlich viele wie noch Mitte des 15. Jahrhunderts. Als Glockengeläut die Übergabefeier begleitete, sagte die Frau des Kaufmanns Paul Wolfgang Merkel mit weinender Stimme zu ihrem Nachwuchs: »Ihr armen Kinder, nun seid ihr Fürstenknechte.« Eine Mehrheit sah die neue politische Situation positiver.

Der neue mächtige Mann war Polizeidirektor Christian Wurm (1771–1835). Er führte eine autokratische Stadtregierung von 1806 bis 1818. Die Zeitspanne wird als »Ära Wurm« bezeichnet. Das Königreich übernahm auch eine ungeheure Schuldenlast der ehemaligen Reichsstadt. Um eine gewisse Kompensation zu erzielen, verkauften die Behörden alles, was sich irgendwie zu Geld machen ließ. Dazu gehörten der Silberschatz der Stadt und auch ein berühmter Tafelaufsatz von Wenzel Jamnitzer. Das wertvolle Bronzegitter im Großen Rathaussaal aus der Werkstatt von Peter Vischer wurde zum Metallwert verhökert.

Kurzzeitig war Nürnberg Regierungssitz des Pegnitzkreises. Mit seiner Auflösung und der Schaffung des Rezatkreises mit dem Regierungssitz in Ansbach verlor Nürnberg auch den Sitz einer Kreisregierung. Diese Tradition dauert bis heute an. Auch bei der Neuordnung Bayerns nach 1945 in sieben Regierungsbezirke ging die zweitgrößte Stadt Bayerns leer aus. Die Regierung von Mittelfranken blieb in Ansbach. Mit einer neuen Gemeindeordnung im Königreich Bayern 1818 konnte sich auch in Nürnberg eine weitgehende Selbstverwaltung etablieren – Voraussetzung für ein Wiederaufblühen der Stadt.

Eine liberalisierte Wirtschaft begünstigte frühe Formen der Industrialisierung. Eine neue Gewerbeordnung 1825 gab den Weg frei für die Gründungen neuer Betriebe. Noch immer bestimmten die alten Werkstätten der Handwerksmeister das heimische Gewerbe. Ganz vorne in der Produktion rangierten Spiel-, Metall- und Messingwaren, aber auch Tuche, Spiegel und Tabakerzeugnisse. Einen Markstein für den Aufbruch in das Industriezeitalter setzte die Nürnberg-Fürther Eisenbahn. Die Nürnberger Kaufmannschaft, maßgeblich Georg Zacharias Platner (1781–1862) und Johannes Scharrer (1785–1844), zeitweilig auch zweiter Bürgermeister, trieben das innovative Projekt voran. Sie gründeten eine Aktiengesellschaft zur Finanzierung. Die Lokomotive »Adler« aus der Produktion von George Stephenson wurde in Einzelteilen aus England geholt und in Nürnberg in der Maschinenfabrik Spaeth & Co unter Anleitung des ebenfalls importierten Ingenieurs und Lokomotivführers William Wilson (1809–1862) wieder zusammengebaut. Die meisten Wagen wurden in Nürnberg hergestellt. Am 7. Dezember 1835 fand die Jungfernfahrt der »Ludwigseisenbahn« als erste deutsche Eisenbahn vom Nürnberger Plärrer auf einer sechs Kilometer langen Trasse, einer schon 1801 angelegten Chaussee, bis zur Fürther Freiheit statt. Wilson sollte ursprünglich nur acht Monate bleiben, um Einheimische an der Lok auszubilden. Er ist nie nach England zurückgekehrt. Die zweite Hälfte seines Lebens hat er hochgeehrt in Nürnberg verbracht.

1903 fusionierte das Unternehmen mit dem Berliner Siemens-Halske-Konzern zur Siemens-Schuckertwerke GmbH.

Schon Mitte des 19. Jahrhunderts hatte der Schriftsteller Hans Christian Andersen Nürnberg als »Bayerns heimliche Hauptstadt« bezeichnet. »Das Bürgertum hatte bewiesen, dass es in der Lage war, auch ohne Mitwirkung des Staates große

Unternehmungen zu verwirklichen«, stellte der Historiker Martin Schieber fest. Ähnlich verhielt es sich mit Bayerns erstem Gaswerk am Plärrer, das 1847 in Betrieb ging, zunächst um Energie für die neuzeitliche Gasbeleuchtung zu erzeugen. Es gehörte einem Ingenieur aus Stuttgart. 1871 erwarb die Stadt das Unternehmen. Noch 1961 sorgten 7857 Gaslaternen in Nürnberg für Licht. Erst 1973 erlosch die letzte Lampe.

Der Bau und der Betrieb der ersten deutschen Eisenbahn waren so etwas wie eine Initialzündung. Metallverarbeitende Industrie, Maschinenbau, elektrotechnische Industrie entwickelten sich als die wichtigsten Säulen des rasanten industriellen Aufschwungs. Dampfmaschinen sorgten für die nötige Energie. Ab 1868 herrschte in Bayern erstmals Gewerbefreiheit – ein zusätzlicher Schub in der Hochindustrialisierung, die von einigen innovativen Geistern maßgeblich vorangetrieben wurde. Von zweien soll beispielhaft die Rede sein.

Der Nürnberger Handwerkersohn Sigmund Schuckert (1846–1895) startete nach Lehr- und Wanderjahren in den USA – wo er auch bei Thomas Alva Edison, dem Erfinder der Glühlampe, arbeitete – mit einer kleinen mechanischen Werkstatt bei der Schwabenmühle an der Pegnitz. Daraus wurde ein Weltunternehmen. Zunächst baute Schuckert Bogenlampen und Scheinwerfer. 1882 entstand mit drei Bogenlampen in der Kaiserstraße die erste dauerhaft betriebene elektrische Straßenbeleuchtung in Deutschland. Im Stadtteil Steinbühl erwuchs ab 1890 ein immer größeres Betriebsgelände. Messgeräte, 120 Kraftwerkszentralen für die elektrische Beleuchtung von Städten und Straßenbahnen wurden gebaut. 1903 fusionierte das Unternehmen mit dem Berliner Siemens-Halske-Konzern zur Siemens-Schuckertwerke GmbH. Kurz vor dem Ersten Weltkrieg waren dort 12 000 Menschen beschäftigt. Damit war »der Schuckert« das größte Unternehmen Bayerns. Siemens ist heute in der Südstadt mit der hundertprozentigen Tochter Innomotics weiter präsent. Nürnberg ist Unternehmenszentrale für die Sparten Antriebstechnik, Energie- und Produktionstechnik sowie Leistungselektronik und fungiert weiter als Standort für die Fertigung elektrischer Großantriebe.

1847 heiratete der Kaufmann Theodor Cramer (1817–1884) Emilie Klett, Tochter des Maschinenfabrikbesitzers Johann Friedrich Klett. Nach dem Tod des Schwiegervaters im selben Jahr übernahm Theodor, nunmehr mit Doppelnamen Cramer-Klett, die Firma Klett & Co im Stadtteil Wöhrd und führte sie zu ungeahnter Blüte. Hauptgeschäftsfeld war zunächst der Eisenbahnwagenbau. Allein zwischen 1870 und 1874 produzierte das Unternehmen 12 600 Waggons. Der später geadelte von Cramer-Klett erweiterte aber auch früh das Portfolio. Er übernahm die Koordination ganzer Projekte, etwa den Bau von Eisenbahntrassen oder Brücken. Zwischen 1897 und 1901 wurde das Großunternehmen an den Standort Franken-/Katzwanger Straße verlegt – angestammter Sitz bis heute. Das Unternehmen kümmerte sich auch um soziale Einrichtungen wie eine Betriebskrankenkasse oder Werkswohnungen.

Nach der Fusion mit der Maschinenfabrik Augsburg 1898 entstand ein neues Weltunternehmen, das seit 1909 unter dem Namen MAN (Maschinenfabrik Augsburg Nürnberg) auftritt. In Nürnberg liegt nach wie vor das weltweite Motorenkompetenzzentrum der MAN Truck & Bus Gruppe. »Der Standort Nürnberg ist das internationale Leitwerk für alternative und konventionelle Antriebstechnologien«, heißt es in einer Eigendarstellung. Das Kürzel MAN hat einen Klang wie VW oder BMW. Die Wiege des Konzerns steht in Nürnberg. Maschinenbau, das metallverarbeitende Gewerbe und die Elektroindustrie waren die Motoren der Industrialisierung Nürnbergs. Daneben entwickelte sich Nürnberg zu einer Hochburg der Spielwaren-, Bleistift- und Zweiradfertigung.

Puppen (früher Docken genannt) haben die Nürnberger schon im späten Mittelalter hergestellt. Mit Spielzeug war man vertraut. Die Metallverarbeitung eröffnete neue Produktionsfelder – Blechspielwaren waren in. Die Gebrüder Bing AG entwickelte sich bis 1900 zum größten Spielwarenproduzenten weltweit. Zu Beginn des 20. Jahrhunderts waren in über 100 Blechspielzeugfabriken rund 8000 Menschen beschäftigt. Der Erfolg hielt im 20. Jahrhundert lange an. Die 1912 gegründete Firma Schuco (Schreyer & Co) entwickelte sich nach dem Zweiten Weltkrieg zum führenden europäischen Hersteller von Spielzeugautos – bis zum Konkurs 1976.

Schon seit Ende des 16. Jahrhunderts gab es in Nürnberg den Beruf des »Bleystefftmachers«. Zwischen 1683 und 1807 sind 51 »Bleyweißstefftmacher« als »zünftige Meister« verzeichnet. (Der Name *Blei*stift ist irreführend. Das Ausgangsmaterial Grafit, ein kristallisierter Kohlenstoff, war anfangs für eine Bleiverbindung gehalten worden.) Aus der handwerklichen Tradition entwickelten sich weltweit führende Unternehmen für Schreib- und Zeichengeräte. Ihre Namen strahlen noch heute: Schwan-Stabilo (inzwischen in Heroldsberg), Faber-Castell (schon immer im nahen Stein), Staedtler und Lyra.

Aus den metallverarbeitenden Fähigkeiten entwickelte sich auch ein besonderer Industriezweig: die Fahrradproduktion. Solange das Fahrradfahren noch nicht so richtig ernst genommen wurde, importierte man die Gefährte aus England. Aber es zeigte sich schnell, dass hinter dem Fortbewegungsmittel mehr als ein Spleen steckte. Carl Marschütz (1863–1957) erkannte den Trend der Zeit sehr schnell. Er gründete gleich zwei Betriebe zur Fahrradherstellung. Später gingen daraus die Hercules Werke hervor. Die Victoria-Werke und die Mars-Werke anderer Gründer kamen hinzu. Im 20. Jahrhundert entwickelte sich daraus auch eine motorisierte Zweiradindustrie. »Ardie«-Motorräder des Gründers *Ar*nold *Die*trich (1870–1922) wurden zu einer eigenen Marke ebenso wie Triumph oder Zündapp (*Zün*der- und *App*aratebau).

Carl Marschütz (1863–1957) erkannte den Trend der Zeit sehr schnell. Er gründete gleich zwei Betriebe zur Fahrradherstellung.

1880 war Nürnberg mit über 173 000 Hektolitern Bier die bedeutendste Bierexportstadt Bayerns. Hinzu kam der Hopfenhandel. 1895 gab es 364 Firmen, die damit ihr Geld verdienten. 1861 erschien in Nürnberg erstmals die *Allgemeine Hopfenzeitung*, die bis heute als Fachzeitschrift *Brauwelt* für das Brau- und Getränkewesen fortlebt. Ende des 19. Jahrhunderts war Nürnberg Welthandelsplatz für Hopfen. Bis heute besteht die BarthHaas-Group, hervorgegangen aus dem 1794 von Johann Barth im oberfränkischen Betzenstein gegründeten Unternehmen. 1977 wurde die US-Firma John I. Haas übernommen, der Grundstein für die heutige Gruppe gelegt.

Der wirtschaftliche Erfolg der Unternehmen wäre nicht möglich gewesen ohne das Gütertransportmittel Bahn. 1847 war ein erster Staatsbahnhof südöstlich des Frauentors vollendet. Zwischen 1900 und 1905 entstand als Nachfolgebau der heutige Hauptbahnhof nahe dem Königstor. Nürnberg lag wie die Spinne im Netz von bis 1877 sieben neu entstandenen Hauptverbindungen in alle Himmelsrichtungen. Das erleichterte sowohl den Bezug von wichtigen Rohstoffen wie Kohle als auch den Absatz der eigenen Produkte in ferneren Märkten. Der »Adler« von 1835 hatte für einen nachhaltigen wirtschaftlichen Erfolgsschub gesorgt.

In den jahrhundertealten Behausungen in der Altstadt herrschten elende hygienische und Wohn-Verhältnisse. Innerhalb des Mauerrings lebten über 54 000 Menschen.

Wie die Perlen an einer Schnur reihten sich die großen Firmen an der Fürther Straße aneinander, vor allem aber fanden die vielen neuen Fabriken in der Südstadt ihren Platz. Denn die Stadt konnte sich weder nach Norden (Knoblauchsland) noch nach Nordosten und Osten (Reichswald) ausdehnen. Im Westen bildete die Nachbarstadt Fürth eine Grenze. Es blieb nur eine räumliche Expansion südlich der Eisenbahnlinie. So wurde die Nürnberger Südstadt zum Herz der Industrialisierung und zum maßgeblichen Ort der Urbanisierung. Arbeit, Leben, Wohnen waren ganz eng zusammen.

In den jahrhundertealten Behausungen in der Altstadt herrschten elende hygienische und Wohn-Verhältnisse. Innerhalb des Mauerrings lebten über 54 000 Menschen. Gleichzeitig verklärten die Romantiker die Stadt. Industrialisierung, Urbanisierung und romantisches Ideal hatten jedoch nichts miteinander zu tun. Die Wohnbevölkerung explodierte. Zuwanderer aus dem Umland suchten als Arbeiter in einer der vielen Fabriken ihr Glück. 1881 wurden rund 100 000 und im Jahr 1900 bereits 260 000 Einwohner verzeichnet. Innerhalb von 100 Jahren hatte sich die Bevölkerung verzehnfacht. Bis 1918 stieg die Zahl auf 332 000. Die Stadtregierung war unaufhörlich gefordert, die notwendige Infrastruktur zu schaffen und auszubauen: Straßen, Wasserversorgung, Kanalisation, Schulen, Energie, Krankenhäuser.

Zu dem Wachstum hatten auch Eingemeindungen alter reichsstädtischer Vororte beigetragen, die in mehreren Etappen erfolgten. Schon 1825 wurden unter anderem Gostenhof, St. Johannis, Wöhrd, Gärten bei Wöhrd, Gärten hinter der Veste und Galgenhof dem Stadtgebiet zugeschlagen. 1899 kamen 13 Landgemeinden dazu, darunter Schniegling, Wetzendorf, Schoppershof, Erlenstegen, Mögeldorf, Gleißhammer, Gibitzenhof und Schweinau. Umfasste das Stadtgebiet 1806 gerade 1,6 Quadratkilometer, waren es 1899 54,4 Quadratkilometer.

Nürnberg war in der zweiten Hälfte des 19. Jahrhunderts als pulsierende Industriestadt auch zur Arbeiterhochburg in Bayern avanciert. Man traf sich in einem der unzähligen Arbeiterwirtshäuser, schloss sich in Vereinen zusammen, um gemeinsame Interessen zu vertreten und eine eigene »Arbeiterkultur« zu pflegen. 1866 formierte sich der Arbeiterbildungsverein. Aus ihm heraus erfolgte die Gründung der Nürnberger SPD am 24. April 1874. Trotz staatlicher Behinderungen, Restriktionen und Verboten – von 1878 bis 1890 galt im Deutschen Reich das »Gesetz gegen die gemeingefährlichen Bestrebungen der Sozialdemokratie« (Sozialistengesetz) – war die neue politische Kraft nicht zu stoppen. Die Leitfigur der Nürnberger Arbeiterbewegung, der Schlosser Karl Grillenberger (1848–1897), setzte sich 1881 in einer Stichwahl zum Reichstag gegen einen Vertreter der liberalen Fortschrittspartei durch. Damit zog erstmals ein bayerischer Sozialdemokrat in das deutsche Parlament ein. Das 1875 als *Nürnberg-Fürther Sozialdemokrat* gegründete und 1878 in *Fränkische Tagespost* umbenannte Blatt entwickelte sich zu einer der führenden Parteizeitungen in ganz Deutschland. Die Arbeiter organisierten sich am Ende des 19. Jahrhunderts in fast 50 verschiedenen Gewerkschaften, davon viele im metallverarbeitenden Bereich. 1893 verfügte die Nürnberger SPD über vier der fünf sozialdemokratischen Sitze im bayerischen Landtag.

Nach dem Niedergang vergangener Jahrhunderte erlebte Nürnberg vor allem in der zweiten Hälfte des 19. Jahrhunderts als erfolgreiche Industriestadt wieder eine Blüte. Der Erfolg kam von innen. Erfindungsreiche Handwerker und Kaufleute, frische Geister mit Ideen und Wagemut machten dies möglich. Impulse oder gar Geld kamen weder vom Königreich noch vom Stadtregiment. In der Südstadt standen Fabriken dicht an dicht mit neuen Wohnquartieren. In »Mietskasernen« lebten viele Menschen auf engem Raum mehr schlecht als recht. Die unzähligen Fabrikschornsteine kündeten von einer neuen Zeit. Die Schlote stießen auch reichlich Schadstoffe aus. Das Wort Umweltschutz war noch lange nicht erfunden. Mangelnde Hygiene und Gesundheitsversorgung, miserable Wohnbedingungen, schlechte Ernährung und harte Arbeitsbedingungen bestimmten das Leben vieler Menschen. Bei der Veröffentlichung der ersten allgemeinen Sterbetafel 1871/1881 für das Deutsche Reich betrug die durchschnittliche Lebenserwartung bei Geburt für Männer 35,6 Jahre und für Frauen 38,5 Jahre.

Innerhalb weniger Jahrzehnte stieg Nürnberg zu *der* Industriemetropole Bayerns auf. Aus der einstigen Reichsstadt war die »rote Arbeiterstadt« geworden. Diese Geschichte sollte prägend werden für nahezu das gesamte 20. Jahrhundert. München hat der prosperierenden fränkischen Industriestadt in jener Zeit viel zu verdanken. Mit den reichlich sprudelnden Steuergeldern aus Franken (und auch aus dem zweiten Industriezentrum Augsburg) konnten manche repräsentative Großbauten finanziert werden. In der königlichen Residenzstadt wurde großzügig das Geld ausgegeben, das in Nürnberg verdient wurde.

DR. HERMANN LUPPE
6. AUGUST 1874 – 3. APRIL 1945
OBERBÜRGERMEISTER
DER STADT NÜRNBERG
18. JANUAR 1920 – 12. MÄRZ 1933
DEM FURCHTLOSEN
UND HOCHHERZIGEN VORKÄMPFER
FÜR RECHT UND MENSCHENWÜRDE
ZUM BLEIBENDEN ANDENKEN
STADT NÜRNBERG

Ära Luppe

Große Fortschritte in schwierigen Zeiten

Am Ende des Ersten Weltkriegs lag die Stadt nach bitteren Mangel- und Hungerjahren darnieder. Kaiser Wilhelm II. dankte am 28. November 1918 ab und flüchtete ins niederländische Exil. Die Revolution nahm in Nürnberg nur mäßige Formen an. Vielleicht typisch für diese Stadt. Am 8. November 1918 konstituierte sich ein provisorischer Arbeiter- und Soldatenrat. Am 14. August 1919 trat die Weimarer Verfassung in Kraft. Die erste deutsche Demokratie wurde geboren aus dem Elend von Nationalismus, Chauvinismus, Imperialismus samt vernichtender Kriegsniederlage. Der »Diktatfrieden« von Versailles belastete die Weimarer Republik von Anfang an. Die Reichswehr erschoss 1920 beim »Kapp-Putsch« gegen die Weimarer Republik nahe dem Hauptbahnhof 21 unbewaffnete Personen. Die unmittelbaren Nachkriegsjahre waren unruhige Zeiten. Nürnberg wurde indes zu einem Leuchtturm des demokratisch verfassten Staats. Dafür steht bis heute ein Name: Hermann Luppe.

Nürnbergs Oberbürgermeister Otto Geßler (1875–1955) wurde im Oktober 1919 als Wiederaufbauminister ins Reichskabinett berufen, von 1920 bis 1928 war er Reichswehrminister. Nürnberg suchte einen Nachfolger als Stadtoberhaupt. Auf eine Ausschreibung hin meldeten sich 32 Bewerber. Einer von ihnen war Hermann Luppe (1874–1945). Der Jurist hatte sich schon 1913 als 37-Jähriger, gerade im Amt des Zweiten Bürgermeisters in Frankfurt am Main, für das Amt des Oberbürgermeisters in Nürnberg beworben, hatte aber damals gegenüber Geßler das Nachsehen. Nun befürworteten die meisten Parteien im Rathaus

links Diese bronzene Tafel an einer Fassade in Gibitzenhof erinnert an Oberbürgermeister Hermann Luppe.

seine Kandidatur. Hinter ihm stand eine große Stadtratsmehrheit. Am 18. Januar 1920 wählten die Nürnberger Hermann Luppe ins Amt des Oberbürgermeisters. Er wurde 1929 – nach einer Änderung der Gemeindeordnung 1927 – vom Stadtrat für eine weitere Amtszeit ab 1930 bestätigt. Doch die Nationalsozialisten setzten ihn im April 1933 ab und zwangen ihn zum Amtsverzicht.

Eine der wichtigsten und nachhaltigsten Epochen der jüngeren Nürnberger Geschichte ist heute auf eine Fläche von 107 mal 66,5 Zentimeter geschrumpft. So groß ist die bronzene Erinnerungstafel an Hermann Luppe, die seit 1952 an dem nach ihm benannten Dr.-Luppe-Platz (vorher: Mainzer Platz) in Gibitzenhof angebracht ist. Eine unangemessene Form der Würdigung. Dieses außergewöhnliche Stadtoberhaupt in außergewöhnlicher Zeit hätte mehr öffentliche Aufmerksamkeit verdient.

Hermann Luppe wurde am 6. August 1874 in Kiel geboren. Er wuchs in einem weltoffenen Haus auf. Nach dem Abitur studierte er in Genf, Leipzig, Berlin und Kiel Nationalökonomie und Jura. Früh bezog er politisch Position. Sein sittliches Ideal war die »soziale Gerechtigkeit«. Luppe war, wie sein Biograf Hermann Hanschel schrieb, »weniger Sozialist als Liberaler mit regem Gewissen für soziale Probleme und großem Verständnis für die sozialen und politischen Forderungen der Arbeiterschaft und der Sozialdemokratie«.

Nach dem Studium und der Promotion (1896) drängte es den jungen Mann in den kommunalen Verwaltungsdienst. Er begann seine Laufbahn in Frankfurt am Main als Magistratsassessor. Seine Schwerpunkte lagen in der Sozial- und Schulpolitik. 1913 wurde er zum Zweiten Bürgermeister gewählt. Als er sich zum zweiten Mal um die Position des Nürnberger Oberbürgermeisters bewarb, war er längst ein profilierter Verwaltungsbeamter.

Nach dem Zusammenbruch des Kaiserreichs engagierte sich Luppe immer stärker in der Politik. Er wurde Gründungsmitglied der liberalen Deutschen Demokratischen Partei (DDP), einer der Weimarer Verfassungsparteien. Am 19. Januar 1919 zog er in die Nationalversammlung ein. Schon nach kurzer Zeit galt Luppe als ministrabel. Doch er hatte seine wahre Berufung längst erkannt. Sie lag in der Kommunalpolitik. Und zwar in Nürnberg.

Unter schwierigen Umständen erfüllte Luppe 13 Jahre lang seine Aufgabe als Stadtoberhaupt beispielhaft – mit Überzeugungskraft, Standhaftigkeit und großem Verantwortungsbewusstsein. Bis zur Einführung der Rentenmark 1923 galoppierte die Inflation. Die sogenannten Goldenen Zwanzigerjahre waren so golden nicht. Mit der Weltwirtschaftskrise nach dem New Yorker Börsencrash 1929 waren die wenigen guten Jahre schon wieder vorbei. 1932 waren in Nürnberg über 56 000 Arbeitslose registriert. Es sollte noch schlimmer kommen.

In diesen Zeiten brachte Nürnberg unter Führung Luppes viel Fortschrittliches auf den Weg. 1920 entstand das erste Gesundheitsamt Bayerns. 1923 litten 10 000 Nürnberger an Tuberkulose. Die Stadt schickte viele in Erholungsheime, schuf an der Schnieglinger Straße ein eigenes Pflegeheim für Lungenkranke. Luppe organisierte das gesamte Wohlfahrts- und Fürsorgewesen neu und baute es musterhaft aus, die Kinder- und Jugendfürsorge lag ihm besonders am Herzen. Vorbildlich war auch der Ausbau des Wohnungswesens. Die Wohnungsnot war eine Belastung. Auf Luppes Betreiben verwandelte sich am 3. April 1922 der seit 22. März 1918 wirkende »Nürnberger Wohnungsbauverein« in die »Gemeinnützige Wohnungsbaugesellschaft der Stadt Nürnberg mbH« als hundertprozentige Tochter der Kommune. Neue Wohnanlagen entstanden in Gibitzenhof, am alten Nordbahnhof östlich des Kleinreuther Wegs, am Nordostbahnhof, an der Allersberger Straße und am Hasenbuck. Trotz schwierigster Bedingungen baute allein die WBG bis 1933 rund 6000 Wohnungen. Die NS-Verwaltung brachte später nur 1043 Wohneinheiten zustande.

1932 waren in Nürnberg über 56 000 Arbeitslose registriert. Es sollte noch schlimmer kommen.

Aus der ersten städtischen Wohnungsbaugesellschaft ist die »Nürnberg wbg GmbH Immobilienunternehmen« entstanden. Sie verwaltet heute rund 22 000 Wohnungen und 7000 Gewerberäume, Garagen und Stellplätze. Sie ist seit Jahrzehnten maßgeblich in der Stadtentwicklung und im Städtebau engagiert. Die Tochter WBG Kommunal GmbH baut Schulen, Kindergärten, Horte, Verwaltungsgebäude und Feuerwehrhäuser im Auftrag der Stadt. Die Grundlagen für diese Institution zur Daseinsvorsorge wurden in der Weimarer Zeit geschaffen.

In Nürnberg existierte kein Konzept für die Stadtentwicklung. Die Stadt verpflichtete deshalb 1921 den angesehenen Berliner Professor für Stadtplanung Hermann Jansen (1889–1945), für Nürnberg einen Generalbebauungsplan zu schaffen. Im Kern war er 1927 vollendet. Er legte wesentliche Grundsätze fest, die bis heute nachwirken. Es ging um die Trennung von Industrie, Gewerbe, Wohnen und Freiflächen zur Erholung. Jansen schützte die Altstadt vor Durchgangsverkehr – es hatte schon Pläne für eine Nord-Süd-Straße gegeben einschließlich Untertunnelung des Burgbergs –, stattdessen bekam der Altstadtring eine neue verkehrliche Bedeutung. Man rechnete damals mit einer auf bis zu 700 000 Personen anwachsenden Stadtbevölkerung und einer Zunahme des Kraftverkehrs. Der Jansenplan sah den Ausbau der Ausfallstraßen und eine weiter außerhalb des Zentrums anzulegende Ringstraße vor, um die Verkehrsströme zu bündeln. Schon 1927 benannte man das erste Teilstück als Nordring. Der systematische Ausbau begann erst 1956 und erstreckte sich bis zur Vollendung des letzten Teilstücks 1993.

Der Jansenplan sah den Ausbau der Ausfallstraßen und eine weiter außerhalb des Zentrums anzulegende Ringstraße vor, um die Verkehrsströme zu bündeln.

Jansen bezog auch den nahezu bedeutungslos gewordenen Ludwig-Donau-Main-Kanal in seine Verkehrsplanung mit ein. Daraus sollte nach seinen Vorstellungen eine Schnellstraße werden. Tatsächlich entstand im aufgelassenen Kanalbett einige

Jahrzehnte später ein Abschnitt der Bundesautobahn A 73: ein Stück des Frankenschnellwegs (siehe Kapitel »Frankenschnellweg«). Auch eine neue Wasserstraßen- und Hafenanbindung hatte Jansen im Blick. 1926 formulierte er: »Von ausschlaggebender Bedeutung für die wirtschaftliche Zukunft Nürnbergs ist die Entscheidung, ob der Rhein-Donau-Main-Kanal zur Durchführung gelangt.« Er plante einen Handelshafen bei Schweinau und einen Industriehafen nahe Maiach. Aus Ersterem wurde nichts, der Staatshafen bei Maiach ist seit Jahrzehnten verwirklicht.

Bildung bekam unter Luppe einen neuen Stellenwert. Ab 1924 waren die Lernmittel in den Schulen kostenlos, was vielen Familien half. Die Stadt gründete eine Handelshochschule und eine Volkshochschule – Vorläufer des heutigen Fachbereichs Wirtschafts- und Sozialwissenschaften (WiSo) der Friederich Alexander-Universität Erlangen-Nürnberg und des Bildungszentrums. Luppe war auch Förderer und Erneuerer der Nürnberger Kunstszene. Er regte an, dass die Städtischen Kunstsammlungen nicht nur lokale oder regionale Kunst ankauften, sondern auch erstklassige Werke der bedeutendsten deutschen Gegenwartskünstler.

Weitere neue Bildungsangebote entstanden. 1927 wurde das Planetarium am südlichen Ende des Rathenauplatzes in Betrieb genommen, 1931 folgte die Volkssternwarte am Rechenberg. Der damals in den Diensten der Stadt stehende Bauhaus-Architekt Otto Ernst Schweizer (1890–1965) setzte mit dem neuen Arbeitsamt (1929), dem Milchhof an der Kressengartenstraße (1930), dem Lungenheim in Schniegling und Robert Erdmannsdorffer (1888–1968) mit der neuen städtischen Frauen- und Säuglingsklinik an der Flurstraße (1930) leuchtende Zeichen der architektonischen Moderne. Bauhaus und Neue Sachlichkeit waren in Nürnberg angekommen.

Nürnbergs Ruf als Sporthochburg wurde weiter gefestigt. Eine besonders weitsichtige Tat war der Bau eines großen Sportgeländes mit Erholungspark und Kleingärten bei der Zeppelinwiese (so bezeichnet, seit 1909 dort ein Luftschiff des Grafen

Zeppelin gelandet war). Die 1928 fertiggestellte Sportstätte mit benachbartem Schwimmbad (ebenfalls nach Plänen von Otto Ernst Schweizer) und die Außenanlagen (nach einem Konzept des Stadtgartendirektors Alfred Hensel) erhielt anlässlich eines Wettbewerbs bei den Olympischen Spielen 1928 in Amsterdam eine Goldmedaille. Als internationaler Erfolg erwies sich das Dürer-Jahr 1928 anlässlich des 400. Todestags des größten Künstlers der Stadt. Der Historiker Martin Schieber bezeichnete dieses Jahr als den »Höhepunkt der Geschichte Nürnbergs in der Weimarer Republik«.

Luppe war ein Mann von Format, ein Mann mit Charakter. Er trat selbstbewusst auf, verzichtete aber auf jeden Aufwand um seine Person. Im schnellen Schritt ging er täglich zu Fuß von seiner Dienstwohnung am Vestnertorgraben 15 ins Rathaus. Auf dem Weg war es für ihn selbstverständlich, vor jedermann den Hut zur Begrüßung zu ziehen. Luppe stand für republikanisch-demokratische Überzeugungen. Diese teilte er mit der von den Sozialdemokraten im Stadtrat bestimmten Mehrheit. So wurde die Ära Luppe geprägt von einem sozial-liberalen Geist im Rathaus (siehe Kapitel »Sozial und liberal«). Und dies in einer Zeit, da die Nationalsozialisten immer lauter trommelten.

Der liberale Luppe konnte sich maßgeblich auf die Sozialdemokraten stützen. Ein besonderes Verdienst an dieser loyalen und fruchtbringenden Zusammenarbeit hatte der zweite Bürgermeister Martin Treu (1871–1952), der erfahrenste Kommunalpolitiker der Nürnberger SPD. Hermann Hanschel hielt fest: »Für die Sozialdemokraten war Luppe ein Verbündeter wegen seines kompromißlosen demokratischen und republikanischen Engagements, das ihm so viele Diffamierungen von der Gegenseite und den unkontrollierten Haß der Nationalsozialisten unter Streichers Führung einbrachte.«

Streicher war schon 1924 mit seiner »Liste Streicher« – die NSDAP war verboten – mit fünf weiteren Gesinnungsgenossen in den Stadtrat eingezogen. In zwei Prozessen stand der Radaupolitiker und Herausgeber des antisemitischen Hetzblatts *Der*

Stürmer wegen übler Nachrede und Beleidigungen vor Gericht. Obwohl Streicher stets verlor, nutzte er die Gelegenheit, »mit beispielloser Niedertracht und durch primitive Diffamierungskampagnen gegen den Weimarer ›Systempolitiker‹ Luppe« (Hanschel) herzuziehen.

Dass Luppe standhaft bis zuletzt den Nazis Paroli geboten hat, gehört zu seinen besonderen Verdiensten. Gleichwohl musste er 1933 nach der sogenannten Machtergreifung Hitlers unter gewaltsamem Druck seinen Stuhl räumen. Er lebte danach eine Zeit lang mit seiner Familie in Berlin. 1939 kehrte er in seine Heimatstadt Kiel zurück. Er stand Widerstandskreisen nahe, zwei Mal wurde er verhaftet, kam aber wieder frei. Auf Vorschlag des Nürnberger Sozialdemokraten Josef Simon begaben sich im Mai 1945 Offiziere der US-Militärregierung auf die Suche nach Luppe. Er hätte in Nürnberg wieder eine demokratische Stadtregierung und Verwaltung organisieren sollen. Die Militärs kamen zu spät. Am 3. April 1945 waren Hermann Luppe und seine Frau Hulda beim letzten Bombenangriff auf Kiel ums Leben gekommen.

Er stand Widerstandskreisen nahe, zwei Mal wurde er verhaftet, kam aber wieder frei.

In der Ära Luppe sind wesentliche Grundlagen für das heutige Nürnberg gelegt worden. Denkbar ungünstige wirtschaftliche Voraussetzungen haben den Oberbürgermeister nicht daran gehindert, in Bildung und Kultur, bei der Wohlfahrt, im Wohnungswesen und der Stadtentwicklung in wenigen Jahren Leuchttürme zu setzen.

NS-Zeit

»Stadt der Reichsparteitage«

Der Nationalsozialismus brach nicht über Nacht über Deutschland herein. Das Unheil hatte sich über Jahre angekündigt. Es war auch keine »Machtübernahme«, wie die NS-Propaganda selbstbewusst verkündete, sondern eine Machtübergabe derer, die glaubten sich die NSDAP zunutze machen zu können. Sie hatten sich schwer getäuscht. Dabei ist es frappierend zu sehen, wie sich in der »roten Arbeiterstadt« schon in den 1920er-Jahren eine »braune Hochburg« etablieren konnte. Dies hatte vor allem mit Personen, Zufällen und Dispositionen der Bevölkerung zu tun.

Nach dem Ersten Weltkrieg waren besonders München und Oberbayern ein Sammelbecken nationalistischer, völkischer, antisemitischer und rechtsextremer Gruppierungen. Am 24. Februar 1920 ging in der Landeshauptstadt aus der ehemaligen »Deutschen Arbeiterpartei« die »Nationalsozialistische Deutsche Arbeiterpartei« (NSDAP) hervor. Adolf Hitler (1889–1945) schwang sich zu ihrem »Führer« auf. In Nürnberg gründete der Lehrer Julius Streicher (1885–1946) am 20. Oktober 1920 die erste NSDAP-Ortsgruppe, nachdem er sich zwölf Tage zuvor dem absoluten Führungsanspruch Hitlers unterstellt hatte. Streicher trommelte so laut wie kein anderer in Nürnberg und Franken für die Hitler-Partei. 1927 gab es in Nürnberg bereits 2000 eingeschriebene Parteigenossen. 1925 hatte Streicher die Aufgabe bekommen, die NSDAP in Mittel-, Ober- und Unterfranken zu organisieren. Daraus leitete er schon früh das Recht ab, sich »Frankenführer« zu nennen. 1930 wurde er Gauleiter von Mittelfranken, 1936 von »Franken«.

links Kolossal wirken die Bauten für das Reichsparteitagsgelände wie etwa hier an einem Abschnitt der Kongresshalle.

Streicher stammte aus Fleinhausen, einem kleinen Ort nahe Augsburg. 1909 ließ er sich nach Nürnberg versetzen. Als Soldat im Weltkrieg soll er seine radikal-antisemitischen Überzeugungen gewonnen haben. Am 20. April 1923 gründete Streicher die Wochenzeitung *Der Stürmer*, zunächst als lokales Blatt, das ihm auch in der Auseinandersetzung mit Hermann Luppe dienen sollte. Zunehmend trat aber die antisemitische Hetze in den Vordergrund, bis sie nahezu alleiniger Gegenstand des gesamten Blattes war. Seit 1927 stand auf jeder Titelseite in großen Lettern der Spruch des Historikers Heinrich von Treitschke (1834–1896): »Die Juden sind unser Unglück!« Ab 1932 hieß der Untertitel *Deutsches Wochenblatt zum Kampfe um die Wahrheit*. Mit Hetze, Hass und Diffamierung ist Julius Streicher mehrfacher Millionär geworden. *Der Stürmer* war nie eine Parteizeitung, sondern immer in Streichers Privatbesitz. In den 1930er-Jahren erreichte das beispiellose Hetzblatt bei Sonderausgaben zweimillionenfache Auflagen. Pornografische Karikaturen, manipulierte Fotografien, erfundene Geschichten über angebliche Ritualmorde, Berichte über »Rassenschande« und Denunziationen schilderten eine »Wahrheit« im Sinn der NS-Ideologie. Dabei spielten *Stürmer*-Redaktion und Leserschaft eng zusammen und bildeten ein »analoges antisemitisches Netzwerk«, wie die Historikerin Melanie Wager in einer großen Studie 2023 herausarbeitete.

Streicher gelang es, die NSDAP in Nürnberg früh stark zu machen. Bei der Reichstagswahl am 20. Mai 1928 bekam sie in Nürnberg 10,6 Prozent der Stimmen.

Streicher gelang es, die NSDAP in Nürnberg früh stark zu machen. Bei der Reichstagswahl am 20. Mai 1928 bekam sie in Nürnberg 10,6 Prozent der Stimmen, im Deutschen Reich lag die Quote bei 2,6 Prozent. Die Nazi-Partei fand in Nürnberg und Franken gerade in protestantischen Kreisen Zustimmung, Katholiken waren deutlich resistenter. Die ersten NS-Parteitage waren 1923 in München und 1926 in Weimar veranstaltet worden.

1927 fand erstmals in Nürnberg ein Reichsparteitag statt, 1929 sollte der nächste folgen.

Dass 1927 die Wahl auf Nürnberg fiel, hatte mehrere Gründe. Die NSDAP hatte schon einmal beim »Deutschen Tag« 1923 in Nürnberg positive Erfahrungen gemacht. Damals konnte sich Hitler in den Mittelpunkt des Aufmarschs einer Reihe von rechtsradikalen und nationalen Gruppierungen spielen. Nürnberg war mit der Reichsbahn sehr gut zu erreichen. Mit dem Luitpoldhain existierte ein großer, zentrumsnaher Veranstaltungsort, die dortige Festhalle konnte als Massenunterkunft genutzt werden. Die Streicher-NSDAP war personell stark genug, um eine Großveranstaltung zu organisieren. Zudem durfte die NSDAP in ihrer »Kampfzeit« darauf vertrauen, dass sie gewissermaßen unter staatlichem Schutz agieren konnte. Die Polizei stand der Partei wohlgesinnt gegenüber. Schon beim »Deutschen Tag« 1923 war man gemeinsam am Hauptmarkt marschiert. Und man ließ gerne die Muskeln in einer Stadt spielen, die dank Sozialdemokratie und Oberbürgermeister Hermann Luppe exponiert für Demokratie, Freiheit und die Weimarer Republik stand. Erst in den 1930er-Jahren nutzte die NSDAP das Image der historischen Altstadtkulisse als des »Deutschen Reiches Schatzkästlein«, um sich in eine vermeintliche Tradition vom ersten deutschen Reich zum »Dritten Reich« zu stellen, eine Linie zu ziehen von der »Stadt der Reichstage« zur »Stadt der Reichsparteitage«.

Bei der Landtagswahl am 24. April 1932 erwies sich die NSDAP in Nürnberg mit 37,6 Prozent der Stimmen vor der SPD, die nur noch 30,4 Prozent der Stimmen erhielt, erstmals als stärkste Kraft. Gleichwohl hatte die NSDAP in Nürnberg nie eine demokratisch errungene absolute Mehrheit. Bei der letzten »halbfreien« Reichstagswahl am 5. März 1933 war der Vorsprung von einst – auch im Vergleich zu anderen Städten und Regionen in Deutschland – dahin. Mit einem Stimmenanteil von 41,7 Prozent blieb die NSDAP in Nürnberg sogar noch knapp unter dem Reichsdurchschnitt von 43,9 Prozent.

Nach der Machtübergabe an Hitler am 30. Januar 1933 gab es mit einer großen Demonstration der »Eisernen Front« auf dem Hauptmarkt am 12. Februar noch ein letztes Aufbäumen der freiheitlich-republikanischen Kräfte, vor allem von SPD und Gewerkschaften, gegen die aufziehende Diktatur. Doch der Mischung von Scheinlegalität und brutalem Terror der neuen Machthaber konnte die Demokratie nichts mehr entgegensetzen. Auch in der Arbeiterstadt Nürnberg nicht. Oberbürgermeister Hermann Luppe und Bürgermeister Martin Treu wurden verhaftet, die Sitzverteilung im Rathaus entsprechend den Ergebnissen der Reichstagswahl »angepasst«. Willy Liebel (1897–1945), der NSDAP-Fraktionsführer im Stadtrat, wurde im März kommissarisch zum Ersten Bürgermeister bestimmt, am 27. April offiziell vom Stadtrat (gegen die Stimmen der SPD) gewählt. 250 Kommunisten, SPD-Funktionäre und andere missliebige Personen wurden verhaftet und ins schnell geschaffene Konzentrationslager Dachau verschleppt. Nach dem Verbot aller Parteien am 14. Juli 1933 saßen auch im Nürnberger Stadtrat nur noch NSDAP-Leute. Die Stadtpolitik erschöpfte sich in Pflege und Vereinnahmung der großen Vergangenheit, der Fortführung »unpolitischer« Verwaltung sowie Beseitigung demokratischer Errungenschaften in der »Systemzeit«, etwa dem Abbruch des erst 1927 errichteten Planetariums nahe dem Rathenauplatz wegen seines »synagogen-ähnlichen« Baustils des Architekten Otto Ernst Schweizer.

Der neue Oberbürgermeister Willy Liebel stammte aus einer bürgerlichen, national-konservativen, »vaterländischen« Familie. Er arbeitete in der elterlichen Druckerei, ab 1927 war er Alleininhaber der vom Großvater gegründeten Buch- und Kunstdruckerei Friedrich Monninger. Nach dem Ersten Weltkrieg schloss er sich verschiedenen vaterländischen und nationalistischen Gruppierungen an, 1925 trat er in die NSDAP ein, 1926 wieder aus, um sich ihr 1928 erneut anzuschließen. Seit 1930 führte er die NSDAP-Fraktion im Stadtrat. Liebel war durch und durch Nationalsozialist, gab sich in der Öffentlichkeit jovial und Nürnberg verbunden. Mit Streicher lag er oft im Clinch, was jedoch so gut wie nicht nach außen drang. Albert Speer, Reichsminister für Bewaffnung und Munition, holte Liebel 1942 als Leiter des Zentralamts in sein Berliner Ministerium. So war der Oberbürgermeister während der letzten Kriegsjahre selten in Nürnberg.

1933 hatte es keinen Zweifel mehr gegeben, dass die NSDAP künftig ihre Parteitage immer in Nürnberg abhalten würde. Zum Auftakt des Parteitags 1933 verkündete Hitler: »Ich habe mich entschlossen zu bestimmen, dass unsere Parteitage jetzt und für immer in dieser Stadt stattfinden.« Der Nimbus Nürnbergs als »Stadt der Reichsparteitage« war gelegt. Ab 7. Juli 1936 musste die Kommune diesen Beinamen auch offiziell führen.

Dazu trugen die mächtigen Bauten für die alljährlichen Reichsparteitage bei. »Die Worte aus Stein« hatten nicht nur praktische Funktionen, sondern sollten auch einschüchtern und von der »Größe« des Regimes künden. 1934 erhielt der Architekt Albert Speer (1905–1981) den Großauftrag, für die Parteitage Aufmarsch- und Versammlungsplätze zu schaffen. Dazu gehörten vor allem: Luitpoldarena, Zeppelinfeld, Große Straße, Märzfeld, Deutsches Stadion und große Lagerstätten sowie die ursprünglich vom Nürnberger Architekten Ludwig Ruff konzipierte Kongresshalle. Die Bauten sind auch ein bleibendes Zeichen für Verfolgung, Terror und, wie der zynische Begriff der Nazis hieß, »Vernichtung durch Arbeit«.

Für die gigantischen Bauten in Nürnberg wurden unvorstellbare Mengen an Natursteinen benötigt.

Für die gigantischen Bauten in Nürnberg wurden unvorstellbare Mengen an Natursteinen benötigt. Früh hat die SS Konzentrationslager wie Flossenbürg, Mauthausen, Groß-Rosen und Natzweiler-Struthof in der Nähe von Steinbrüchen errichtet und die Arbeitskraft der KZ-Häftlinge gnadenlos ausgebeutet. Der Großteil des Milliarden-Projekts – exakte Kalkulationen gab es nie – ist nicht vollendet worden oder nicht einmal über den Erdaushub hinausgekommen. Allein die ausgebaute Luitpoldarena und das Zeppelinfeld sind für die Reichsparteitage genutzt worden.

Zwischen 1933 und 1938 fanden jährlich Anfang September die NS-Parteitage statt. Sie dauerten rund eine Woche. Dabei ging es in erster Linie um die Inszenierung der »Volksgemeinschaft«, Motivation des Parteivolks, Machtdemonstration nach innen und außen und um »Rituale der Mobilmachung«. Leni Riefenstahls Parteitagsfilm von 1934 *Triumph des Willens* erwies sich als perfekter Propagandastreifen, der die Botschaften ins ganze Land trug und für künftige Parteitage das Drehbuch schrieb. Eine Million Teilnehmer und Besucher aus dem gesamten Deutschen Reich sollten Jahr für Jahr die Parolen aus Nürnberg in ihre Herkunftsstädte und -regionen bringen. Die NS-Parteitage gerieten immer mehr zu »Adolf-Hitler-Festspielen«. Letztlich waren die Feiern auf dem Reichsparteitagsgelände, die Versammlungen, die Paraden, die Aufmärsche in der Altstadt auch Instrumente der Täuschung. Diesen Zweck hat selbst der »Parteitag des Friedens« erfüllt – obwohl er nie stattfand. Erst wenige Tage vor dem geplanten Beginn, dem 2. September 1939, wurde er mit kurzen Meldungen in der gleichgeschalteten Presse ohne Angabe von Gründen abgesagt. Am 1. September 1939 begann Hitler-Deutschland mit dem Überfall auf Polen den Zweiten Weltkrieg.

Diesen Zweck hat selbst der »Parteitag des Friedens« erfüllt – obwohl er nie stattfand.

Auf dem Parteitag 1935 beschloss der versammelte Reichstag im Gebäude des Kulturvereins (!) das »Gesetz zum Schutze des deutschen Blutes und der deutschen Ehre« (»Blutschutzgesetz«) und das »Reichsbürgergesetz«. Die bald sogenannten »Nürnberger Gesetze« machten Juden zu Bürgern zweiter Klasse und bildeten die Grundlage, sie systematisch zu diskriminieren, aus dem öffentlichen Leben auszuschließen, zu verfolgen bis hin zur Vernichtung. Nürnberg war der Ort der Verkündigung dieser Gesetze, entstanden waren sie nach einem Befehl Hitlers innerhalb weniger Tage zuvor.

Die Kür Nürnbergs zur »Stadt der Reichsparteitage« hatte ungeheure Veränderungen im Stadtbild zur Folge. Neue Infrastruktur entstand mit dem Bahnhof Märzfeld und dem Ausbau des Bahnhofs Dutzendteich, der 1938 vollendeten SS-Kaserne an der Frankenstraße (die nie SS-Männer zum Schutz der Reichsparteitage gesehen hat) und der ersten Unterpflasterstraßenbahn an der Allersberger Straße und Frankenstraße (um Schienen- und Personenverkehr bei An- und Abmarsch zu trennen). Die Nationalsozialisten entfernten auch 1934 auf dem Hauptmarkt den Neptunbrunnen (siehe Kapitel »Symposion Urbanum«), weil er ihren Inszenierungen im Wege stand und der Stifter Ludwig Gerngros Jude war. Die Verfolgung der Juden nahm in Nürnberg besonders drastische Formen an. 2332 Nürnbergerinnen und Nürnberger wurden Opfer der Shoah.

Der Angriffskrieg nach allen Seiten in Europa schlug bald auch auf die »Volksgenossen« in Nürnberg zurück. Die ersten Fliegeralarme gab es schon 1939. Der erste große Luftangriff traf Nürnberg in der Nacht zum 29. August 1942. 136 Menschen starben. Die verheerendste Attacke der Royal Air Force machte am 2. Januar 1945 der Altstadt den Garaus. Allein an diesem Abend starben 1829 Menschen, 6000 wurden verletzt, 100 000 obdachlos. 4600 Wohnhäuser, 400 industrielle und 140 öffentliche Gebäude wurden vollkommen zerstört. Bei den insgesamt 59 Luftangriffen während des Kriegs kamen 8076 Personen ums Leben, darunter auch viele Zwangsarbeiter, die Kriegswirtschaft und Stadt am Laufen halten mussten. Zuletzt lebten noch 196 000 Menschen in der Stadt, deren Einwohnerzahl 1939 bei 420 000 gelegen hatte.

Dort wo beim Reichsparteitag 1938 noch über 200 000 Teilnehmer in Baracken nächtigten und in Zeltlagern campierten, entstand rasch nach der Entfesselung des Kriegs ein Lager für Kriegsgefangene, Zwangsarbeiter und verschleppte Zivilisten. Schon Mitte September 1939 wurden die ersten polnischen Gefangenen dorthin transportiert. Innerhalb kürzester Zeit kamen weitere Baracken und Wachtürme dazu, das Areal wurde mit

Stacheldrahtzäunen abgeriegelt. Die Wehrmacht betrieb das Stalag (Stammlager) XIII A Nürnberg-Langwasser. 1940 kamen Gefangene aus Frankreich und Belgien. Später wurden ein eigenes Offizierslager (Oflag) und ein »Russen-Lager« geschaffen. In der Regel waren die Gefangenen nur kurz in Nürnberg, um vom Stalag zu Arbeitskommandos in ganz Nordbayern und darüber hinaus abkommandiert zu werden. Im Winter 1941/42 kam es zu einem Massensterben sowjetischer Gefangener wegen Hunger, Kälte und Entkräftung. Die Lagerleitung schickte manche Inhaftierte in das KZ Dachau zur gezielten Tötung. Allein in Nürnberg waren Zwangsarbeiter, euphemistisch oft Fremdarbeiter genannt, bei rund 150 Firmen beschäftigt. Sie lebten in etwa 100 oft von den Unternehmen betriebenen Zwangsarbeiterlagern. In Nürnberg und Umgebung arbeiteten zwischen 1939 und 1945 rund 118 000 Ausländer aus 54 Ländern. Nach Schätzungen sind etwa 5900 Menschen ums Leben gekommen. Sie wurden Opfer schlechter Ernährung, harter Arbeitsbedingungen und mangelnder medizinischer Versorgung. Manche wurden ermordet. Viele fanden am Südfriedhof in Massengräbern ihre letzte Ruhestätte.

Als am 20. April 1945 die 3. US-Infanteriedivision auf dem Hauptmarkt eine Siegesparade abhielt, war die Altstadt ein Schutthaufen. Zwei Tage später sprengten die amerikanischen Sieger das große Hakenkreuz auf dem Mittelbau der Zeppelintribüne. 55 Millionen Soldaten und Zivilisten mussten im nationalsozialistischen Eroberungs- und Vernichtungskrieg ihr Leben lassen. Willfährige Helfer des NS-Regimes ermordeten sechs Millionen Juden.

Oberbürgermeister Willy Liebel verbrachte die letzten Tage des Kriegs in der Altstadt im Palmenhofbunker (unter dem heutigen Polizeipräsidium). Am frühen Morgen des 20. Aprils setzte er seinem Leben mit einem Pistolenschuss ein Ende. Der Demagoge und Radikal-Antisemit Julius Streicher war von seiner eigenen Partei nach Verfehlungen und persönlichen Bereicherungen während der »Arisierung«, der widerrechtlichen

Inbesitznahme jüdischen Eigentums, 1940 aus dem Verkehr gezogen worden. Er musste sich auf sein Gut Pleikershof bei Cadolzburg zurückziehen. Ein Parteigericht hatte geurteilt, dass er zur »Menschenführung nicht geeignet« sei. Streicher war (auch im Ausland so bekannt) der »blutige Zar von Franken«, ein Schurke, ein Psychopath, machtbesessen, voller primitiver Brutalität. Nach dem Kriegsende wurde er in einem Versteck in den bayerischen Bergen von den Alliierten entdeckt. Das Internationale Militärtribunal verurteilte ihn am 1. Oktober 1946 wegen Verbrechen gegen die Menschlichkeit zum Tod. Am 16. Oktober 1946 wurde er hingerichtet.

Zwölf Jahre NS-Herrschaft haben Nürnberg einen Stempel aufgedrückt. Seit den Reichsparteitagen und den »Nürnberger Gesetzen«, aber auch den nachfolgenden »Nürnberger Prozessen«, wird die Stadt weltweit mit der NS-Zeit in Verbindung gebracht. Davon kommt Nürnberg nicht mehr los. Zu wuchtig sind allein die baulichen Hinterlassenschaften. Die Auswirkungen auf die Stadtentwicklung sind immens. Der neue Stadtteil Langwasser entstand teilweise auf dem Grundriss der ehemaligen Lagerstätten für die Parteitagsteilnehmer. Seit 1996 hat in der ehemaligen SS-Kaserne an der Frankenstraße das Bundesamt für Migration und Flüchtlinge seinen Sitz.

Nürnberger Prozesse

Weltgeschichte an der Fürther Straße

Zwischen 1945 und 1949 wurde in Nürnberg mit den »Nürnberger Prozessen« Weltgeschichte geschrieben, die bis heute nachhallt. Im Hauptkriegsverbrecherprozess vor dem Internationalen Militärtribunal (IMT) der vier Siegermächte USA, Großbritannien, Sowjetunion und Frankreich und in den zwölf Nachfolgeprozessen, die nur von den USA geführt wurden, mussten sich 209 Personen aus Politik, Wirtschaft, Verwaltung und Militär verantworten. Das IMT legte die Grundlagen für ein modernes Völkerstrafrecht und gilt als Vorläufer des erst 1998 – mit einer in Rom getroffenen Vereinbarung – gegründeten Internationalen Strafgerichtshofs im niederländischen Den Haag, der am 1. Januar 2002 seine Arbeit aufnahm.

Erstmals hatten die »Großen Drei« Franklin D. Roosevelt (1882–1945), Winston Churchill (1874–1965) und Josef Stalin (1878–1953) Ende 1943 bei einem Treffen in Teheran anklingen lassen, die Hauptkriegsverbrecher vor Gericht stellen zu wollen. Mit dem Londoner Viermächte-Abkommen vom 8. August 1945 wurde die Grundlage für einen Internationalen Militärgerichtshof geschaffen. Die Siegermächte definierten neue Straftatbestände. Man verständigte sich auf vier Anklagepunkte: Verschwörung zum Angriffskrieg, Verbrechen gegen den Frieden, Kriegsverbrechen und Verbrechen gegen die Menschlichkeit. Erstmals in der Geschichte der Menschheit wurden die Verantwortlichen für einen Angriffskrieg und vielmillionenfaches Leid persönlich zur Rechenschaft gezogen. Der US-Chefankläger Robert H. Jackson (1892–1954) formulierte es in

links Schauplatz für einen Jahrhundertprozess: der Ostflügel des Justizpalasts mit dem Saal 600.

seiner Eröffnungsrede so: »Verbrechen gegen internationales Recht werden von Menschen begangen, nicht von abstrakten Wesen.«

Angeklagt waren 24 Vertreter der NS-Herrschaftselite. Unter ihnen: Hermann Göring (1893–1946, »Reichsmarschall« und Oberbefehlshaber der Luftwaffe), Joachim von Ribbentrop (1893–1946, Hitlers Außenminister), Wilhelm Keitel (1882–1946, Chef von Hitlers Militärstab), Ernst Kaltenbrunner (1903–1946, zuletzt oberster Funktionär der SS und der Gestapo), Wilhelm Frick (1877–1946, Reichsinnenminister und Reichsprotektor von Böhmen und Mähren), Julius Streicher (1885–1946), Martin Bormann (1900–1945, »Sekretär des Führers«), Rudolf Heß (1894–1987, Hitlers Stellvertreter), Karl Dönitz (1891–1980, Oberbefehlshaber der Kriegsmarine) und Albert Speer (1905–1981, Hitlers Lieblingsarchitekt und ab 1943 Reichsminister für Rüstung und Kriegsproduktion). Keiner der Angeklagten bekannte sich zu einer Schuld oder zeigte Reue. Angeklagt waren auch »verbrecherische Organisationen« wie die Reichsregierung, das Führerkorps der NSDAP, die Gestapo (Geheime Staatspolizei), SS (Schutzstaffel) und SA (Sturmabteilung), Generalstab und das Oberkommando der Wehrmacht (OKW). Reichsregierung, SA, Generalstab und OKW wurden von dem Vorwurf der »verbrecherischen Organisation« freigesprochen.

Die Sowjets wollten den Prozess in der früheren Reichshauptstadt Berlin führen. Die Amerikaner bestanden darauf, dass er in ihrer Besatzungszone stattfand.

Drei der 24 Angeklagten fehlten: Martin Bormann galt als vermisst, der Industrielle Gustav Krupp von Bohlen und Halbach war aus gesundheitlichen Gründen verhandlungsunfähig, Robert Ley, der Leiter der Deutschen Arbeitsfront, hatte sich am 25. Oktober 1945 im Nürnberger Gefängnis umgebracht. Zentrale Figuren des verbrecherischen NS-Regimes hatten sich ohnedies ihrer Verantwortung entzogen. »Führer« Adolf Hitler hatte sich ebenso das Leben genommen wie Propagandaminister

Joseph Goebbels und Heinrich Himmler, »Reichsführer SS« und Chef der deutschen Polizei.

Die Sowjets wollten den Prozess in der früheren Reichshauptstadt Berlin führen. Die Amerikaner bestanden darauf, dass er in ihrer Besatzungszone stattfand. So fiel die Wahl auf Nürnberg. Maßgeblich dazu beigetragen hat der Umstand, dass der Nürnberger Justizpalast an der Fürther Straße und das benachbarte Gefängnis nahezu unversehrt alle Bombenangriffe überstanden hatten. Das 1916 entstandene beeindruckende Justizgebäude mit 530 Büros und 80 Verhandlungssälen bot die nötige Infrastruktur, um einen Mammutprozess durchzuführen. Es galt Arbeitsmöglichkeiten für rund tausend militärische und zivile Mitarbeiter zu schaffen. Mit der Haftanstalt konnte man einen Hochsicherheitstrakt schaffen. Dass Nürnberg eine Symbolstadt des NS-Staats war, spielte bei der Wahl auch eine Rolle.

Für die Mammutverhandlung wurde der Schwurgerichtssaal 600 im Ostflügel des Justizkomplexes umgebaut. Die Westwand wurde herausgebrochen und so Platz für eine Empore für Zuschauer geschaffen. Reporter und Kommentatoren aus über 20 Nationen kamen nach Nürnberg: rund 80 aus den USA, 50 aus England, 40 aus Frankreich, 35 aus der Sowjetunion, 20 aus Polen, insgesamt fast 400. Die Welt schaute auf Nürnberg.

Der Prozess begann am 18. Oktober 1945 auf Wunsch der Sowjetunion in Berlin im damaligen Großen Sitzungssaal des Gebäudes der Alliierten Kontrollbehörde, dem heutigen Plenarsaal des Berliner Kammergerichts. Die Stadt blieb offiziell ständiger Sitz. Danach vertagte sich das Gericht jedoch nach Nürnberg. Der Hauptkriegsverbrecherprozess fand vom 20. November 1945 bis zum 1. Oktober 1946 statt. Die US-Ankläger führten einen »Dokumentenprozess«. Seit dem Frühjahr 1945 waren viele Ermittler unterwegs, um Beweismittel zu sammeln. Das Gericht vernahm an 218 Verhandlungstagen 236 Zeugen, verhörte die Angeklagten, überprüfte 200 000 eidesstattliche Versicherungen, sichtete 5330 Dokumente, darunter viele Filme. Die Prozessakten sind in 43 dicken Bänden festgehalten, das gesamte Verfahren wurde auf 37 000 Metern Tonband und 7000 Schallplatten dokumentiert. Verhandelt wurde in vier Sprachen: Deutsch, Englisch, Russisch und Französisch. Erstmals wurde in großem Stil simultan übersetzt. Alle Beteiligten hatten Kopfhörer auf und konnten ihre Sprache wählen.

Am 30. September und 1. Oktober 1946 verkündete das Gericht die Urteile. Zwölf Personen erhielten Todesstrafen, sieben Angeklagte Freiheitsstrafen, und drei Männer wurden freigesprochen. Die Todesurteile wurden in den Morgenstunden des 16. Oktober 1946 in der Turnhalle des Gefängnisses durch Erhängen vollstreckt. Der zum Tod verurteilte Hermann Göring richtete sich am Vorabend mit einer Zyankalikapsel selbst. Die Leichen wurden nach München transportiert und im Ostfriedhof eingeäschert. Amerikanische Soldaten streuten die Asche in einen Bachzufluss der Isar. Man wollte verhindern, dass aus möglichen Grabstätten später Nazi-Wallfahrtsorte entstehen. Die sieben zu zwischen zehn Jahren und lebenslänglichen Freiheitsstrafen verurteilten Männer saßen zunächst in Nürnberg ein. Im Juli 1947 wurden sie nach Berlin-Spandau verlegt. Als letzter verbliebener Gefangener beging der 93-jährige Rudolf Heß im Jahr 1987 Selbstmord.

Dem IMT folgten von 1946 bis 1949 zwölf weitere Prozesse gegen Ärzte und Juristen, Angehörige von SS und Polizei, Industrielle und Bankiers, Militärs und Regierungsbeamte, die jedoch nur noch von den US-Amerikanern geführt wurden. Der aufziehende Kalte Krieg brachte die Alliierten wieder auseinander. 185 Personen wurden vor Gericht gestellt, gegen 177 Personen wurde verhandelt, unter anderem im Juristenprozess auch gegen den berüchtigten Oswald Rothaug (1897–1967), Vorsitzenden im Nürnberger Sondergericht. In einem spektakulären Prozess hatte er den jüdischen Geschäftsmann Leo Katzenberger (1873–1942), der von 1939 bis zu seinem gewaltsamen Ende Vorsitzender der Israelitischen Kultusgemeinde war, wegen angeblicher »Rassenschande« zum Tod verurteilt. Er hatte eine väterlich-freundschaftliche Beziehung zu einer jungen »arischen« Frau.

Sie selbst versicherte im Prozess, dass es zwischen ihnen zu keinerlei Intimitäten gekommen war. Für diese Aussage wurde sie wegen angeblichen Meineids zu zwei Jahren Zuchthaus verurteilt. Katzenberger wurde am 3. Juni 1942 hingerichtet. Rothaug führte einen Schauprozess, er und seine Beisitzer beugten das Recht und begingen einen Justizmord. Ab Mai 1943 setzte Rothaug sein unseliges Wirken als Ankläger am Volksgerichtshof in Berlin fort. Das beispiellose Nürnberger Justizverbrechen wurde erstmals in *Das Urteil von Nürnberg* (mit Spencer Tracy und Judy Garland) filmisch thematisiert. 2002 setzte Regisseur Joseph Vilsmaier in seinem Film *Leo und Claire* diese dramatische Geschichte erneut in Szene.

Am Ende aller Nachfolgeprozesse wurden von 25 Todesurteilen nur zwölf vollstreckt. 35 Angeklagte wurden freigesprochen. Die 117 zu Freiheitsstrafen Verurteilten verbüßten meist nicht ihre volle Zeit, 90 von ihnen wurden begnadigt oder vorzeitig entlassen. Spätestens 1958 saß niemand mehr im amerikanischen Kriegsverbrechergefängnis in Landsberg ein – dort, wo schon der gescheiterte Umstürzler Adolf Hitler 1924 inhaftiert war. Oswald Rothaug wurde am 14. Dezember 1947 zu lebenslanger Haft verurteilt. Nur neun Jahre später wurde er am 22. Dezember 1956 aus der Haft entlassen. »Die vorzeitigen Entlassungen der Häftlinge in den 1950er-Jahren und ihre Reintegration in der jungen Bundesrepublik müssen auf die Überlebenden des NS-Terrors wie eine Ohrfeige gewirkt haben«, stellte die frühere Kuratorin des Memoriums Nürnberger Prozesse Henrike Zentgraf fest.

Spätestens 1958 saß niemand mehr im amerikanischen Kriegsverbrechergefängnis in Landsberg ein.

Die deutsche Öffentlichkeit, zumal die Nürnberger Bevölkerung, hat den Hauptkriegsverbrecherprozess und seine zwölf Nachfolger skeptisch bis teilnahmslos zur Kenntnis genommen, auch wenn die Zeitungen ausführlich berichtet haben. Der Kampf ums eigene Überleben bestimmte alles. Die Berichte über die unfassbaren Gräueltaten bei der Vernichtung der Juden und an der Front ließen viele Menschen nicht an sich herankommen. Jeder und jede musste sich die Frage stellen, wie sehr man sich durch Schweigen, Wegsehen, Mitläufertum oder aktive Beteiligung in einer der NS-Organisationen an dem bis dahin nicht gekannten Menschheitsverbrechen mitschuldig gemacht hat. Das war schmerzhaft. Davor verschloss man gerne die Augen. Zudem äußerten manche Zweifel an der Rechtmäßigkeit der Verfahren. Über viele Jahre sprachen Kritiker von »Siegerjustiz«.

Das Internationale Militärtribunal in Nürnberg hat mit seinen umfangreichen Recherchen und seiner Beweisermittlung die Öffentlichkeit umfassend über das Wesen des NS-Regimes informiert. Niemand kann seither sagen, er hätte von den Verbrechen nichts gewusst. Historiker haben später auf Basis dieser Dokumente weiter viele Details erforschen können. Zweifelsohne haben sich bei den Nürnberger Prozessen juristische, politische und moralische Aspekte überlagert. Doch einen solchen Prozess gegen Hauptkriegsverbrecher hat es noch nie in der Menschheitsgeschichte gegeben. Staaten unterschiedlicher Regierungsformen und Verfassungen saßen über einen besiegten Feind zu Gericht, sie übten nicht willkürlich Rache aus, sondern strengten ein rechtsstaatliches Verfahren an. Erstmals wurden Individuen zur Verantwortung gezogen.

Mit der Charta der Vereinten Nationen (UN) vom 26. Juni 1945 erfolgte der Versuch einer dauerhaften Sicherung des Weltfriedens durch ein internationales Völkerrecht.

Mit der Charta der Vereinten Nationen (UN) vom 26. Juni 1945 erfolgte der Versuch einer dauerhaften Sicherung des Weltfriedens durch ein internationales Völkerrecht. Die Generalversammlung der UN bekannte sich 1946 zu den »Nürnberger Prinzipien« und unterstrich noch einmal 1950 ihre universale Gültigkeit als rechtsgeschichtliche Grundlage für das moderne Völkerstrafrecht. Ohne »Nürnberg« wären die Ad-hoc-Prozesse wegen der Kriegsverbrechen im ehemaligen Jugoslawien und des

Völkermords in Ruanda in den 1990er-Jahren und später nicht möglich gewesen. Dies gab dem Vorhaben eines ständigen Internationalen Strafgerichtshofs weiteren Auftrieb. »Heute steht der Begriff ›Nürnberg‹ vor allem für das Streben nach Gerechtigkeit«, schrieb der kanadische Jurist und Historiker William Schabas in jüngerer Zeit.

Bis in die 1960er-Jahre blieb das Gebäude der Nürnberger Prozesse in amerikanischer Hand. Am 30. Juni 1961 wurde der Schwurgerichtssaal an die bayerischen Justizbehörden zurückgegeben. Noch im selben Jahr wurden die für den Jahrhundertprozess angestellten Umbauten wieder zurückgebaut. Danach war der Saal 600 der wichtigste Verhandlungsraum für große Strafprozesse. Ende des 20. Jahrhunderts wuchs das Interesse vieler Menschen an diesem Ort der Weltgeschichte. Außerhalb der Verhandlungszeiten boten zunächst Mitarbeiter des Gerichts Führungen an. Ab 2000 übernahmen diese Aufgabe vor allem an Wochenenden auch Beschäftigte der städtischen Museen. Jährlich nahmen bis zu 40 000 Personen an den Rundgängen teil.

Die Notwendigkeit einer dauerhaften musealen Einrichtung zeichnete sich immer deutlicher ab. Das Kuratorium Dokumentationszentrum Reichsparteitagsgelände regte das Projekt »Memorium Nürnberger Prozesse« an. Das aus dem Lateinischen entlehnte Kunstwort hatte Kuratoriumssprecher Oscar Schneider geprägt. Nach staatlichen Finanzierungszusagen begann 2009 der Ausbau des Dachgeschosses über dem Schwurgerichtssaal für eine Dauerausstellung auf 750 Quadratmetern Fläche. Über ein neues Fenster konnten die Besucher auch in den historischen Verhandlungsraum blicken. Die Baukosten von 4,2 Millionen Euro teilten sich Bund und Land, die Stadt Nürnberg als Trägerin des Memoriums übernahm die 700 000 Euro teure Einrichtung. Am 21. November 2010 wurde das Memorium Nürnberger Prozesse eröffnet. Es hatte sich erfüllt, was der Schriftsteller Erich Kästner (1899–1974) als Berichterstatter kurz nach Eröffnung des Nürnberger Prozesses im November 1945 notiert hatte: »Endlich stehe ich in dem Saal, in dem der Prozess stattfinden wird. In dem einmal, Jahrhunderte später, irgendein alter, von einer staunenden Touristenschar umgebener Mann gelangweilt herunterleiern wird: ›Und jetzt befinden Sie sich in dem historischen Saal, in dem am 20. November des Jahres 1945 der erste Prozess gegen Kriegsverbrecher eröffnet wurde.‹« Das Memorium hat 2023 rund 130 000 Besucher verzeichnet.

Zwischen 2015 und 2020 wurde auf einer Fläche im Westen des Justizpalasts ein neues Strafjustizzentrum mit sieben hochmodernen Sitzungssälen geschaffen. Seit März 2020 wird der Schwurgerichtssaal, das wichtigste Ausstellungsstück des Memoriums, nicht mehr von der Justiz genutzt. Seitdem ist er ausschließlich ein Ort der Begegnung, der Erinnerung und der Wissensvermittlung. Den Ostbau mit dem Schwurgerichtssaal 600 übergab die Justiz an die Stadt. Damit wurde Platz geschaffen für eine Erweiterung des Memoriums und die Internationale Akademie Nürnberger Prinzipien. Die Akademie ist eine Stiftung zur Förderung des Völkerstrafrechts mit Sitz am historischen Ort der Nürnberger Prozesse, dem Geburtsort des modernen Völkerstrafrechts. Die Aufgabe der Nürnberger Akademie ist es, das Vermächtnis der Nürnberger Prozesse und die Nürnberger Prinzipien weiter zu verbreiten. Träger sind die Bundesrepublik Deutschland, der Freistaat Bayern und die Stadt Nürnberg.

Die Aufgabe der Nürnberger Akademie ist es, das Vermächtnis der Nürnberger Prozesse und die Nürnberger Prinzipien weiter zu verbreiten.

Zweifelsohne haben der Saal 600 und das Justizgebäude weltgeschichtliche Bedeutung. Die Stadt Nürnberg hatte sich deshalb schon einmal um die Aufnahme in die Weltkulturerbeliste der UNESCO bemüht, war jedoch 2015 gescheitert. 2021 hat der Freistaat einen neuen Versuch gestartet und zunächst der Kultusministerkonferenz (als erster Instanz in einem mehrstufigen Verfahren) den »Justizpalast Nürnberg mit Saal 600 und historischem Zellengefängnis – Stätte des Hauptkriegsverbrecherprozesses und Geburtsort des Völkerstrafrechts« als Welterbe vorgeschlagen. Ein Welterbe ist der historische Ort schon längst, auch ohne UNESCO-Siegel.

Nürnberger Nachrichten

Viel mehr als nur eine Zeitung

In Nürnberg war der Zweite Weltkrieg am 20. April 1945 zu Ende, ausgerechnet an »Führers Geburtstag«, der während der NS-Diktatur alljährlich in ganz Deutschland pompös gefeiert wurde. Hunderttausende waren »ausgebombt«, wie es damals hieß, wenn Häuser und Wohnungen nicht mehr existierten. Die Menschen waren am Ende ihrer Kräfte, verzweifelt und ratlos. Der eiskalte »Hungerwinter« 1946/47 stand ihnen noch bevor. Es fehlten nicht nur Nahrungsmittel. Die Bevölkerung war auch hungrig nach Nachrichten. Schon lange waren keine Zeitungen mehr erschienen.

Zumindest dieses Bedürfnis konnte bereits im Herbst 1945 in Nürnberg – zunächst in bescheidenem Umfang – befriedigt werden. Am 11. Oktober 1945 erschien die erste, sechsseitige Ausgabe der neu gegründeten *Nürnberger Nachrichten (NN)*. Kurz zuvor hatte der promovierte Volkswirt Joseph E. Drexel (1896–1976) von der amerikanischen Militärregierung die dritte Zeitungslizenz in Bayern erhalten. Journalistische und schriftstellerische Ambitionen hatte Drexel schon als Student. Auch während seiner beruflichen Tätigkeit als kaufmännischer Angestellter und in Führungspositionen bei verschiedenen Unternehmen veröffentlichte er zwischen 1923 und 1937 in Tageszeitungen und Zeitschriften zahlreiche Artikel. Die Wahl fiel jedoch aus einem anderen Grund auf ihn. In Drexel wussten die US-Amerikaner einen überzeugten Mitstreiter für Freiheit, Demokratie und Pluralität an ihrer Seite.

links Der Stammsitz der *Nürnberger Nachrichten*. Im Vordergrund eine Willy-Brandt-Skulptur von Josef Tabachnyk – von hinten.

Drexel war Mitglied einer Widerstandsgruppe um den ehemaligen Vorsitzenden des bayerischen Zentralrats der Arbeiter- und Soldatenräte Ernst Niekisch. 1937 flog sie auf. Nach 23-monatiger Untersuchungshaft kam es in Berlin zum Geheimprozess. Der Volksgerichtshof verurteilte Drexel am 10. Januar 1939 wegen der Vorbereitung zum Hochverrat zu dreieinhalb Jahren Zuchthaus. Niekisch erhielt eine lebenslange Zuchthausstrafe. Nach der Strafverbüßung wurde Drexel aus Bayern ausgewiesen. Er lebte unter erschwerten Auflagen zeitweise in Innsbruck und Stuttgart. Am 30. August 1944 – rund sechs Wochen nach dem gescheiterten Attentat auf Hitler am 20. Juli – wurde er erneut verhaftet und mit dem Vermerk »Rückkehr unerwünscht« zunächst in das Konzentrationslager Mauthausen gebracht, später im KZ Flossenbürg festgesetzt. Zur Jahreswende 1944/45 wurde Drexel auf Intervention des damaligen Nürnberger Polizeipräsidenten Benno Martin nach Nürnberg entlassen.

In seinem ersten *NN*-Leitartikel am 11. Oktober 1945 schrieb Drexel unter anderem: »Friede und Demokratie werden uns nicht von selbst zufallen, sondern müssen erkämpft werden. Demokratie ist kein Zustand, sondern eine Aufgabe. (...) So wollen wir wachsam sein und dafür sorgen, daß niemals Zustände wiederkehren, wie sie in den letzten 12 Jahren bei uns heimisch geworden waren. (...) Wir werden uns bemühen, das Verständnis für die politischen Gegebenheiten zu schärfen, eine politische Willensbildung im Sinne wahrer Demokratie zu ermuntern, Achtung und Verständnis für die geistigen und sittlichen Werte anderer Völker zu wecken.«

Am 17. März 1976 wählte der Nürnberger Stadtrat Joseph E. Drexel einstimmig zum Ehrenbürger. Die Auszeichnung sollte Drexel zu seinem 80. Geburtstag am 6. Juni desselben Jahres erhalten. Am 1. April 1976 verlieh ihm die Ostberliner Humboldt-Universität »in Ansehung seiner hervorragenden wissenschaftlichen und publizistischen Verdienste um die Völkerfreundschaft, sowie um die Entwicklung von Humanismus, Demokratie und friedlicher Koexistenz und in Anerkennung seiner aktiven und unermüdlichen Tätigkeit im antifaschistischen Widerstandskampf« die Ehrendoktorwürde. Als dies in Nürnberg bekannt wurde, erklärte die Rathaus-CSU, sie könne ihre Zustimmung zur Verleihung des Ehrenbürgerrechts nicht mehr aufrecht halten, wenn Drexel den Dr. h.c. einer Institution des SED-Regimes annehme. In der *NN*-Wochenendausgabe vom 10. April 1976 antwortete der Humanist, Publizist, Kunstmäzen und erfolgreiche Unternehmer Joseph E. Drexel dem CSU-Fraktionschef. Er teilte unter anderem mit, dass Kommunisten es gewesen seien, »die in beiden Lagern in der allerschwersten Zeit meines Lebens mich nicht allein gelassen haben. Obgleich ich doch niemals ihr Genosse war. Und dies, obwohl schon die kleinste Geste in dieser Richtung ihnen selber das Leben kosten konnte. (…) Dort in den Schinderstätten der Tyrannis habe ich erfahren, dass es immer und zu allen Zeiten eine Bruderschaft von Menschen gegeben hat, denen es auferlegt ist, das undankbare Geschäft der Caritas zu betreiben und die Fackel der Hoffnung durch das Dunkel der Zeit zu retten.« Drei Tage nach der Veröffentlichung ist Drexel am 13. April 1976 gestorben.

Seit 1949 liegt die Zentrale des Unternehmens in einem Sandsteingebäude an der Marienstraße 11.

Seit 1949 liegt die Zentrale des Unternehmens in einem Sandsteingebäude an der Marienstraße 11. Es war 1935 entstanden. Die Stadt Nürnberg hatte es Julius Streicher zu seinem 50. Geburtstag als »Gauhaus« gebaut und geschenkt. So war der Widerstandskämpfer Drexel, der Verfolgung, jahrelange Haft und Konzentrationslager überlebt hatte, in das Büro des Antisemiten und Kriegsverbrechers Julius Streicher, der 1946 von den Alliierten hingerichtet worden war, eingezogen. Der von Drexel begründete freiheitliche, demokratische, aufklärerische und alle radikalen, rechtsextremen und verfassungsfeindlichen Bestrebungen bekämpfende Geist prägen das Medienhaus bis heute. Dazu hat auch Drexels Verlegernachfolger Bruno Schnell (1929–2018) erheblich beigetragen.

Die *NN* entwickelten sich in den 1950er- und 1960er-Jahren rasant zur bedeutendsten Tageszeitung in Nordbayern und zu einer der führenden Regionalzeitungen Deutschlands. Nach und nach erschienen außerhalb Nürnbergs neue Zeitungstitel wie die *Fürther Nachrichten*, die *Erlanger Nachrichten* oder die *Neumarkter Nachrichten*. Bruno Schnell war nach dem Abitur 1947 als Direktionsassistent in den Verlag eingetreten. 1949 stieg Heinrich G. Merkel (1900–1985) als Mitgesellschafter und -herausgeber in das Unternehmen ein. Schnell unterstützte ihn, bekam bald Prokura. In den 1960er-Jahren war er alleinvertretungsberechtigter Gesellschafter. Nach dem Tod der Altverleger Drexel und Merkel wurde Schnell alleiniger Herausgeber und Verleger. Alles, was das Familienunternehmen heute ausmacht, ist auf sein Wirken zurückzuführen.

1959 gründete er mit sechs Heimatzeitungsverlagen eine Interessengemeinschaft, die später auf zwölf Verlage ausgedehnt wurde. Nach diesem »Nürnberger Modell« bringen bis heute die Heimatzeitungen ihre Auflagen in die Gesamtauflage der *NN* ein und erhalten vom großen Partner den »Mantelteil« mit den überregionalen Nachrichten. Die Heimatzeitungen erscheinen unter ihrem eigenen Titel und sorgen für ihre eigenen Lokalteile. Die Heimatzeitungen partizipieren entsprechend ihrer Auflage am Anzeigenerlös der Gesamtauflage. Dieses Kooperationsmodell ist Basis für wirtschaftliche Selbstständigkeit und ein Beitrag zur publizistischen Vielfalt.

Die Heimatzeitungen partizipieren entsprechend ihrer Auflage am Anzeigenerlös der Gesamtauflage.

Bruno Schnell baute das Unternehmen unter dem Dach des *Verlags Nürnberger Presse (VNP)* kontinuierlich aus. Schon 1961 beteiligte er sich am Konkurrenzblatt *Nürnberger Zeitung (NZ)*, die er sukzessive ganz übernahm. So entstand früh der gemeinsame Werbeträger *NN/NZ*. Zur Firmengruppe gehört auch der *Olympia-Verlag*, in dem die führende Fußballzeitschrift *Kicker-Sportmagazin* erscheint. 1962 erwarb Schnell den K. Michel Presse-Vertrieb, den er zum Nordbayerischen Pressevertrieb (NPV) erweiterte. Das Grosso-Unternehmen liefert an Einzelhändler Zeitungen und Zeitschriften im gesamten fränkischen Raum und im nördlichen Teil der Oberpfalz. 4000 Titel sind im Programm. 2008 entstand eine Abteilung für Konsumgüter wie Tabakwaren, Süßigkeiten und Getränke. Daraus entwickelte sich die eigenständige Noris Tabak & Convenience GmbH. Sie ist in ganz Deutschland tätig. Der *VNP* ist zudem an anderen Unternehmen beteiligt. Nach und nach entstand neben dem Stammhaus an der Marienstraße 11 ein großes Presseviertel, unter anderem mit einem 1976 gebauten Redaktionsgebäude für *NN/NZ*, dem anschließenden *Olympia-Verlag* an der Badstraße sowie Druckerei, Produktion und Logistik des *VNP* an der Blumenstraße.

Schnell war seiner Heimatstadt auf vielfältige Weise verbunden. Nürnbergs Weg im Umgang mit der NS-Vergangenheit hat er sehr gefördert. Mit einer 250 000-Mark-Spende gab er einen entscheidenden Anstoß für die Realisierung des Dokumentationszentrums Reichsparteitagsgelände. Aus tiefster Überzeugung stand er immer an der Seite aller demokratischen Kräfte gegen alte und neue Nazis. Als passionierter Maler war er früh der Kunst zugetan. 1993 rief er den »Kunstpreis der Nürnberger Nachrichten« ins Leben. Inzwischen haben sich die Preisgelder auf über eine Million Euro summiert. Für den symbolischen Preis von einem Euro verkaufte Schnell 2006 ein ehemaliges, neobarockes Wohnhaus an der Blumenstraße 17 an die Stadt Nürnberg. Seit 2014 präsentiert dort die Kunstvilla regionale Kunst des 20. und 21. Jahrhunderts. Soziale Verantwortung war für Schnell Prinzip. Als sich in den 1990er-Jahren die wirtschaftliche Lage in klassischen Zeitungshäusern allmählich zu verschlechtern begann, hielt er an seinem Prinzip fest, niemandem »betriebsbedingt« zu kündigen. Wegen seiner ausgeprägten sozialen Haltung bezeichneten ihn manche als einen der letzten »Sozialromantiker«. 2014 würdigte die Stadt Nürnberg sein einzigartiges Lebenswerk, seine großen Verdienste als sozialer Arbeitgeber, als Schutzpatron der journalistischen Freiheit, Kunstmäzen und vielfachen Förderer der Stadt Nürnberg mit der Verleihung der Ehrenbürgerwürde

Der Verleger, Buchhändler und Buchdrucker Anton Koberger (um 1440–1513) hatte Nürnberg schon früh zu einem bedeutenden Druckstandort gemacht. Auch das Zeitungswesen hat eine lange Tradition. So war die *Nürnberger Zeitung* schon 1804 gegründet worden. Die *Fränkische Tagespost*, 1875 als *Nürnberg-Fürther Social-Demokrat* gegründet, wurde im gesamten Deutschen Reich gelesen. Nach der NS-Zeit begann für das renommierte Blatt ein neues Leben, das jedoch aus wirtschaftlichen Gründen 1971 endete. Mediengeschichte schrieb das in Nürnberg 1918 als erste Boulevardzeitung Deutschlands erschienene *8-Uhr-Blatt*. 1964 wurde es von der Münchner *Abendzeitung* übernommen. Bei sinkender Auflage schien ein Fortbestand der Nürnberger *Abendzeitung* Anfang des 21. Jahrhunderts gefährdet. 2010 übernahm der Telefonbuchverleger und Radiounternehmer Gunther Oschmann die Nürnberger Traditionszeitung in besten Absichten. Doch ein Aufschwung blieb aus. Am 29. September 2012 erschien die letzte Nummer der *Abendzeitung – 8-Uhr-Blatt*.

1965 hatte Oschmann als Enkel des Gründers den Fernsprechbuchverlag Hans Müller übernommen. Seither baute er *Müller Medien* zu einem erfolgreichen Unternehmen aus. Standen anfangs noch Telefonbücher im Vordergrund, haben sich die Geschäftsbereiche stets erweitert. Oschmann nutzte die Chancen, die sich seit Mitte der 1980er-Jahre mit der Privatisierung von Rundfunk und Fernsehen sowie der deutschen Wiedervereinigung und dem Fall des Eisernen Vorhangs ergaben. *Müller Medien* baute neue Verlage in Ostdeutschland, in Ungarn und Österreich auf, beteiligte sich bei Radio- und TV-Stationen. Seit Aufkommen des Internets wurden neue Geschäftsfelder erobert. Zu dem Familienunternehmen gehören auch der *Tessloff Verlag* (*Was ist Was*) und Anzeigenblätter (*MarktSpiegel*), Telefonbuchverzeichnisse in Print- und Digitalversion, Beteiligungen an mehr als 60 Radio- und Fernsehstationen. Die Verlage firmieren unter der Marke *Sellwerk*. Schon länger sind Oschmanns Kinder Michael und Constanze mit in der Geschäftsführung.

Nürnberg war lange das Zentrum des Tiefdrucks in Europa. Dazu trugen in erster Linie die Unternehmen Maul+Belser sowie Sebaldusdruck bei. Die Druckerei Maul+Belser hatte ihren Ursprung in der unmittelbaren Nachkriegszeit. 1956 zog das Unternehmen nach Langwasser an die Breslauer Straße um. Die Produktion von Versandhauskatalogen für ganz Europa und von auflagenstarken Zeitschriften wie *Der Spiegel* gehörten zum Kerngeschäft. Die Mediengiganten Bertelsmann und Axel Springer stiegen später als Anteilseigner ein. Schließlich wurde aus Maul+Belser ein Teil des Unternehmens Prinovis. Mitte 2009 wurde der letzte Quelle-Katalog produziert, in besten Zeiten hatte er eine Auflage von 15 Millionen Exemplaren. Schrumpfende Zeitschriftenauflagen, wachsender Onlineversandhandel, ein starker Preisdruck plagten den Tiefdruck. Das digitale Zeitalter verdrängte manche analogen Produkte. Im Frühjahr 2021 war für den Nürnberger Standort von Prinovis Schluss.

Das digitale Zeitalter verdrängte manche analogen Produkte. Im Frühjahr 2021 war für den Nürnberger Standort von Prinovis Schluss.

Die Druckerei bestand schon lange, 1848 gab ihr der Eigentümer Ulrich Ernst Sebald den Namen U. E. Sebald. 1924 verkaufte die Familie die Firma an den *Sebaldus-Verlag*. Aus der *Sebaldus Druck und Verlag GmbH* entwickelte sich in der zweiten Hälfte des 20. Jahrhunderts eines der größten Druck- und Medienhäuser Europas. Zeitschriften wie der *Gong*, der *Kicker*, auch Kataloge in millionenfacher Auflage der Versandhäuser wurden am Stammsitz in der Altstadt gedruckt. Die baden-württembergische Schlott Gruppe AG erwarb das Nürnberger Unternehmen und verlagerte Anfang der 2000er-Jahre die Produktionsstätte in das Hafenareal. 2011 ging Schlott in die Insolvenz. Die Nürnberger Betriebsstätte erwarb *Burda Druck* und führt sie bis heute weiter.

Die Veränderungen der Kommunikation, die Digitalisierung und das Verhalten der Konsumenten machen auch dem *Verlag Nürnberger Presse* zu schaffen. Mitte der 1990er-Jahre lag die Gesamtauflage von *NN/NZ* bei rund 350 000 Exemplaren, Ende 2023 bei noch 193 000. Jede Ausgabe findet weit über 600 000 Leserinnen und Leser. So viele Personen erreicht in der Region kein anderes Medium. Mit dem Einzug des Internets wanderten jedoch wichtige Anzeigenrubriken wie Kraftfahrzeuge, Immobilien und Stellenangebote auf große Online-Portale. Deckten früher das Anzeigengeschäft zu zwei Dritteln und die Verkaufserlöse zu einem Drittel die Kosten der gedruckten Zeitung, hat sich das Verhältnis längst umgekehrt. Die Zahl der Käufer und Abonnenten nimmt weiter ab. Nach dem Tod von Bruno Schnell übernahmen seine Töchter Bärbel Schnell und Sabine Schnell-Pleyer die Aufgabe als Verlegerinnen und Leiterinnen des Familienunternehmens. Sie sahen sich gezwungen, Stellen abzubauen, auch in der Redaktion. Zugleich investiert das Unternehmen in verschiedene digitale Formate. Der Prozess von Transformation und Diversifizierung ist in vollem Gange. Am 2. November 2023 überraschten die *Nürnberger Nachrichten* ihre Leser auf Seite 13 mit einem Beitrag in eigener Sache. Im Herbst 2024 werde die Verlagsleitung und die Redaktion einen Kilometer entfernt in ein Bürogebäude am Wöhrder See umziehen. Druckerei und Logistik sollen 2026 in ein Gebäude mit neuer Rotation beim *VNP* in Neunhof verlagert werden. Das denkmalgeschützte Stammhaus an der Marienstraße 11 bleibe erhalten. Was mit dem gesamten Presseviertel geschehe, sei noch offen.

Die *Nürnberger Nachrichten* sind seit ihrer Gründung die wichtigste Informationsquelle vor allem über das jeweilige lokale Geschehen für rund 1,8 Millionen Menschen, die im Verbreitungsgebiet leben. Sie sind auch ein Symbol der Freiheit und ein Anker der Demokratie. Durch ihr Wirken gingen die Menschen gerade in den Anfangsjahren der Bundesrepublik durch eine Demokratieschule. Mit fundierter Berichterstattung über alle relevanten Themen der Gesellschaft und kritischen Kommentaren haben sich die *Nürnberger Nachrichten* einen Namen gemacht. Basis ist die fortschrittliche, liberale und soziale Grundeinstellung des Medienhauses. Zeitung ist Bildung, Zeitung ermöglicht Teilhabe. Nur wer gut informiert ist, kann in seinem Ort, in seiner Stadt mitreden. Zeitung und freie Medien sind essenziell für die Demokratie. Die Medienlandschaft wird sich weiter verändern, und die Folgen für die lokale Demokratie sind nicht absehbar. Die *Nürnberger Nachrichten* schreiben – auch im wörtlichen Sinn – seit Beginn ihres Bestehens an der Nürnberger Geschichte maßgeblich mit.

WILLKOMMEN

Wiederaufbau

Mit dem Albrecht-Dürer-Haus fing es an

Nürnberg war nach Dresden die am meisten zerstörte deutsche Stadt – vor Köln, Berlin, Würzburg und weit vor München. Die Nürnberger Altstadt – vormals von weltgeschichtlicher Bedeutung – gab es nicht mehr. Der von den Nazis 1933 ins Exil getriebene Schriftsteller, Theaterkritiker und Journalist Alfred Kerr (1867–1948) schrieb nach einem Besuch 1947 in *Die Neue Zeitung*: »Nürnberg …! Das war eine Stadt und ist jetzt eine Schutthalde. Das war gemütlich-bürgerlich. Jetzt ist es ein Grauen. Ein Grauen ohne Tragik; nur noch etwas Unangenehmes. – Eine Ruppigkeit. Eine Häßlichkeit. Eine Trostlosigkeit …! Eine Schutthalde. (…) Was vorläufig in Nürnberg drückender ist als Nürnberg, sind die Nürnberger. Frische Gesichter wie in München sieht man nicht. Eine Last liegt auf den Leuten.«

In der Stadt herrschte eine tiefe Resignation. Viele Menschen fristeten ein klägliches Leben in den Bunkern der Altstadt, waren seelisch und sozial verwahrlost. Nahezu die Hälfte der Bevölkerung hatte ihr eigenes Dach über dem Kopf verloren. »Der Kampf um die Stadt war vorbei, aber der Kampf ums Dasein ging erst richtig los«, berichtete später ein Zeitzeuge. 36 Prozent der Wohngebäude waren komplett vernichtet, nur neun Prozent waren unversehrt. Der Rest war schwer bis leicht beschädigt. Die Hälfte der industriellen und gewerblichen Gebäude war zerstört. Ähnliches galt für öffentliche Gebäude, etwa Schulen, Kirchen oder Kulturstätten. Hitlers Krieg sorgte in Nürnberg für 13 Millionen Kubikmeter Trümmerschutt. Für die Beseitigung schaffte die Stadt ein 31 Kilometer langes Schmal-

links Aufbruch in eine neue, friedvolle Zeit: Hochhäuser wie dieses in Neuselsbrunn schufen moderne Wohnungen.

spurbahnnetz, um mit Loren den Schutt zu Deponien an der Peripherie, etwa in Fischbach oder neben der Großen Straße im Reichsparteitagsgelände, zu bringen. Im heutigen Silberbuck türmt sich die untergangene Stadt auf.

Wie sollte es weitergehen mit dieser zu einem erheblichen Teil nicht mehr existierenden Altstadt, die bis vor wenigen Jahren nicht nur Stolz der Nürnberger, sondern auch ein Gesamtkunstwerk war? Nun stand östlich des Rathauskomplexes kein Gebäude mehr. Pflanzen bemächtigten sich der brachen Flächen. Die Nürnberger sprachen von der »Sebalder Steppe«. Wie sollte die neue Altstadt aussehen? Manche Architekten und Stadtplaner plädierten für moderne Bauten, für einen Bruch mit der jahrhundertealten Bautradition. Andere wollten das (noch vorhandene) Vergangene bewahren und den historischen Stadtkern wiederherstellen. Nürnberg entschied sich für den zweiten Weg. Es ist im Rückblick erstaunlich, wie trotz all des Elends eine gewisse Aufbruchstimmung herrschte.

Am 14. März 1947 schrieb die Stadt einen Architekturwettbewerb für den Wiederaufbau der Altstadt aus. Gefordert waren eine »architektonische Gestaltung für den Wiederaufbau von Plätzen und Straßen, architektonische Gestaltung von neu anzulegenden Verkehrsverbesserungen, Neuplanung, Neugestaltung und Sanierung von zerstörten Häusern«. Von vorneherein ausgeschlossen waren sowohl eine komplette Rekonstruktion als auch eine völlige Beseitigung des Vorhandenen, auch wenn 90 Prozent der Altstadt vernichtet und zerstört waren. Alfred Kerr hatte mit Blick auf die zerstörte Altstadt sogar den Gedanken geäußert, »dieses Trümmerfeld seinem Zustand zu überlassen und ein neues Nürnberg nebenan zu bauen«. »Alt-Nürnberg« konnte nicht mehr aufgebaut werden, doch die verbliebenen historischen Gebäude sollten erhalten bleiben. Früh wurde auch entschieden, die Stadtmauer nicht zu schleifen.

Architekten aus ganz Deutschland reichten 188 Entwürfe ein. Die Vorschläge der mit allen örtlichen Gegebenheiten bestens vertrauten Heinz Schmeißner (1905–1997) und Wilhelm

Schlegtendal (1906–1994) fanden am meisten Anklang. Ihre Entwürfe sollten den Altstadt-Wiederaufbau maßgeblich bestimmen. Auf Basis ihrer Vorschläge beschloss der Stadtrat am 26. April 1950 einen Grundplan für den Wiederaufbau der Altstadt. Zentral war der Erhalt des historischen Grundrisses und das charakteristische Stadtbild. Die Altstadt sollte weiter das Zentrum der Stadt bleiben mit der Lorenzer Seite als Geschäftszentrum und der Sebalder Seite als Ort für Wohnen, Verwaltung und »nicht störende« Gewerbebetriebe. Die erhaltenen und wiederherzustellenden Baudenkmale sollten das Stadtbild bestimmen. Deswegen war bei der Konzeption neuer Straßen und Gebäude auch darauf zu achten, dass etwa der Blick von der Lorenzkirche zur Burg frei blieb.

Die Altstadt sollte trotz neu anzulegender Straßenverbindungen von Ost nach West und Süd nach Nord frei bleiben von Durchgangsverkehr. Ein unabhängiges »Kuratorium für den Aufbau der Stadt Nürnberg« begleitete von 1948 bis 1955 den Prozess und brachte viele Ideen ein. Es ging auch darum, typische Bauformen (etwa spitzgiebeliges Dach) festzulegen. Nach einigen Änderungen wurde am 1. Dezember 1957 ein neuer Grundplan verabschiedet. Dass die Stadt vor dem Architektur-Wettbewerb schon 1947 einen »Wettbewerb für alle Nürnberger« unter der Überschrift »Tausend Gedanken für den Wiederaufbau und Neubau der Stadt Nürnberg« ausgeschrieben hatte, mag als Zeichen früher Bürgerpartizipation gewertet werden. Aber nur auf den ersten Blick. 650 Bürgerinnen und Bürger hatten 1192 Vorschläge gemacht, die alle im Nichts versandeten. Es gab zwar diverse kleine Geldpreise, doch ernst genommen scheint die Verwaltung die Einsendungen nicht zu haben.

Es gab zwar diverse kleine Geldpreise, doch ernst genommen scheint die Verwaltung die Einsendungen nicht zu haben.

Der Wiederaufbau der Altstadt in seinen topografischen Grundzügen wie vor der Zerstörung war eine kluge Entscheidung der damals Verantwortlichen. Heute nehmen die Menschen den Mix aus historischen Bauwerken und tatsächlichen Neubauten als ein Ensemble war. Damit ist die neue Altstadt wieder zum Herz der Stadt geworden.

In die frühen Nachkriegsjahre fielen erstaunliche Ereignisse. In bitterster Wohnungsnot arbeitete die Bau- und Kulturverwaltung intensiv daran, als erstes kulturhistorisch bedeutendes Gebäude das schwer beschädigte Albrecht-Dürer-Haus wiederzuerrichten. Am 30. August 1949 wurde es restauriert als Museum wiedereröffnet. Ein symbolträchtiger Akt. Zwei Tage danach begann die »Deutsche Bauausstellung« (1.–18. September 1949). Angeregt zu dieser Schau hatte das »Kuratorium für den Aufbau der Stadt Nürnberg«. Die Initiatoren versprachen sich eine Imageverbesserung der stigmatisierten Stadt. Man scheute sich nicht, die Veranstaltung in den NS-Kongressbau zu legen. Es ging um den Wiederaufbau deutscher Städte, die Ausstellung »Chaos – Planen – Bauen« wurde ebenso gezeigt wie eine Sonderschau der Stadt Nürnberg sowie Präsentationen für Bau- und Wohnbedarf, Baumaschinen und Kraftfahrzeuge. Nebenan war eine neue Mustersiedlung an der heutigen Oskar-von-Miller-Straße zu besichtigen. Zur Entspannung traf man sich im Café *Königshof* in der Kongresshalle – im Freien oder im Inneren angesichts roher Ziegelwände. Die Ausstellung entpuppte sich als großer Erfolg. Sie verzeichnete 300 000 Besucherinnen und Besucher, teilweise waren die Menschen in Sonderzügen angereist. Gleich im Jahr darauf feierte die Stadt ihr 900-Jahr-Jubiläum. Es gab eine Jubiläumsausstellung im Kongressbau. Das Publikumsinteresse war aber bei Weitem nicht so groß wie zur Bauausstellung.

Zur Entspannung traf man sich im Café *Königshof* in der Kongresshalle – im Freien oder im Inneren angesichts roher Ziegelwände.

Der Einstieg in den Wiederaufbau geschah in Zeiten des größten Mangels und der Unsicherheit. Unmittelbar nach dem Zweiten Weltkrieg 1945/46 setzte die amerikanische Militärregierung in schneller Folge Oberbürgermeister ein und wieder ab. Die Stadtverwaltung war dezimiert, auch weil die Amerikaner rund 2600 Beschäftigte im Zuge der Entnazifizierung aus dem Dienst entlassen hatten. Trotzdem kam die kommunale Selbstverwaltung in Gang. Parteien waren noch verboten. Ein Beirat – im Wesentlichen zusammengesetzt nach dem Proporz der letzten freien Stadtratswahl 1929 – bildete so etwas wie ein bürgerschaftliches Beratergremium für die Verwaltung.

Am 26. März 1946 – noch mehr als drei Jahre vor Gründung der Bundesrepublik – fand die erste Stadtratswahl statt. Die Militärregierung war der Auffassung, dass die Demokratie von unten nach oben aufgebaut werden müsse. Es gab 41 Stadtratssitze, wovon die SPD 19, die CSU 15, die KPD 4, die FDP 2 Sitze und die Wirtschaftliche Aufbau-Vereinigung (WAV) einen Sitz eroberte. Die SPD legte damit den Grundstock für ihre über Jahrzehnte führende Rolle im Nürnberger Rathaus. Das sollte sich bei den nachfolgenden Stadtratswahlen 1948 und 1952 bestätigen. Sie stellte bis 1996 alle Oberbürgermeister. Von 1956 bis 1978 verfügte die Partei über die absolute Mehrheit im Stadtrat.

Die unmittelbaren Nachkriegsjahre waren geprägt von der Wiederherstellung wichtiger Infrastruktur (Strom-, Gas- und Wasserversorgung, Kanalisation, öffentlicher Nahverkehr, Lebensmittelversorgung). Zugleich begann der Wiederaufbau von öffentlichen Einrichtungen, etwa Schulen und Verwaltungsgebäuden. Ganz im Vordergrund stand der Wohnungsbau, vielfach getragen von privaten Bauherren, Wohnungsbaugesellschaften und -genossenschaften. Die großen Kirchen kümmerten sich um die Instandsetzung ihrer Gotteshäuser. In den meisten Fällen handelte es sich in Nürnberg nicht um *Wieder*aufbau, sondern um kompletten *Neu*bau – in der Altstadt, exemplarisch in der ehemaligen »Sebalder Steppe«, wo nahezu alle schnell hochgezogenen Gebäude heute den Charme der 1950er- und 1960er-Jahre versprühen, aber auch in der Südstadt, in neu zu entwickelnden Stadtteilen, in den Vororten, vor allem in der »Trabantenstadt« Langwasser.

Langwasser, benannt nach dem im Osten verlaufenden Langwasserbach, hatte schon verschiedene Nutzungen erlebt. In den 1920er-Jahren war ein städtischer Landwirtschaftsbetrieb angelegt worden, um Nahrungsmittel zu erzeugen. Der Volksmund sprach von »Luppe-Kartoffeln«. Es folgte die Inbesitznahme innerhalb des Reichsparteitagsgeländes für Teilnehmerlagerstätten, die im Krieg in Gefangenenlager umfunktioniert wurde. Daraus wurde nach 1945 ein Internierungslager für Nationalsozialisten, das die US-Armee im März 1949 auflöste. Daneben entstand das Valka-Lager, benannt nach einer lettisch-estnischen Grenzstadt, in dem zeitweise bis zu 4500 Menschen in primitiven Verhältnissen lebten. Unter ihnen »heimatlose Ausländer, Ostblockflüchtlinge, ehemalige Zwangsarbeiter. Von 1954 an war das Valka-Lager als »Bundessammellager für Ausländer« die zentrale deutsche Anlaufstelle für Asylsuchende, ehe die Einrichtung nach Zirndorf verlegt wurde.

Die Stadt Nürnberg hatte Langwasser bereits 1948 für Wohnbebauung freigegeben. Die Gemeinnützige Wohnungs-Siedlungs-Baugenossenschaft Nürnberg Werkvolk schuf 1952 eines der ersten Mehrfamilienhäuser (Werkvolk-Siedlung). Andere Einheiten folgten. 1954 erhielt die städtische Wohnungsbaugesellschaft wbg den Auftrag, für den neuen Stadtteil mit einer Fläche von 600 Hektar einen Generalbebauungsplan für »die neue Stadt im Grün« zu erarbeiten. 1957 begann in Langwasser das größte Stadterweiterungsprogramm der Bundesrepublik. Es wuchsen nicht nur Hochhäuser empor, sondern es entstanden ganz unterschiedliche Wohn- und Bauformen: Hochhäuser, Mehrfamilienhäuser, Reihenhäuser, Bungalows. Die Straßenführung mit vielen Stichstraßen trug zur Verkehrsberuhigung bei. Langwasser wurde zum Experimentierfeld des Städte- und Wohnungsbaus. In der »Nachbarschaft P« entstand in den 1980er-Jahren das erste autofreie Wohnquartier der Bundesrepublik Deutschland. Das 1969 eröffnete Franken-Center war eines der ersten Einkaufszentren, das nach dem Vorbild amerikanischer Malls entstand. Mit dem Südklinikum, Industrie- und Gewerbeansiedlungen und großen Schulen ist Langwasser längst mehr als eine Wohnstadt. Dabei ist der Begriff »Trabantenstadt« ohnedies fragwürdig, worauf der Historiker Bernd Windsheimer einmal hingewiesen hat. Denn durch die U-Bahn ist Langwasser bestens mit dem Zentrum verbunden. So hatte auch das Neubau konzept für Langwasser den Ausschlag gegeben für den Bau einer U-Bahn. 1965 traf der Stadtrat eine entsprechende Grundsatzentscheidung für eine erste Linie Langwasser–Altstadt–Fürth. Begonnen wurde mit dem Bau in Langwasser. Am 1. März 1972 wurde die erste Teilstrecke mit sieben Bahnhöfen zwischen Langwasser-Süd und Bauernfeindstraße eröffnet. Der Ausbau des Nürnberger U-Bahn-Netzes ist 50 Jahre danach noch nicht abgeschlossen. Die Verlängerung des Südastes der U3 nach Gebersdorf soll 2026 fertiggestellt sein.

Der Ausbau des Nürnberger U-Bahn-Netzes ist 50 Jahre danach noch nicht abgeschlossen.

Am Nürnberger Wiederaufbau hatten sehr viele Menschen Anteil. Manche standen im Vordergrund, nicht zuletzt wegen ihrer Funktionen. So bleibt Heinz Schmeißner mit der Nürnberger Geschichte des 20. Jahrhunderts besonders verbunden. Enger konnte man mit der Stadt nicht aufwachsen als er, der im Architekturbüro seines Vaters im Fembohaus (heute Stadtmuseum) seine Kindheit und Jugend verbrachte. Er wurde selbst Architekt, ab 1936 war er Mitarbeiter des städtischen Hochbauamts. Eng arbeitete er mit seinem Freund Wilhelm Schlegtendal zusammen. 1937 trat er in die NSDAP ein. »Anders ging es ja nicht«, meinte er später einmal. Von 1942 bis 1945 war er Hochbaudezernent der Stadt. Mit anderen betrieb er systematisch den Luftschutz und sicherte Kunstgüter in den Felsenkellern. In den letzten Kriegstagen versteckte er wesentliche Teile der Reichsinsignien vor dem Zugriff der Alliierten. Wegen »Verbergen von Kunstwerken bzw. falscher Angaben gegenüber der Besatzungsmacht« wurde er im September 1945 zu fünf Jahren Haft verurteilt und nach Begnadigung im Juni 1947 wieder entlassen. In der Spruchkammer wurde er als »Mitläufer« eingestuft. 1949 wurde er städtischer Hochbaureferent, von 1952 war er bis zu seinem Ruhestand 1970 Baureferent.

Die Epoche des Wiederaufbaus hat für viele Andreas Urschlechter (1919–2011) verkörpert. Der promovierte Nürnberger Jurist trat 1946 in die Stadtverwaltung als stellvertretender Leiter des Wiederaufbaureferats ein. 1955 wurde er zum berufsmäßigen Stadtratsmitglied als Referent mit den Zuständigkeiten für Wiederaufbau, Wohnungs- und Grundstücksverwaltung gewählt – ein Schlüsselressort. 1957 starb überraschend der 49-jährige Oberbürgermeister Otto Bärnreuther. Die SPD stellte Urschlechter, 1952 in die Partei eingetreten, als Kandidaten für das OB-Amt auf. Auf Anhieb wurde Urschlechter mit 57,5 Prozent der Stimmen gewählt. Er war zu Beginn seiner Amtszeit der jüngste Oberbürgermeister einer deutschen Großstadt, nach seinem Ausscheiden aus dem Amt 1987 (nach vier Wiederwahlen) das dienstälteste Stadtoberhaupt in Deutschland.

»Urschlechter war Sozialdemokrat. Er ließ es aber die Leute nicht andauernd merken, mit dem Erfolg, dass es diesen schließlich egal war«, schrieb die *Frankfurter Allgemeine Zeitung* einmal. Urschlechter war eine Autoritätsperson, geachtet und bundesweit respektiert, den Menschen nah kam er aber nicht. Früh nahm er die Rolle eines überparteilichen Stadtoberhaupts ein. So war »der Reeser« (Nürnberger Kurzform von Andreas) auch für Konservative wählbar. Dabei konnte er sich immer auf eine solide Mehrheit der SPD im Rathaus stützen. Im Juli 1982 trat er wegen diverser Unstimmigkeiten aus der Partei aus. Bei der Oberbürgermeisterwahl 1987 (zu der er selbst aus Altersgründen nicht mehr antreten konnte) empfahl er, den CSU-Kandidaten Günther Beckstein zu wählen statt Peter Schönlein, seit 1978 SPD-Fraktionsvorsitzender im Stadtrat. Die Entzweiung zwischen der SPD und Urschlechter war perfekt. Die SPD zeigte aber Größe und versagte ihm die Zustimmung zur Ehrenbür-

Urschlechter war eine Autoritätsperson, geachtet und bundesweit respektiert, den Menschen nah kam er aber nicht.

gerwürde nicht. Im Übrigen hatten die Nürnberger Wähler Schönlein bei der Stichwahl mit 57,6 Prozent der Stimmen zum neuen Oberbürgermeister gekürt.

25 Jahre nach dem katastrophalen Ende deutscher Großmannssucht war der Wiederaufbau weitgehend abgeschlossen. Am 1. Juli 1965 wurde die Wohnungszwangswirtschaft aufgehoben. Mit dem Dürerjahr 1971 brach die Stadt in eine neue Zeit auf. Man machte weltweit wieder positiv auf sich aufmerksam. Der Blick ging nach vorne. Das Elend der Vergangenheit lag hinter den Menschen, die körperlichen und seelischen Wunden waren verheilt oder zumindest vernarbt. Eine neue Generation war herangewachsen, die die Trümmer des Weltkriegs im Kindesalter allenfalls als großen Abenteuerspielplatz wahrgenommen hatte. Jetzt stellten diese jungen, unbelasteten Leute, man nannte sie bald die »68er-Generation«, ihren Eltern und Großeltern unangenehme Fragen. Jahrzehntelang spielte die Auseinandersetzung mit den Menschheitsverbrechen des NS-Regimes und die Rolle Nürnbergs als »Stadt der Reichsparteitage« in der öffentlichen und politischen Debatte keine Rolle. Ehemalige Nazis und ihre Mitläufer hätten sich ihrer Beteiligung und Duldung des Verbrecherstaates stellen, Schuld und Verantwortung einräumen müssen. Davor haben sich die allermeisten gescheut. Kollektives Schweigen und Verdrängen bestimmten deshalb die ersten Nachkriegsjahrzehnte – wie in ganz Deutschland.

DATEV

Strukturwandel

Erneuerung als Dauerzustand

Nach der Katastrophe des Zweiten Weltkriegs nahmen Wirtschaft und Industrie die alten Fäden wieder auf. Die metallverarbeitende und Elektroindustrie, deren Grundlagen im 19. Jahrhundert gelegt wurden, startete nach Jahren der Kriegsproduktion neu. Doch zunächst ging es darum, die notwendigen Produktionsstätten zu schaffen. Die Hälfte der Industriegebäude war zerstört. Und mit dem »Eisernen Vorhang« waren traditionelle Absatzmärkte in Osteuropa weggebrochen. Es war in jeder Beziehung eine Phase der Neuorientierung. Doch Nürnberg nutzte die Chancen und trug seinen Teil zum »Wirtschaftswunder« bei. Von 1950 bis 1960 stieg die Zahl der in der Industrie Beschäftigten von 70 000 auf 120 000. Unternehmen wie Grundig, Diehl, Siemens, AEG, Photo-Porst oder das Versandhaus Quelle erlangten Weltruf. Die Fahrrad- und Motorradproduktion (unter anderem: Hercules, Triumph, Zündapp) konnte nicht mehr an ihre frühere Vormachtstellung anknüpfen. Dennoch erwiesen sich die 1950er- und 1960er-Jahre als eine glorreiche Aufbruchszeit. Alles lief, alles ging aufwärts. Die Wirtschaft boomte, die Bauwirtschaft sowieso. Bald kamen auch in Nürnberg die ersten angeworbenen »Gastarbeiter« aus Italien an, um dem Arbeitskräftemangel zu begegnen.

Der Wandel von einer Industrie- zu einer Informations- und Dienstleistungsgesellschaft bestimmt die Nürnberger Wirtschaft seit Jahrzehnten. Er begann schleichend und erlebte viele dramatische Stunden. Allein zwischen 1972 und 1994 sind in Nürnberg 65 000 Arbeitsplätze weggefallen. Firmen wie Triumph-Adler, der Bahn-Hersteller Adtranz, der Turbinenproduzent ABB Al-

links Die Datev – hier der IT-Campus an der Fürther Straße – steht für Innovation.

stom, der Spraydosen-Hersteller Cebal und andere waren betroffen. Rationalisierung, Betriebsverlagerungen ins billigere Ausland oder Komplettschließungen trugen zum Stellenabbau bei. Darunter hatten zuallererst die Beschäftigten und ihre Familien zu leiden, blickten sie doch in eine ungewisse Zukunft. Dabei ist eine positive Veränderung immer wieder gelungen, auch wenn es am Anfang oft nicht danach aussah. Nur drei Beispiele:

Seit Anfang des 20. Jahrhunderts war ein großes Areal an der Fürther Straße, wenige Hundert Meter vor der Stadtgrenze, Produktionsstätte der Bing Werke für Blechspielzeug und Haushaltsgeräte. Die Tochtergesellschaft Elektro Bing entwickelte sich zum Marktführer für Elektrogeräte in Deutschland. 1921/22 fusionierte Elektro Bing mit der neuen Berliner Allgemeine Elektrizitätsgesellschaft AEG. 1950 wurde am Standort Nürnberg die erste AEG-Haushaltswaschmaschine hergestellt. 1954 entstanden neue Gebäude. Im Jahr 1955 liefen 255 000 Waschmaschinen vom Band. 1978 hatte AEG in Nürnberg 5303 Mitarbeiter, geriet aber mit 178 000 Beschäftigten weltweit in die Krise. 1994 übernahm der schwedische Konzern Electrolux den Bereich AEG Hausgeräte. 2005 fiel die Entscheidung, das Werk zu schließen. In einem 46-tägigen Arbeitskampf wehrte sich die Belegschaft dagegen – vergeblich. Bis 2007 wurden noch Electrolux-Waschmaschinen produziert. Am 16. März 2007 wurde das Werk geschlossen. Der AEG-Standort Nürnberg war bis zuletzt wirtschaftlich erfolgreich. Für Electrolux waren aber die schwarzen Zahlen zu klein ausgefallen. Die Produktion wurde nach Polen verlegt.

2007 übernahm die MIB AG das AEG-Areal. Zum Geschäftsfeld des Immobilienunternehmens mit Sitz in Berlin gehört unter anderem die Revitalisierung alter Industriestandorte. Einen Namen hat sich die Firma mit der Umgestaltung der ehemaligen Leipziger Baumwollspinnerei in ein einzigartiges Zentrum für Kulturschaffende gemacht. In Nürnberg besteht das Konzept aus einer Vielfalt an Nutzung: Produktion, Büros, Handel, Ausstellungsräume und Gastronomie. Kunst und Kultur tragen zur Attraktivität bei. »Auf AEG«, so das neue Standort-Label, stellt Siemens Eisenbahntransformatoren her, Electrolux hat mit 630 Mitarbeitern seine Deutschlandzentrale und einen Showroom auf dem Gelände, IT- und Logistikfirmen haben sich angesiedelt. Die Stadt Nürnberg betreibt seit 2016 das Stadtteilzentrum »Kulturwerkstatt Auf AEG«.

Gleich gegenüber, auf der südlichen Seite der Fürther Straße, liegt das ehemalige Versandhaus Quelle. Gegründet hatte das Unternehmen der Fürther Gustav Schickedanz (1895–1977). Der 1932 in die NSDAP eingetretene Unternehmer bereicherte sich während der sogenannten Arisierung, indem er erfolgreiche jüdische Firmen weit unter Wert erwarb. Nach 1945 bekam er Berufsverbot, wurde interniert und zu Zwangsarbeit verurteilt, aus der er 1948 entlassen wurde. In einem Spruchkammerverfahren wurde er als »Mitläufer« eingestuft und im selben Jahr voll rehabilitiert. Zuvor hatte seine Frau Grete Schickedanz (1911–1994) in Hersbruck 1946 das erste Quelle-Verkaufsgeschäft für Textilien eröffnet.

Der Versandhandel lief schnell wieder an. Von 1953 bis 1958 wuchs das große Versandzentrum an der Fürther Straße empor. Die Geschäfte florierten. In den 1970er-Jahren holten Tag für Tag zig Busse im Auftrag von Schickedanz Tausende von Arbeiterinnen und Arbeitern in ihren Heimatgemeinden im weiten Umland ab und fuhren sie nach der Schicht wieder nach Hause. Nach dem Tod ihres Mannes übernahm Grete Schickedanz die Unternehmensleitung, der Beginn schnellen Wechsels an der Konzernspitze. Ihr folgten Schwiegersöhne in der Leitung nach. Schickedanz fusionierte mit Karstadt zur KarstadtQuelle AG, ab 2007 mit dem Kunstnamen Arcandor. Nun kamen die Manager nicht mehr aus der Familie, aber besser wurde es dadurch nicht. 2009 meldete Quelle Insolvenz an. In Zeiten, da der Online-Handel immer mehr Boden

Nach dem Tod ihres Mannes übernahm Grete Schickedanz die Unternehmensleitung, der Beginn schnellen Wechsels an der Konzernspitze.

gewann, ging das lange Zeit erfolgreichste Versandhaus Europas pleite.

Die unter Denkmalschutz stehenden Gebäude (Architekt: der Bauhaus-Schüler Ernst Neufert, 1900–1986) des ehemaligen Versandzentrums und Kaufhauses an der Fürther Straße sind seither ungenutzt. Es handelt sich um die zweitgrößte, leerstehende Gewerbeimmobilie in Deutschland nach dem Flughafen Berlin Tempelhof. Ein zweifelhafter Superlativ. Nach der Zwangsversteigerung übernahm die Düsseldorfer Gerchgroup 2018 den großen Komplex. Der Immobilienentwickler plante unter dem Logo »The Q« ein neues Quartier für 1000 Wohnungen, Büros, Einzelhandel und soziale Einrichtungen. 2021 begannen die Bauarbeiten für den gewerblichen Teil an der Fürther Straße. 2023 meldete die Gerchgroup Insolvenz an. Doch nach kurzer Zeit stieg die Bayerische Versorgungskammer als Investor ein, sodass das Projekt fortgeführt werden konnte. Nach der Fertigstellung des ersten gewerblichen Gebäudeteils an der Fürther Straße wird die Stadtverwaltung darin als Mieter ein Zentrum für mehrere Ämter schaffen. Rund 1400 Mitarbeiter sollen dort arbeiten.

Der Nürnberger Radiohändler Max Grundig (1908–1989) baute einen der größten Unterhaltungselektronik-Konzerne der Welt auf. 1955 war er der global größte Tonbandhersteller, 1965 der größte Fernsehproduzent Deutschlands. Zentrale Produktionsstätten lagen in Fürth und in Nürnberg. Zu seinen besten Zeiten Ende der 1970er-Jahre waren bei Grundig fast 40 000 Menschen beschäftigt. Ab den 1980er-Jahren ließ der Erfolg nach, die Konkurrenz aus Asien nahm zu, die Firma Philips stieg ein, Max Grundig zog sich 1984 aus der Unternehmensleitung zurück. Mitte der 1990er-Jahre wurde die Krise offensichtlich, alle Rettungsversuche halfen nichts mehr. 2003 musste das einstige Weltunternehmen Insolvenz anmelden. Die Marke blieb, über-

Zu seinen besten Zeiten Ende der 1970er-Jahre waren bei Grundig fast 40 000 Menschen beschäftigt.

nommen von der türkischen Koç Holding. Grundig in Nürnberg gibt es nicht mehr.

Doch auf der ehemaligen zentralen Produktionsstätte an der Beuthener Straße ist längst neues Leben eingezogen. Die Nürnberger alpha Gruppe hat das Areal mit 130 000 Quadratmetern Nutzfläche 2010 übernommen und daraus den Grundig Immobilienpark zu einem neuen Technologie-, Logistik- und Bürostandort entwickelt. Die benachbarten beiden Grundig-Türme, in den 1970er-Jahren als Wohnheime für Grundig-Arbeiter errichtet, dienen dem Freistaat Bayern seit 2016 als Erstaufnahmeeinrichtung für Asylbewerber.

Über Jahrzehnte hinweg erlebte die Nürnberger Wirtschaft nach Zeiten der Vollbeschäftigung immer wieder kritische Phasen. Meist entschieden die Konzernspitzen mit Sitz in anderen Städten oder Ländern über Stellenabbau, Einstellung der Produktion oder Verlagerung an andere Standorte. Das Auf und Ab spiegeln auch die Arbeitslosenzahlen. 1990 lag die Quote (jeweils im ersten Quartal) bei 5,8 Prozent, schon 1998 kletterte sie auf 11,5 Prozent, um 2005 einen Rekord von 14,1 Prozent zu erreichen. 36 098 Personen waren zu diesem Zeitpunkt arbeitslos gemeldet. Danach zeigte sich eine immer erfreulichere Entwicklung. Von Jahr zu Jahr sanken die Zahlen. Im vierten Quartal 2019 wurde ein Niedrigwert von 4,9 Prozent verzeichnet.

Die allgemeine Konjunktur, der sukzessive Umbau der Nürnberger Wirtschaft mit neuen, innovativen Firmen haben mit zu dieser Entwicklung beigetragen. Daran hat der wachsende Dienstleistungssektor einen großen Anteil. Das Marktforschungsunternehmen GfK gehört dazu. Ein Unternehmen sticht dabei als Glanzlicht heraus wie kein zweites: die Datev. Am Anfang standen Ideen und viel Wille. Der Nürnberger Steuerberater Heinz Sebiger (1923–2016) hatte festgestellt, dass immer mehr Firmen ihre Buchführung auslagerten, weil sie im Wirtschaftswunder-Boom keine Fachkräfte mehr bekamen. Daraus wäre doch ein Geschäft zu machen. Dabei setzte Sebiger auf die noch sehr junge elektronische Datenverarbeitung. Doch für die dafür notwendigen Millionen Mark teuren Großrechner fehlte ihm das Geld. Über eine Genossenschaft wollte er die Finanzmittel auftreiben, wofür der Initiator von manchen ausgelacht wurde.

Am 14. Februar 1966 gründete Sebiger mit fünf weiteren Steuerberatern und einem Rechtsanwalt die »Datev Datenverarbeitungsorganisation der Steuerbevollmächtigten für die Angehörigen des steuerberatenden Berufes in der Bundesrepublik Deutschland, eingetragene Genossenschaft mit beschränkter Haftpflicht«. 65 Steuerbevollmächtigte aus dem Kammerbezirk Nürnberg waren die ersten Genossen. Sebiger betrieb die Firma beim Start mit drei Mitarbeitern. Das sollte sich bald ändern. Aus 65 Genossen wurden acht Jahre später 10 000 Mitglieder, 1982 waren es 20 000 und 1990 bereits 30 000. Die Umsätze stiegen schon in den ersten 20 Jahren gewaltig: von 1,2 Millionen Mark (1967) über 83 (1976) auf 400 Millionen Mark. Aber das war erst der Anfang.

Die Datev ist heute der drittgrößte Anbieter für Business-Software in Deutschland und einer der großen IT-Dienstleister in Europa. Im Geschäftsjahr 2022 erzielte das Unternehmen einen Umsatz von 1,31 Milliarden Euro. Datev hat inzwischen rund 40 000 Mitglieder und fast 8700 Mitarbeiter. Das Unternehmen genießt das Vertrauen von 585 400 Kunden. Rund 14 Millionen Gehalts- und Lohnabrechnungen werden monatlich verarbeitet. Es bietet über 200 Software-Produkte und IT-Dienstleistungen an. Allein in Nürnberg hat Datev sieben Standorte. Manche Betriebsstätte hat ihren Sitz in einem Gebäude der nicht mehr existierenden Alt-Industrie, etwa dort, wo die Firma Schuco einst Spielzeugautos herstellte. Mit dem 100-Millionen-Euro-Neubau des Datev IT-Campus an der Fürther Straße 111 Mitte der 2010er-Jahre bekannte sich das Unternehmen ausdrücklich zu Nürnberg. Die Datev ist ein leuchtendes Beispiel für den erfolgreichen Wandel der Nürnberger Wirtschaft. Der Erfindergeist ist nach wie vor in Nürnberg zu Hause. Die Stadt ist Zentrum der Europäischen Metropolregion Nürnberg mit 3,6 Millionen Einwohnern. Die Zahl der Patentanmeldungen ist hier doppelt so hoch wie in Deutschland.

Mitte 2022 waren in Nürnberg 318 000 Personen sozialversicherungspflichtig beschäftigt – so viele wie noch nie. Allein in den zehn Jahren zuvor wuchs die Beschäftigung um rund 15 Prozent. Obwohl der Dienstleistungssektor mit fast 256 000 Beschäftigten mehr als viermal so groß ist wie der produzierende Sektor (60 000) bleibt das verarbeitende Gewerbe für die Stadt von großer Bedeutung. Eine starke Entwicklung nahm die zukunftsweisende Branche der Informations- und Kommunikationswirtschaft (IKT). In diesem Bereich sind allein 10,7 Prozent der Nürnberger Beschäftigten tätig. So zählt Nürnberg auf diesem Feld zu den Top-3-Standorten in Deutschland. Ende 2022 lag die Arbeitslosenquote bei 5,5 Prozent. Im selben Jahr verzeichnete die Stadt bei der Gewerbesteuer eine Rekordeinnahme von 557 Millionen Euro.

Die Nürnberger Wirtschaft hat in den vergangenen Jahrzehnten einen enormen Wandel vollzogen. In manchen Krisenjahren war der Verlust alteingesessener, einst erfolgreicher Großunternehmen nicht nur ein Tiefschlag für die Beschäftigten, sondern immer auch ein Treffer für die Psyche der Stadt. Derweil trugen Start-ups und findige Unternehmer mit neuen Ideen und Geschäftsmodellen zum Umbau bei. Nichts ist beständiger als der Wandel, heißt es. So ist auch der Strukturwandel nie abgeschlossen. Nürnberg scheint nach den jüngsten Erfahrungen für die nächste Transformation gerüstet.

spielwarenmesse
ngang · Entrance

Spielwarenmesse

Vom Start in Baracken zur Weltleitschau

Jedes Jahr Ende Januar, Anfang Februar herrscht in der Stadt ein ganz besonderes Flair. Überall künden Fahnen von dem Ereignis, sogar an den runden Türmen der Altstadtmauer flattern sie heiter. Taxifahrer, Gastronomen und Hoteliers sind in freudiger Erwartung. Bei der alljährlichen Spielwarenmesse ist für wenige Tage die Welt zu Gast in Nürnberg. Die Schau ist die größte Fachmesse der Branche weltweit.

Die Idee für die Deutsche Spielwarenfachmesse, so ihr erster Name, hatten Spitzenvertreter der Spielzeugindustrie und des Handels. Mit der Teilung Deutschlands hatte die traditionelle Messe der deutschen Spielzeugindustrie in Leipzig keine Bedeutung mehr. Die Branche suchte einen neuen Standort. Die Wahl fiel auf Nürnberg, nicht zuletzt wegen der Tradition als Spielzeugstadt. Die Anfänge der heutigen Weltleitmesse waren bescheiden. Die erste Messe ging vom 12. bis 18. März 1950 in Schoppershof in einem Verwaltungsgebäude (»Wieseler-Haus«), in zwei Baracken, im Gemeindehaus Maxfeld und in Räumen des Gewerbemuseums über die Bühne. 351 Aussteller präsentierten 4321 Einkäufern, darunter 600 aus dem Ausland, 100 davon aus Übersee, ihre Produkte. Trotz miserabler Verkehrsanbindung und katastrophaler Beherbergungsmöglichkeiten war die erste Messe ein Erfolg, auch was die Zahl der internationalen Besucher anbelangte. Das war nach all den Schrecken des NS-Regimes, das auch mit dem Namen Nürnberg verbunden war, nicht unbedingt zu erwarten gewesen.

links Blick auf die Eingangssituation: Im Nürnberger Messezentrum ist die Spielwarenmesse zu Hause.

Träger und Veranstalter der Spielwarenmesse ist bis heute eine Genossenschaft, die 46 Spielwarenhersteller am 11. Juli 1950 gegründet hatten. Über Jahre herrschte für die Zwecke der Spielwarenmesse Raumnot. Alle möglichen Räume und Säle rund um das Wieseler-Haus wurden genutzt. Die Spielwarenmesse drängte die Stadt zum Bau eigener Messehallen. In die dafür gegründete Gesellschaft stieg die Spielwarenmesse mit dem größeren Gesellschafteranteil ein. 1952 stand eine erste eigene Messehalle am Berliner Platz zur Verfügung. Hier fanden im Laufe des Jahres auch andere Veranstaltungen statt, weitere feste Bauten und Leichtbauhallen kamen hinzu, doch der Platz sollte nie so recht reichen. Das stete Drängen nach mehr Ausstellungsfläche führte schließlich zum Entschluss der Stadt, in Langwasser auf einer Brache des ehemaligen Reichsparteitagsgeländes ein neues, großzügiges Messeareal zu schaffen. In dem 1973 eröffneten Messegelände standen zunächst 61 000 Quadratmeter Ausstellungsfläche zur Verfügung. Nun war es auch möglich, die verschiedenen Warengruppen in den Hallen übersichtlich zu ordnen.

Schon 1951 hatte die Spielwarenmesse ein Logo entwickelt, das mit manchen Abwandlungen bis heute das bekannte Signet der Messe darstellt: ein Schaukelpferd, auf dem ein »dicker Turm« der Stadtmauer sitzt. So ist die unverbrüchliche Verbindung zwischen der Veranstaltung und Nürnberg im Markenzeichen festgehalten. Schon 1958 erfolgte der erste Namenswechsel zu Internationale Spielwarenmesse Nürnberg, aus der 1997 die Spielwarenmesse International Toy Fair Nürnberg wird, ehe das Unternehmen seit 2013 schlicht als Spielwarenmesse firmiert. Das Wort ist seither eine geschützte Marke.

Die Entwicklung der Spielwarenmesse ist eine einzige Erfolgsgeschichte. Die Spielwarenmesse wuchs, mit ihr das Messezentrum. Halle um Halle kam hinzu. Standen 1974 61 000 Quadratmeter Ausstellungsfläche zur Verfügung, waren es 1998 bereits 133 000 Quadratmeter und im Jahr 2009 160 000 Quadratmeter. 2014 waren 76 000 Fachhändler und Einkäufer bei der

Weltleitschau vertreten. Die Corona-Pandemie hat auch für die Spielwarenmesse einen schweren Einschnitt bedeutet. 2021 und 2022 konnte die Messe nicht stattfinden. 2024 verzeichnete die Spielwarenmesse wieder 2354 Aussteller aus 68 Ländern – zehn Prozent mehr als im Vorjahr und rund 57 000 Besucher.

Schon 1996 ebnete die Genossenschaft den Weg, dass die Spielwarenmesse auch außerhalb Nürnbergs unternehmerisch tätig werden konnte. 2012 veranstaltete das Unternehmen mit der Kids India erstmals eine Messe im Ausland, 2016 folgte die Gründung des Tochterunternehmens Spielwarenmesse India. 2022 übernahm sie die Internationalen Spieltage SPIEL in Essen.

Als die NürnbergMesse – offiziell 1974 gegründet – an den Start ging, hatte sie 2,5 Millionen Euro Umsatz und 15 Beschäftigte. Zu Beginn kam der jungen Gesellschaft nur eine Außenseiterrolle in der Messewelt zu. Doch frische Konzepte und kurze Wege überzeugten. Eine eigene U-Bahn-Station vor dem Eingang wurde zum Alleinstellungsmerkmal. Die NürnbergMesse vermietet ihre Hallen, veranstaltet aber auch immer mehr eigene Messen. Eine Reihe von Veranstaltungen der Anfangsjahre gibt es bis heute: BrauBeviale (früher: BRAU), IWA OutdoorClassics, die Spielwarenmesse und die Publikumsmesse Consumenta (früher: Die Einkaufstasche) der AFAG Messegesellschaft. Das Unternehmen hat sich strategisch geschickt auf Nischen- und innovative Themen konzentriert. So entwickelte es die Biofach zur Weltleitmesse für ökologische Lebensmittel und Konsumgüter. Großes Renommee haben Fachmessen wie die embedded world, Fensterbau Frontale, it-sa oder die European Coatings Show.

Das Unternehmen hat sich strategisch geschickt auf Nischen- und innovative Themen konzentriert.

Ab 1997 schuf die NürnbergMesse die Voraussetzungen für einen attraktiven Kongressstandort. Das NürnbergConvention Center (NCC) besteht aus den drei Kongresszentren NCC Mitte, NCC Ost und NCC West und der multifunktionellen Frankenhalle. Heute veranstaltet die NürnbergMesse 120 Fachmessen und Kongresse jährlich, die rund 1,5 Millionen Menschen besuchen. Darüber hinaus ist das Unternehmen längst an elf Standorten in aller Welt tätig, unter anderem in den USA, in Brasilien, in Indien und China. Das Nürnberger Messezentrum bietet 180 000 Quadratmeter Ausstellungsfläche in 16 Hallen und 50 000 Quadratmeter im Freien. Die Hallen 3A (2014 eröffnet) und 3C (2018) der Stararchitektin Zaha Hadid sind Glanzlichter des Messegeländes und zudem ausgezeichnet für nachhaltiges Bauen.

2020 lag der Umsatz der NürnbergMesse bei 285 Millionen Euro. Damit zeichnete sich nach dem Corona-Ende wieder ein klarer Trend nach oben ab. Über 1000 Mitarbeiter beschäftigt die NürnbergMesse weltweit. Die NürnbergMesse Group gehört zu den 15 größten Messegesellschaften der Welt. Jenseits des eigenen Erfolgs ist die NürnbergMesse Wirtschaftsmotor für Nürnberg und den gesamten Großraum. Hoteliers, Gastronomen, das Transportwesen vom Airport bis zum Taxi und andere Dienstleister profitieren davon, wenn Jahr für Jahr Hunderttausende Menschen in den Messehallen zusammenkommen. Es handelt sich um jährliche Kaufkrafteffekte von 1,65 Milliarden Euro, die 15 000 Arbeitsplätze sichern. Letztlich ist die NürnbergMesse eine öffentliche Einrichtung. Denn Gesellschafter sind zu gleichen Teilen (je 49,969 Prozent) die Stadt Nürnberg und der Freistaat Bayern. Als symbolisch ist die Beteiligung der Industrie- und Handelskammer und der Handwerkskammer für Mittelfranken anzusehen (je 0,031 Prozent).

Die NürnbergMesse beherbergt viele attraktive, auch internationale Messen. Die Spielwarenmesse ist und bleibt das größte Aushängeschild. Beide Unternehmen sind eigenständig. Sie haben unmittelbar nichts miteinander zu tun. Gleichwohl sind sie von Anfang an eng verbunden – die Spielwarenmesse war schließlich der Geburtshelfer für das neue Nürnberger Messewesen. Die Unternehmen sind auch Botschafter Nürnbergs und ein Imagefaktor. Stehen sie doch in besonderer Weise für Internationalität, Weltoffenheit und Begegnung über alle Grenzen hinweg. Der US-Spielwarenhändler David Castillo aus Utah ist seit Jahren regelmäßiger Besucher der Spielwarenmesse. 2024 kam er zu besonderen Ehren: Er wurde als 50-millionster Besucher der NürnbergMesse seit ihrem 50-jährigen Bestehen begrüßt.

SPD
KARL-BRÖGER-HAUS

Sozial und liberal

Gemeinsam im Zeichen der Demokratie

Das Jahr 1969 bildet in der Geschichte der Bundesrepublik Deutschland eine Zäsur. Nach 20 Jahren Regentschaft eines Vertreters der Christlich Demokratischen Union (CDU) als Kanzler – erst Konrad Adenauer, dann der gebürtige Fürther Ludwig Erhard, schließlich wenige Jahre Kurt Georg Kiesinger – wurde am 21. Oktober 1969 mit Willy Brandt erstmals ein Sozialdemokrat zum Regierungschef gewählt. Möglich wurde dies nur dadurch, dass die Freie Demokratische Partei (FDP) – zuvor meist Partner der Union – mit der SPD ein Bündnis einging. Bald sprach man von der »sozialliberalen Koalition«. Der Begriff bleibt mit dieser Regierungskonstellation in der alten Bundesrepublik verbunden. Es war indes nicht die erste sozialliberale Koalition auf deutschem Boden.

Manche linksliberalen Politiker und sozialistischen Kräfte suchten schon Ende des 19. Jahrhunderts eine Zusammenarbeit. In der Weimarer Republik bildeten die SPD, das katholische Zentrum und die liberale Deutsche Demokratische Partei (DDP) die »Weimarer Koalition«. Sie stand für die Verfassung, für die Demokratie und die Republik, hatte jedoch bald keine Mehrheit mehr.

Eine stabile Koalition zwischen SPD und DDP kennzeichnete hingegen in Nürnberg die gesamte Zeit von 1920 bis 1933. An der Spitze stand der verfassungstreue, unermüdlich für die Republik eintretende liberale Oberbürgermeister Hermann Luppe (DDP), der von der SPD-Mehrheitsfraktion im Rathaus gestützt wurde. Diese sozialliberale Koalition bestimmte in den

links Eine architektonische Ikone und Zentrum der Nürnberger Sozialdemokratie: das Karl-Bröger-Haus.

1920er-Jahren die Geschicke der Stadt Nürnberg. Die nationalsozialistische Herrschaft bereitete diesem sozialliberalen Geist 1933 ein abruptes Ende.

Doch nach 1945 knüpften vor allem die Sozialdemokraten, aber auch die Vertreter anderer demokratischer Parteien wie die neu gegründete, konservative Christlich-Soziale Union (CSU) und die FDP, in gewisser Weise Nachfolgepartei der DDP, an die Haltung der Nürnberger Stadtregierung der 1920er-Jahre an. Sozial und liberal waren und sind keine Kampfbegriffe. Sie sind stattdessen Leitlinien für das politische Handeln: für alle Menschen solidarisch zu sorgen, den Schwachen zu helfen, auf Ausgleich zu achten, die Freiheit des Individuums zu respektieren und zu fördern und unterschiedliche Lebensentwürfe zu ermöglichen. Leben und leben lassen eben. Aber auch niemanden vergessen. Auch jenen eine Stimme geben, die sprachlos sind.

Die SPD war im Nürnberg der Nachkriegsjahre über Jahrzehnte die nahezu alleine bestimmende politische Kraft. Sie konnte sich lange Zeit auf die Fabrik- und Facharbeiterschaft, auch auf das Handwerk und Teile des Mittelstands stützen. Lange konnte sie allein »regieren«. Manchmal fehlten im Rathaus nur wenige Stimmen zur Mehrheit. Bündnisse mit der FDP oder ab den 1980er-Jahren mit der neu gegründeten Partei Die Grünen sorgten für die notwendigen Mehrheiten im Stadtrat.

In den 1950er- und 1960er-Jahren waren die Gestaltungsaufgaben offenkundig: Wiederaufbau, sozialer Wohnungsbau, Schaffung von Schulgebäuden, Kindergärten und Horten, Erneuerung und Ausbau der Infrastruktur. Da war Parteipolitik fern. Es ging um die Herstellung halbwegs normaler Lebens- und Arbeitsverhältnisse. Kein Wunder, dass alle im Stadtrat an einem Strang zogen. Die meisten Beschlüsse fielen einstimmig, was übrigens bis heute der Fall ist. Zwischen 1972 und 2002 bestimmte die Arbeit im Stadtrat ein gewisses Lagerdenken. Hier die »Sozis«, dort die »Schwarzen«. Die Referentenbank war weiter ausschließlich mit Sozialdemokraten besetzt. Man kultivierte das Spiel von Regierung und Opposition, wie man es aus

Landtag oder Bundestag kennt. Dabei ist dies nach der Bayerischen Gemeindeordnung gar nicht vorgesehen. Gemeinde- und Stadträte sind Kollegialorgane. Die Gesamtheit hat, orientiert an der Sache, zu entscheiden. In der Praxis sah es jedoch auch in Nürnberg oft anders aus.

Gerade in Fragen der Kultur-, Wirtschafts- und Verkehrspolitik prallten Ideologien aufeinander. Das von Schul- und Kulturreferent Hermann Glaser ausgerufene Konzept der Soziokultur, vor allem durch die stadtweite Gründung von Kulturläden oder durch das 1973 gegründete KOMM als selbstverwaltetes Kommunikations- und Kulturzentrum, galten den Konservativen als »linke« Projekte. Die Zahlung von kleinen Zuschüssen etwa für die Schwulengruppe Fliederlich oder die Prostituiertenberatung Kassandra führten oft zu heftigen Debatten. Ähnlich gegensätzlich wurde in der Verkehrspolitik gestritten. Verfolgten SPD und Grüne früh das Ziel, den Individualverkehr von der Altstadt möglichst fern zu halten, trat die CSU als »Autofahrerpartei« auf. Relativ geräuschlos und einvernehmlich hingegen fielen immer wieder Beschlüsse in der Sozialpolitik. Da sorgten die Sozialdemokraten, die katholischen Sozialethiker in der CSU und Experten aller Fraktionen parteiübergreifend für sichere Mehrheiten.

Bei der Oberbürgermeister-Stichwahl am 24. März 1996 war es geschehen.

Bei der Oberbürgermeister-Stichwahl am 24. März 1996 war es geschehen. Erstmals seit einem halben Jahrhundert wählten die Nürnberger keinen Sozialdemokraten, sondern mit Ludwig Scholz (1937–2005) einen CSU-Vertreter zu ihrem Stadtoberhaupt. Amtsinhaber Peter Schönlein (1939–2016) war abgewählt. Schon zwei Wochen zuvor war die CSU bei der Kommunalwahl mit 33 Sitzen (von insgesamt 70) vor der SPD mit 25 Sitzen zur stärksten Kraft im Nürnberger Stadtrat avanciert. Die SPD hatte nach über fünf Jahrzehnten die Führungsrolle im Rathaus verloren. Die einstige rote Hochburg war gefallen. Von der »Arroganz der Macht« war die Rede. Verfehlte Verkehrspolitik und der kurz vor der Kommunalwahl erfolgte Bürgerentscheid gegen den Augustinerhof hätten den Ausschlag zum Umschwung gegeben. Das war ein Einschnitt. Mit Ausnahme der NS-Zeit hatte immer die SPD die Stadtpolitik bestimmt. Das neue Stadtregiment setzte den Politikstil unter anderen Vorzeichen unvermindert fort. Sobald ein Referentenstuhl frei wurde, besetzte man ihn mit einem Parteigänger.

Bereits sechs Jahre später entschieden sich die Wählerinnen und Wähler für eine Kehrtwende. Sie wählten den 41-jährigen Stadtkämmerer Ulrich Maly (SPD) zum neuen Stadtoberhaupt. Die SPD-Fraktion konnte mit 29 Sitzen gegenüber der CSU (32 Sitze) wieder Boden gutmachen. Maly sorgte nun für eine neue Form der Zusammenarbeit im Rat. Ihm ging es um Ausgleich unter den demokratischen Kräften und Beteiligung in der Stadtspitze. SPD, CSU und Bündnis 90/Die Grünen gingen eine förmliche Kooperation ein. Zugleich wurde die Referentenriege nach und nach so umgebaut, dass sich auch dort die über Jahrzehnte hinweg festzustellenden Ratsmehrheiten spiegeln. Das Prinzip gilt nach wie vor. Bis heute sitzen auf der Quasi-Regierungsbank Vertreterinnen und Vertreter von CSU, SPD, Bündnis 90/Die Grünen und ein Parteiloser. Auch als die Wähler Maly jeweils mit Zweidrittel-Mehrheiten 2008 und 2014 in seinem Amt bestätigten und ebenso die SPD-Fraktion weit vor der CSU abschnitt, hielt Maly an dem Prinzip der Kooperation fest, wobei sich die Grünen in beiden Wahlperioden nicht mehr beteiligten. 2020 trat Maly nicht mehr für das Amt des Stadtoberhaupts an. Die Wähler kürten Marcus König, den CSU-Bewerber und jahrelangen Vorsitzenden seiner Fraktion, zum Oberbürgermeister. CSU und SPD schlossen erneut einen Kooperationsvertrag mit den wichtigsten Zielen gemeinsamer Stadtpolitik, der aber den Partnern genügend Spielraum für eigene Initiativen und eigenes Profil bietet.

Mit der ersten Amtszeit Malys ist in die Rathauspolitik ein neuer Stil eingezogen. Pragmatismus und sachliche Auseinandersetzung haben allzu ideologische Betrachtungen verdrängt.

Sozialdemokraten und Christsoziale haben, sicher manchmal schweren Herzens, alte Standpunkte aufgegeben. So wurde der kreuzungsfreie Ausbau des Frankenschnellwegs, ein Lieblingsprojekt der CSU, gegen das sich die SPD immer ausgesprochen hatte, angegangen. Die CSU hatte dagegen ihre Aversion gegen »die Soziokultur« aufgegeben und erkannt, wie wertvoll niedrigschwellige Kultur-, Sozial- und Integrationsarbeit ist. Gerade ab den Nuller-Jahren scheinen die großen politischen Kräfte im Rathaus gegenseitig voneinander gelernt zu haben. Maly war 2002 auch mit dem Leitbegriff »solidarische Stadtgesellschaft« angetreten, der im Kern an den »demokratischen Sozialismus« erinnert. CSU-Nachfolger König hat die »solidarische Stadtgesellschaft« als Leitgedanken übernommen.

Die Geschichte Nürnbergs als Arbeiterhochburg ist Vergangenheit, die Farbe des »roten« Nürnberg ist verblasst. Geblieben ist jedoch der Geist, mit dem Politik für die Bürgerinnen und Bürger in dieser Stadt gemacht wird. Soziale und liberale Haltungen gehören in unterschiedlicher Ausprägung zu allen demokratischen Parteien. Hätte die NS-Herrschaft zwischen 1933 und 1945 nicht auch Nürnberg in vielfältiger Hinsicht bestimmt, könnte man die Zeit seit 1920 in Nürnberg als ein sozialliberales Jahrhundert bezeichnen. Dass weiter ein sozialer, freiheitlicher und liberaler Wind im Rathaus weht – egal welche demokratische Kraft gerade die Führungsposition innehat –, ist keine schlechte Voraussetzung für eine gedeihliche Kommunalpolitik im Sinne der Bürgerschaft.

BILDUNG UND GESELLSCHAFT

Schulwesen

Unterricht in »Palästen«

Sie fallen oft nicht weiter auf, weil sie selbstverständlich sind. Sie sind in ganz Nürnberg anzutreffen, ihre äußeren Formen könnten unterschiedlicher nicht sein. Sie gehören nicht nur zum Stadtbild, sondern sind auch von elementarer Bedeutung für die Zukunft aller jungen Menschen und die ganze Stadt: die Schulen. Es gibt in Nürnberg keine Schulform, die es nicht gibt. Der Zugang ist in der Regel kostenlos. Was wir heute nicht anders kennen, ist eine Errungenschaft der jüngeren Zeit.

Schulbildung war über Jahrhunderte eine elitäre Angelegenheit. Wissenschaft und Bildung waren lange Zeit in Kirchen und Klöstern zu Hause. In Nürnberg sind seit dem frühen 14. Jahrhundert vier Lateinschulen belegt: in St. Lorenz, St. Sebald, im Schottenkloster bei St. Egidien und die Spital-Schule im Heilig-Geist-Spital. Bürgerkinder zahlten Schulgeld. Die Pfarrkirche übernahm die Kosten für den Schulmeister. Die Reichsstadt führte die Aufsicht. Der Schulbetrieb war weitgehend orientiert an der Mitwirkung von Lehrern und Schülern am Kirchendienst. Mit dieser Ausrichtung war der Rat nicht mehr zufrieden und veranlasste mit einer Schulreform Anfang des 16. Jahrhunderts einen Wandel. Die Lateinschulen sollten nicht mehr nur in erster Linie auf den geistlichen Beruf vorbereiten, sondern auch als weltliche Erziehungs- und Ausbildungsstätte wirken. Schreibübungen fanden nun in Latein und Deutsch statt. Doch Fächer wie Arithmetik oder Geometrie fehlten. Die Gründung einer »Oberen Schule« 1526 unter maßgeblicher Mitwirkung des Humanisten Philipp Melanchthon (1497–1560) im reformierten

links Das Gebäude macht Eindruck. Fast mutet es wie eine trutzige Burg an. Aber es ist: die Bismarckschule.

Egidienkloster brachte die Reform zu einem gewissen Abschluss. Melanchthon konzipierte eine Zwischenstufe zwischen Lateinschule und Universität. Mathematik und Griechisch waren neue Fächer. So wurde das erste humanistische Gymnasium Deutschlands in Nürnberg gegründet. Als Melanchthon-Gymnasium besteht es bis heute, was zum selbstbewussten Claim geführt hat: »Wir bilden Menschen. Seit 1526.«

Neben den Lateinschulen gab es ab etwa 1400 auch »teutsche« Schulen, in denen Lesen, Schreiben und Rechnen in der Muttersprache gelehrt wurde. Es ging um die Vermittlung praxisnaher Kenntnisse für den Nachwuchs der Handwerker und Kaufleute. Die Schreib- und Rechenschulen waren nicht städtisch, sondern ein freies Gewerbe. Die Schreib- und Rechenmeister kamen überwiegend aus dem Handwerkerstand. Manche waren zuvor in einem Kaufmannskontor tätig gewesen. Um 1500 dürften rund 5000 Schüler Latein-, Schreib- und Rechenschulen besucht haben. Damit lag auch die Alphabetisierung deutlich über dem Wert von zehn bis 15 Prozent, der für jene Zeit im Reich angenommen wird. Die Betreiber führten ihre Schulen wie kleine Unternehmen, meist als Internat. Die Schüler hatten Kost- und Lehrgeld zu zahlen. Als die Zahl der deutschen Schulen auf 75 angestiegen war, erschien dies dem Rat zu viel. 1613 legte er als Obergrenze 48 fest. Um 1700 setzte eine neue Entwicklung ein. Armenschulen, auf Stiftungsbasis gegründet, sollten auch Kindern unbemittelter Eltern einen Schulbesuch ermöglichen.

Nach der bayerischen Übernahme Nürnbergs gingen die Latein- und Schreibschulen in der neuen Volksschule auf, der Schule für die niedere »Classe«. Erst nach 1918 sollte sie als Elementarschule allgemeinverbindlich werden. An der Praxis orientierte Schulen wurden ins Leben gerufen, etwa die Polytechnische Schule (1823), aus der später die Georg-Simon-Ohm-Fachhochschule (heute: Technische Hochschule Nürnberg Georg Simon Ohm, kurz: Ohm) hervorging und im selben Jahr die städtische Höhere Töchterschule (heute: Sigena-Gymnasium) oder die Handelsgewerbeschule (1834), Ausgangspunkt für das heutige Johannes-Scharrer-Gymnasium sowie die Handelsschule für Mädchen (1873). Nürnberg erwies sich als sehr bildungsfreundlich. Viele öffentliche Mittel flossen in das Volksschulwesen, ab 1883 entfiel das Schulgeld. Mit der explodierenden Bevölkerung war die Stadt gezwungen, in kürzester Zeit viele Schulgebäude zu schaffen. Allein zwischen 1870 und 1914 baute die Kommune 36 neue große Schulhäuser. Es waren oft nicht nur reine Funktionsbauten, sondern »Schulpaläste«. Die Bismarckschule (1904 eröffnet), die Scharrerschule (1909), die Uhlandschule (1911) oder die Bielingschule (1914, heute: Peter-Vischer-Schule) und viele andere waren ein deutliches Statement für Volksbildung und Chancengleichheit. »Sie waren stadtbildprägende Monumente, Leuchttürme und Symbole der Identifikation im Meer der städtischen Mietshäuser«, notierte der Architekturhistoriker Sebastian Gulden. Zudem wurde nachhaltig gebaut. Die Schulhäuser, die um 1900 entstanden sind, erfüllen alle noch ihren Zweck – was man von manchen Schulhausneubauten der 1960er- und 1970er- Jahre nicht sagen kann. Heute wirken die Schulen von einst wie Kathedralen der Bildung, deren Bedeutung sich jedem allein durch die Mächtigkeit der Gebäude offenbart.

Mit der explodierenden Bevölkerung war die Stadt gezwungen, in kürzester Zeit viele Schulgebäude zu schaffen.

Über Jahre hinweg entwickelte sich in Nürnberg ein höchst differenziertes Schulangebot für alle Anforderungen. Neben Grund-, Haupt- und Mittelschulen gibt es Förderzentren, Realschulen, Gymnasien, von kirchlichen Trägern betriebene Einrichtungen, Privatschulen, Hermann-Kesten-Kolleg, Abendrealschulen und -gymnasien, Berufsschulen, Fachschulen, Fachoberschulen, Wirtschaftsschulen, Fachakademien. Im Schuljahr 2021/22 besuchten 74 497 Schülerinnen und Schüler 135 verschiedene Schulen.

Auch wenn das Schulwesen in erster Linie Aufgabe des Bundeslandes ist, ging die Stadt Nürnberg früh dazu über, eigene Schulen zu betreiben, die Berufsschulen etwa, aber auch Realschulen und Gymnasien. Zwar haben sich die Lehrinhalte dort ebenfalls am bayerischen Lehrplan zu orientieren, doch wurde zugleich versucht, einen aufgeklärteren Geist zu transportieren. Eine »linke« Lehrerschaft fühlte sich in den 1970er- und 1980er-Jahren besonders angezogen. Im Selbstbewusstsein einer »eigenen« Pädagogik gründete die Stadt auch eine eigene Fortbildungseinrichtung für die Lehrerschaft: das Pädagogische Institut (inzwischen: Institut für Pädagogik und Schulpsychologie Nürnberg/IPSN). Aus Kostengründen schickte sich die rot-grüne Koalition im Rathaus Mitte der 1990er-Jahre an, sich vom eigenen Schulwesen, zumindest in Teilen, wieder zu verabschieden. Nach einem Grundsatzbeschluss sollte das Sigena-Gymnasium geschlossen werden. Dagegen gab es viele Proteste. Dies mag auch dazu beigetragen haben, dass die SPD im März 1996 in der Stadtratswahl deutliche Verluste hinnehmen musste. Die nachfolgende Stadtregierung unter Führung der CSU nahm den Schließungsbeschluss wieder zurück. Seither stellt niemand das städtische Schulwesen mehr ernsthaft zur Debatte.

Mit der Gründung der Gesamtschule Nürnberg-Langwasser (GNL) 1977 ging die Stadt Nürnberg in Bayern neue Wege. Nur als »Schulversuch« deklariert, gab der Freistaat seinen Segen zu dieser Gesamtschule, in der mit verschiedenen Schularten unter einem Dach der Wechsel der Schülerinnen und Schüler von einem ins andere System erleichtert werden sollte. In den 1980er-Jahren wurde der Dichter Bertolt Brecht zum Namensgeber. Mit dem Ende des Schulversuchs 1994 wurde die Bertolt-Brecht-Schule (BBS) als Integrierte Gesamtschule weitergeführt. Seit 2008 ist sie Eliteschule des Fußballs – auch in Verbindung mit dem 1. FCN –, seit 2012 Eliteschule des Sports. Der deutsche Fußballstar und -nationalspieler Ilkay Gündogan (und damalige Club-Spieler) hat an der BBS sein Abitur gemacht, ehe er seine Weltkarriere startete.

Schon nach wenigen Jahrzehnten war die Substanz der BBS-Gebäude erschöpft. Die Stadt entschied sich zu einem kompletten Neubau. Unter der Regie der WBG Kommunal entstand ein hochmoderner, 180 Millionen Euro teurer Komplex, der termingerecht nach dreijähriger Bauzeit im Mai 2022 eingeweiht wurde. Die neue BBS hat Platz für 1800 Schülerinnen und Schüler im städtischen Gymnasium, in der städtischen Realschule und in der staatlichen Mittelschule. Zudem birgt die BBS ein Abendgymnasium mit rund 800 Schülerinnen und Schülern. Die Dächer der beiden Sporthallen wurden maximal mit Photovoltaikanlagen bestückt, die einen großen Teil des Stromverbrauchs decken. Auch über Geothermie wird Wärme gewonnen.

Die neue BBS ist ein erstes großes Zeichen für die Erneuerung und den Ausbau der Nürnberger Schulgebäude im 21. Jahrhundert. Marode Schulen aus den 1960er-Jahren wie das Martin-Behaim-Gymnasium und das Neue Gymnasium müssen ersetzt werden. Ähnliches gilt für das Schulzentrum Südwest. Das rasante Bevölkerungswachstum zieht auch einen großen Bedarf an Kita- und Hortplätzen nach sich. Nahezu jedes Neubaugebiet verlangt nach einer neuen Grundschule. In diesen Jahren investiert die Stadt über eine Milliarde Euro in ihre Schulen. Mehr als 130 Jahre nach dem ersten Schulhaus-Boom baut die Kommune so viele neue Schulgebäude wie lange nicht.

ohm
200 Jahre Ohm.
Für Bildung.
Für Forschung.
Für alle.
www.th-nuernberg.de

Hochschulen

Die Stadt legte die Basis

Nürnberg ist auf den ersten Blick keine klassische Universitätsstadt. Dafür ist die Zahl der rund 25 000 Studierenden (im Jahr 2022) im Vergleich zur Gesamtbevölkerung von 541 000 Personen viel zu gering. Studentisches Leben, das etwa Erlangen, Freiburg, Tübingen oder Heidelberg bestimmt, ist in Nürnberg selten auszumachen. Die Universitäts- und Hochschuleinrichtungen sind in der ganzen Stadt verstreut. Es fehlt *der* eine Campus. Das Bild der Universitätsstadt Nürnberg wird sich allerdings in den kommenden Jahrzehnten deutlich verändern, wenn die neue Technische Universität Nürnberg (TUN) mit 200 bis 240 Professorinnen und Professoren, 1800 bis 2200 Mitarbeiterinnen und Mitarbeitern und bis zu 6000 Studentinnen und Studenten vollausgebaut ist.

Über 200 Jahre nachdem Nürnberg dem Königreich Bayern zugeschlagen wurde, gründete das Land mit der TUN erstmals in Nürnberg eine Universität. Es handelt sich um die zehnte bayerische Landesuniversität. Im Juli 2018 hatte Ministerpräsident Markus Söder die Eckpunkte bekannt gegeben. 1,2 Milliarden Euro werden in den Standort an der Brunecker Straße investiert. Auf dem insgesamt etwa 90 Hektar großen Gelände des ehemaligen Südbahnhofs entsteht der komplett neue Stadtteil Lichtenreuth – ein Kunstname, den sich die Vermarktungsgesellschaft Aurelis Real Estate ausgedacht hat. Neben dem Uni-Bereich, in dem Forschung und Lehre, Wohnen, Leben und Arbeiten eng verknüpft sein sollen, entwickelt die Stadt viele Grünflächen und ein großes Wohnquartier.

links Präsenz in der Stadt: Forschung und Wissenschaft sind nicht erst seit Georg Simon Ohm in Nürnberg zu Hause.

Die TUN soll international ausgerichtet sein. Die Lehre erfolgt weitgehend in englischer Sprache. In einem Auswahlverfahren sollen die besten Köpfe gewonnen werden. Es geht um eine völlig neue Uni mit Modellcharakter ohne Rückgriff auf tradierte (und verkrustete) Strukturen. Technik-, Geistes-, Sozial- und Naturwissenschaften werden in den zwei Departments »Liberal Arts and Sciences« und »Engineering« interdisziplinär miteinander verbunden. Offiziell gegründet wurde die University of Technology Nuremberg (UTN), so der internationale Name, am 1. Januar 2021. 2024 startet der erste Masterstudiengang Artificial Intelligence & Robotics.

Die TUN-Gründung ist ein Markstein in der Nürnberger Hochschulgeschichte. Abgesehen von der enormen Investition stellt sie für Nürnberg ein Novum dar. Denn nahezu alle bislang vorhandenen Universitäts- und Hochschuleinrichtungen gehen auf städtische Initiativen zurück. Das begann schon mit der Nürnberger Gründung der Universität Altdorf, deren Vorläufer seinen Lehrbetrieb 1577 aufgenommen hatte. Nachdem ein kaiserliches Privileg 1622 auch Promotionen an der Theologischen und Medizinischen Fakultät ermöglichte, wurde in Altdorf die Universität der Reichsstadt Nürnberg eröffnet. Ihre Blüte währte nicht lange. Der Dreißigjährige Krieg und Finanzprobleme der Stadt trugen dazu bei. Mit der Gründung der Universität Erlangen 1743 erwuchs rasch eine starke Konkurrenz. 1809 ließ der bayerische König Max I. Joseph (1756–1825) die Universität Altdorf schließen.

1662 hatten der Ratsherr Joachim Nützel von Sündersbühl (1629–1671), der Kupferstecher Jacob von Sandrart (1630–1708) und der Architekt Elias von Goedeler (1620–1693) auf Anregung von Jacobs Onkel Joachim von Sandrart (1606–1688) die Nürnberger Akademie der Bildenden Künste gegründet. Damit ist sie die älteste Kunstakademie im deutschsprachigen Raum. 1806 ging sie in den Besitz des Königreichs Bayern über. König Ludwig I. stufte die Einrichtung zur Kunstschule herab, um München als Kunststadt zu stärken. Zwar hieß sie seit 1928 »Staatsschule für angewandte Kunst« und die Nazis machten sie 1940 zur »Akademie der Bildenden Künste in der Stadt der Reichsparteitage Nürnberg«, doch erst 1960 wurde die formale Gleichstellung mit der Münchener Akademie erreicht.

Schon 1908 beantragte die Stadt die Gründung einer staatlichen Handelshochschule. Immerhin gestand ihr das Königreich zu, eine private Hochschule ins Leben rufen zu können. Im Wintersemester 1919/1920 begann der Lehrbetrieb der städtischen Handelshochschule mit 174 Studenten und sechs Studentinnen an der Findelgasse 7. Einer von ihnen war der Fürther Ludwig Erhard (1897–1977) – der spätere Wirtschaftsminister (1949–1963) und zweite Bundeskanzler (1963–1966) der Bundesrepublik Deutschland. Aus der Handelshochschule entwickelte sich schon in den 1920er-Jahren die Volkshochschule, heute: Bildungszentrum. Die Handelshochschule durchlief verschiedene Phasen, ehe sie 1961 als Wirtschafts- und Sozialwissenschaftliche Fakultät (WiSo) in die Friedrich-Alexander-Universität (FAU) Erlangen integriert wurde. Erst seitdem trägt die FAU die Ortsbezeichnung Erlangen-Nürnberg. Zeitweise war die WiSo die größte Fakultät der FAU. Auf einem ehemaligen Brauerei-Areal an der Langen Gasse entstand in den 1970er-Jahren ein großer Neubau im Stil der Architektur jener Zeit. Das Gebäude bleibt dauerhaft eine Mahnung, wie angemessenes Bauen in der Altstadt nicht aussieht.

Das Gebäude bleibt dauerhaft eine Mahnung, wie angemessenes Bauen in der Altstadt nicht aussieht.

1956 siedelte der Freistaat ein »Institut für Lehrerbildung« an, das zwei Jahre später in den Status einer Pädagogischen Hochschule erhoben wurde. Daraus entstand 1972 die Erziehungswissenschaftliche Fakultät der FAU, die wiederum 2007 in die Philosophische Fakultät und den Fachbereich Theologie integriert wurde. Die Lehrgebäude nahe dem Dutzendteich sind schon lange marode. Der Freistaat plant inzwischen einen Neubau im Norden der Stadt. Damit verringern sich die Fahrzeiten der Studierenden, deren Lehrveranstaltungen zum Teil auch am Standort Erlangen stattfinden.

Der 9. Februar 2018 markiert ein beispielloses Ereignis in Stadt- und Landesgeschichte. An diesem Tag wurde die Übereignung des Gebäudes der Hochschule für Musik Nürnberg notariell besiegelt: Die Stadt schenkte dem Freistaat die frisch sanierte Musikhochschule. 40 Millionen Euro hat die Kommune dafür ausgegeben, bevor das Land die einstige städtische Einrichtung komplett übernahm. Die Wurzeln dieser Institution gehen bis ins Jahr 1821 zurück. Als »Meistersinger-Konservatorium«, von vielen kurz »Kons« genannt, erwarb sie sich zwischen 1972 und 1999 viel Renommee, ehe sie nach einer vorübergehenden (und ungewöhnlichen) Fusion mit dem Konservatorium der Stadt Augsburg schließlich vom Freistaat übernommen und zur eigenständigen und vollwertigen Musikhochschule umgestaltet wurde. Die Stadt verpflichtete sich, das ehemalige Haupthaus des Sebastianspitals am Nordufer des Wöhrder Sees auf eigene Kosten zum dauerhaften Standort auszubauen. Seit 2018 läuft dort der Betrieb in der zu diesem Zeitpunkt dritten staatlichen Musikhochschule Bayerns.

Ebenfalls eine städtische Gründung führte zur Technischen Hochschule Nürnberg Georg Simon Ohm. Bürgermeister Johannes Scharrer (1785–1844) rief 1823 die Städtische Polytechnische Schule ins Leben. 1833 begann dort der Physiker Georg Simon Ohm (1789–1854) seine Lehrtätigkeit. Von 1839 bis 1849 leitete er die Einrichtung. 1933 benannte man die Institution nach ihm. Seine größte Entdeckung – das Gesetz über den elektrischen Widerstand – schlägt sich heute als griechisches Omega im Logo der Hochschule nieder. In den 1960er-Jahren begründete die Integration der städtischen Höheren Wirtschaftsschule, der Höheren Fachschulen für Sozialarbeit und Sozialpädagogik und der Höheren Fachschule für Grafik und Werbung neue Ausbildungsrichtungen. Mit 13 000 Studierenden ist die TH Nürnberg bundesweit eine der größten Hochschulen ihrer Art und in Nürnberg zahlenmäßig die stärkste.

Daneben ist die Evangelische Fachhochschule Nürnberg mit den Fachbereichen Pflegemanagement, Religionspädagogik und Kirchliche Bildungsarbeit sowie Sozialwesen eine feste Größe in der hiesigen Hochschullandschaft. Auch zwölf private Hochschulen bieten ihre Leistungen an. Dabei hat dic Stadt Nürnberg wieder einen Anteil an einer Neugründung. Seit 2014 bietet das Klinikum Nürnberg mit der Salzburger Paracelsus Medizinische Privatuniversität (PMU) einen Medizinstudiengang an, besonders um eigenen Nachwuchs zu gewinnen. Am Nürnberger PMU-Standort mit Platz für 250 angehende Ärzte können die Studierenden in fünf Studienjahren einen anerkannten Abschluss erwerben. Seit 2020 gibt es zudem den Studiengang Medical Science.

Die Nürnberger Hochschullandschaft ist vielfältig und differenziert, auch wenn sie möglicherweise öffentlich wenig wahrgenommen wird. Das könnte sich ändern, je mehr die Institutionen bereit sind, sich zu öffnen und in die Stadtgesellschaft hineinzuwirken. Das Potenzial dafür ist reichlich vorhanden.

Tiergarten

Die beliebteste Bildungs- und Freizeitstätte

Das Entstehen des hiesigen Tiergartens ist dem großen Bürgersinn zuzuschreiben. Ein Bürgerausschuss ergriff 1910 die Initiative. Als Träger wurde eine Tiergarten AG geschaffen, jeder konnte Aktien kaufen. Die Stadt stellte ein fast 20 Hektar großes Areal an der Bayernstraße einschließlich der sogenannten Nummernweiher neben dem Dutzendteich zur Verfügung. Der Jahre zuvor eröffnete Hagenbeck'sche Tierpark in Hamburg diente als Vorbild. Man konzipierte einen Landschaftszoo einschließlich künstlicher Gebirge, verzichtete, soweit es ging, auf Käfighaltung. Nach der Eröffnung am 11. Mai 1912 war die Begeisterung groß. 193 Arten mit 883 Individuen wurden gehalten. Schon 1913 wurden 800 000 Besucher verzeichnet. Eine Raubtierschlucht, Becken für Eisbären und Robben zogen die Menschen an. Schon das Entree durch eine Papageienallee war legendär. Dass die Aras, Amazonen und Kakadus auf Holzständern angekettet waren, störte damals anscheinend niemanden. Der Tiergarten wurde auch zu einer gesellschaftlichen Attraktion mit Festen, Konzerten und Völkerschauen.

In Folge des Ersten Weltkriegs mit Futter- und Personalmangel sowie der Hyperinflation 1923 sank der Tierbestand erheblich, konnte aber im Laufe der 1920er-Jahre wieder aufgebaut werden. Die Nürnberger liebten ihren Tiergarten von Anfang an. Doch den Nationalsozialisten stand die erst vor gut zwei Jahrzehnten entstandene Institution ihren geplanten Reichsparteitagsbauten im Wege. Der alte Tiergarten musste schließen. Die Stadt erwarb die Aktien der AG. Ursprünglich sollte der Zoo

links Eisbären gehören zu den Attraktionen des Tiergartens. Bereits in den 1950er-Jahren gab es große Zuchterfolge.

ersatzlos verschwinden. Doch Gründungsdirektor Karl Thäter (1886–1946) gelang es mit Gleichgesinnten, ihn an einem anderen Standort zu neuem Leben zu erwecken.

Die Stadt schuf einen neuen Tiergarten am Südhang des Schmausenbucks, einem beliebten Ausflugsgebiet am östlichen Rand Nürnbergs. Seit Ende des 19. Jahrhunderts zogen dort auch ein Aussichtsturm und ein Wirtshaus die Menschen an. Das Gelände des neuen Tiergartens ist mit 65 Hektar mehr als dreimal so groß wie die Fläche am alten Sitz. Der vorhandene Baumbestand und die aufgelassenen Steinbrüche wurden in die Konzeption einbezogen. Neue Gebäude für Menschenaffen, Flusspferde und Elefanten im Stil altfränkischer Bauernhäuser fügte man in die natürliche Landschaft ein. Das bemerkenswerteste Bauwerk ist von außen gar nicht erkennbar: Das runde Raubtierhaus wurde ganz in das Felsmassiv eingebaut.

Bei den Freigehegen wurde darauf geachtet, den Tieren möglichst viel Fläche zu bieten. Mit der Neuanlage baute die Stadt auch eine Straßenbahntrasse mit der Endstation »Tiergarten«. Am Eingang des alten Zoos standen seit 1912 zwei überlebensgroße Plastiken aus Bronzeguss namens *Mann mit Löwe* und *Frau mit Löwin*, geschaffen von dem Nürnberger Bildhauer Philipp Kittler (1861–1944). Sie zogen aus unbekannten Gründen nicht mit um an den neuen Standort. Stattdessen wurden die je 900 Kilogramm schweren Kunstwerke zwischen 1946 und 1987 an der Straßenbahnhaltestelle platziert. Erst seit dem 75. Jubiläum des Tiergartens krönen sie auf Initiative des damaligen Zoodirektors Manfred Kraus (1928–2021) wieder das Eingangsportal.

Verantwortlich für die Planung und Gestaltung war der seit 1936 im Hochbauamt der Stadt tätige Architekt Heinz Schmeißner. Für das gärtnerische Konzept war der Leiter des Gartenbauamts Alfred Hensel (1880–1969) zuständig. (Er war 1928 für seine Gestaltung der Sportanlagen rund um das Städtische Stadion bei einem Wettbewerb in Zusammenhang mit den Olympischen Spielen in Amsterdam mit einer Goldmedaille ausgezeichnet worden.) Für Schmeißner ging es nicht nur um einen Ersatz für den alten Tiergarten, sondern »es musste vielmehr eine Neuanlage entstehen, die der Bedeutung Nürnbergs als Stadt der Reichsparteitage voll gerecht wurde; es galt, einen neuen Tiergarten zu schaffen, der außer für die Bevölkerung der Stadt vor allem für die zahlreichen Parteitagsbesucher eine wirkliche Erholungsfläche sein sollte.« Die Eröffnung des neuen Tiergartens fand am 5. Mai 1939 statt. NS-Parteitage haben danach nie mehr stattgefunden.

Die Bombenangriffe des Zweiten Weltkriegs fügten auch dem Tiergarten schwere Schäden zu. Doch viele Tiere konnten gerettet werden, weil sie in anderen Zoos in Sicherheit gebracht worden waren. Befreite Zwangsarbeiter haben über 300 Tiere geschlachtet. Trotz des großen Tierverlusts öffnete der sichtbar gezeichnete Tiergarten am 20. Mai 1945 – zwölf Tage nach Kriegsende – wieder seine Pforten. Die Menschen konnten sich noch an Eisbären, Kamelen, Pavianen, Ponys, an einem Braunbären, an einem Elefanten und einem Nilpferd erfreuen. Falkner boten Vorführungen an. Man organisierte Kahnfahrten auf den noch nicht wieder mit Tieren besetzten Weihern. Der Tiergarten war besonders in den Trümmerjahren ein wichtiger Ort der Zerstreuung und Erbauung.

Der Wiederaufbau dauerte bis 1957. Mit dem Giraffenhaus entstand 1964 ein erster Neubau. Weitere folgten wie das Tropenhaus (1977), das Naturkundehaus (1990), 1971 das Delfinarium (finanziert durch eine Großspende), die Gorilla-Außenanlage, der Aquapark für Eisbären, Pinguine, Seelöwen, Fischotter und Biber (2001) und das Manatihaus, das neben Manatis (Seekühen) weitere Urwaldbewohner im Wasser und der Luft samt spektakulären Schmetterlingen beherbergt. Das Delfinarium wurde 2011 durch die Delfinlagune, die erste Außenanlage für Delfine in Deutschland, ergänzt. Hier schwimmen Delfine und Seelöwen unter freiem Himmel. Besucher können die Tiere auch durch eine gro-

Die Eröffnung des neuen Tiergartens fand am 5. Mai 1939 statt.

ße Unterwasser-Panoramascheibe beobachten. Für Spaß sorgt eine dem Adler nachempfundene Kleinbahn, die von Frühjahr bis Herbst im Gelände unterwegs ist.

Von 1912 an gehörten Elefanten, Eisbären, Seelöwen und Giraffen zu den Attraktionen des Tiergartens. Mit der Abgabe der letzten afrikanischen Elefantenkuh Yvonne, von den Pflegern Bibi genannt, an den Zoo Rostock 2008, waren Elefanten in Nürnberg Geschichte. Für eine weitere angemessene Haltung dieser Tiere wären rund 50 Millionen Euro Investitionen nötig. Viele Menschen vermissen die Dickhäuter. Es gibt immer wieder besondere Lieblinge. Berühmt waren die Gorillas »Schorsch« und »Fritz«, Delfin »Moby« oder Seekuh »Herbert«. Aber auch die namenlosen Murmeltiere, die man sommers sogar auf Besucherwegen antreffen kann, haben es den Menschen angetan.

Legendär ist die Nürnberger Eisbärenzucht. War es lange Zeit üblich, durch Wildfänge Tiere zu bekommen oder im Handel zu erwerben, begannen die Nürnberger mit eigener Aufzucht. 1948 kam das erste Jungtier auf die Welt, schon 1961 wurde der zwanzigste Eisbär geboren. Am 29. März 2000 erlebte der Tiergarten eine dunkle Stunde. Vier Eisbären – Leihgaben aus dem Karlsruher Zoo, der sein Eisbärgehege erneuerte – waren im weitläufigen Tiergarten unterwegs. Irgendjemand hatte die Schlösser des Geheges geknackt. Die Staatsanwaltschaft stellte neun Monate später das Verfahren gegen einen Verdächtigen wegen Mangels an Beweisen wieder ein. Zunächst versuchten Mitarbeiter die Eisbären mit Narkosegewehren zu betäuben. Alle Versuche schlugen fehl, weil das dichte Fell und der Winterspeck der Tiere die Betäubung vereitelten, wie später festgestellt wurde. Die Tiergartenleitung griff zum letzten Mittel und ließ alle vier Eisbären erschießen.

Das Delfinarium wurde 2011 durch die Delfinlagune, die erste Außenanlage für Delfine in Deutschland, ergänzt.

Einen Hype gab es um das am 11. Dezember 2007 geborene Eisbärmädchen »Flocke«. Das Tier wurde entgegen üblicher

Praxis mit der Hand aufgezogen, weil die Gefahr bestand, dass das Muttertier Vera dem Nachwuchs nicht gerecht werden könnte. »Flocke« wurde rund um die Uhr von Pflegerinnen und Pflegern versorgt. Das Tier war wochenlang für niemanden zu sehen. Das öffentliche Interesse war weltweit ungeheuer groß. Zur ersten Präsentation im Gehege kamen 450 Medienvertreter.

Der Tiergarten ist fest verankert in der Stadtgesellschaft. 1913 gründete sich der erste »Tiergartenverein Nürnberg«. 1958 konstituierte sich der »Verein der Tiergartenfreunde Nürnberg«. Er unterstützt den Tiergarten beim Bau oder bei der Umgestaltung von Anlagen sowie Gehegen und fördert Projekte im Arten- und Naturschutz. Im Laufe der Zeit hat der Verein mit mehr als 5000 Mitgliedern über elf Millionen Euro zur Pflege und zum Ausbau des Tiergartens beigesteuert und dabei über 100 Projekte gefördert.

Rund 300 Tierarten mit 5000 Individuen werden gehalten. Der Tiergarten Nürnberg ist an 37 europäischen Zuchtprogrammen zur Arterhaltung (EEPs) beteiligt. Die Koordination der EEPs für Manatis und Schabrackentapire ist am Tiergarten Nürnberg angesiedelt. Der Tiergarten ist eine Wissenschafts- und Bildungsinstitution. Forschung, Natur- und Artenschutz sind wichtige Säulen der Einrichtung.

Der Tiergarten ist ein beliebter Ort der Erholung und Freizeit, nicht nur für die Nürnberger, sondern für die ganze Region und darüber hinaus. Er ist mit weitem Abstand die am meisten besuchte Kultur- und Freizeitstätte in der Stadt. Im letzten Vor-Coronajahr 2019 verzeichnete der Tiergarten über 1,2 Millionen Besucher. Nach einem pandemiebedingten Einbruch gehen die Zahlen allmählich wieder nach oben. Der Nürnberger Zoo ist in seiner Art als Landschaftszoo einzigartig in Deutschland. Unter den bundesweit rund 700 Tierparks, Aquarien und Reptilienhäusern zählt er zu den Top Ten. Tiergartendirektor Dag Encke sagte 2012: »Tiere und Menschen sollen sich hier in belebter und alle Sinne reizender Umgebung bewegen, entfalten und erholen können.«

Nürnberg

Migration

Zuwanderung seit Jahrhunderten

Albrecht Dürer hatte einen Migrationshintergrund. Sein namensgleicher Vater (1427–1502) stammte aus dem ungarischen Gyula. 1444 war Albrecht Dürer d. Ä. erstmals nach Nürnberg gereist. Am Ende seiner langen Gesellenwanderung, die ihn bis nach Burgund und in die Niederlande geführt hatte, ließ sich der Goldschmied 1455 in Nürnberg nieder. Er arbeitete in der Werkstatt von Hieronymus Holper (zwischen 1435 und 1483). 1467 heiratete er dessen Tochter Barbara (1451–1514), Albrecht Dürers Mutter. »Das Dürerjahr 1928 war nicht frei von nationalen Tönen«, hielt Hermann Hanschel in seiner Luppe-Biografie fest. Vor diesem Hintergrund wies das damalige Stadtoberhaupt bei der Eröffnung der Dürer-Ausstellung ausdrücklich darauf hin, dass der Vater des »deutschesten aller Künstler« aus Ungarn nach Nürnberg zugewandert war.

Kelten, Slawen und Franken besiedelten früh das Pegnitztal. Als Nürnberg zur freien Reichsstadt und zu einer der bedeutendsten Handwerks-, Kunst- und Handelsstädte aufstieg, lebte das Gemeinwesen vom Zuzug reisender Handwerker und Kaufleute. Die Stadt entwickelte mit ihrer Attraktivität und ihrer zentralen Lage einen Sog für die Menschen. Der in Venedig geborene Bartholomäus Viatis (1538–1624) kam schon im Alter von zwölf Jahren nach Nürnberg. Viatis und sein Schwiegersohn Martin Peller (1559–1629) – er stammte vom Bodensee – verdienten mit ihrer Handelsgesellschaft ein Vermögen. Peller stellte seinen Reichtum mit dem Bau des Pellerhauses am Egidienberg auch sichtbar zur Schau.

links Schnelles Selfie bei der Einbürgerungsfeier 2023 im Historischen Rathaussaal vor einem Nürnberg-Foto.

Im 14./15. Jahrhundert bestand die Mehrheit der Nürnberger Bevölkerung aus Zuwanderern. 80 Prozent von ihnen kamen aus Ortschaften im Umkreis von hundert Kilometern, der Rest aus entfernteren Regionen und aus dem Ausland. Die Stadt warb auch gezielt um die Ansiedlung ganzer Gewerbezweige, etwa Barchentweber aus Augsburg oder einen Antwerpener, der in Nürnberg ein bis dahin nicht bekanntes obergäriges Bier aus Weizen nach niederländischer Art braute. Ohne Zuwanderung hätte Nürnberg im späten Mittelalter und der frühen Neuzeit nicht so erfolgreich sein können. Migration bestimmt die Stadt bis heute. Die Motive sind höchst unterschiedlich. Die Menschen wander(te)n aus freien Stücken, aber auch unfreiwillig nach Nürnberg ein, als Arbeitsuchende, als religiös Verfolgte, als Vertriebene und Kriegsflüchtlinge. Seit der zweiten Hälfte des 20. Jahrhunderts liegen die Herkunftsländer in ganz Europa, im 21. Jahrhundert auch im Orient und in Afrika. Eng verknüpft mit der Zuwanderung ist in Nürnberg die Bevölkerungsentwicklung.

Schon im 16./17. Jahrhundert war Nürnberg Zufluchtsort für Menschen aus Gebieten, in denen der Protestantismus unter Druck geriet. Glaubensflüchtlinge kamen bis aus den Niederlanden. Zuwanderung half der Stadt auch, die Bevölkerungslücken zu schließen, die seit dem 14. Jahrhundert die Pest in immer wieder neuen Wellen gerissen hatte.

Nach der Einverleibung Nürnbergs in das Königreich Bayern hatte die Stadt einen Tiefpunkt ihrer Geschichte erreicht. Das zeigte sich auch an der Einwohnerzahl. 1820 lag sie mit 23 491 noch unter der Zählung von 1806 (25 176). Das sollte sich mit der Industrialisierung vor allem ab der Mitte des 19. Jahrhunderts schnell ändern. Schon 1849 war die Bevölkerung mit 50 828 Menschen doppelt so groß wie beim Verlust der Selbstständigkeit. 1885 verzeichnete die Statistik 114 891 Einwohner, 1913 waren es 359 164. Für diese Entwicklung waren nur in geringem Maße Eingemeindungen und Geburtenüberschuss verantwortlich. In erster Linie war die Bevölkerungsexplosion der Zuwanderung von Industriearbeitern (und ihren Familien) zuzuschreiben. Die Arbeitskräfte kamen aus Franken, Sachsen, Thüringen und der Oberpfalz. 1890 waren 45,1 Prozent der Bewohner in Nürnberg geboren, 54,9 Prozent stammten aus anderen Orten. Auch aus dem Ausland gab es vereinzelt Zuwanderung. Italienische Scheren- und Messerschleifer etwa siedelten sich mit ihren speziellen Fachkenntnissen in Nürnberg an, darunter die Trentiner Brüder Paolo, Giglio und Cornelio Chesi sowie Luigi Massari. Geschäfte mit den Gründernamen existieren heute noch.

Nach 1945 kamen rund zwölf Millionen Flüchtlinge und Heimatvertriebene aus den ehemaligen deutschen Ostgebieten nach West- und Ostdeutschland. Allein Bayern wurden damals 1,9 Millionen Neubürger zugeteilt. Die Bevölkerung im Freistaat wuchs innerhalb kürzester Zeit um 28 Prozent. Auch Nürnberg war zunächst erster Auffangort, oft dann aber dauerhafte neue Heimat für viele Menschen aus Ostpreußen, Schlesien und dem Sudetenland. Bald kamen auch Flüchtlinge aus der sowjetischen Besatzungszone beziehungsweise der späteren DDR dazu. Bis 1964 summierte sich ihre Zahl allein auf 35 000 (oder 6,9 Prozent der Gesamtbevölkerung). Die Zahl der Flüchtlinge und Heimatvertriebenen lag im selben Jahr bei 75 173 (ein Anteil von 16 Prozent). Dank der Zuwanderer übertraf 1956 die Einwohnerzahl von 426 858 erstmals wieder das Vorkriegsniveau. Unmittelbar nach 1945 hatten knapp 200 000 Menschen in Nürnberg gelebt.

Die Neubürger fanden in der rasch wieder pulsierenden Industriemetropole reichlich Beschäftigung.

Die Neubürger fanden in der rasch wieder pulsierenden Industriemetropole reichlich Beschäftigung in den zahlreichen Fabriken und gewerblichen Betrieben. Flüchtlinge gründeten auch ihre eigenen Firmen. Das Wirtschaftswunder sorgte dafür, dass innerhalb kürzester Zeit Arbeitskräfte zur Mangelware wurden. Mit der Unterzeichnung der ersten Anwerbevereinbarung zwischen Deutschland und Italien im Jahr 1955 – bereits zehn Jahre nach Kriegsende – begann die gezielte Gewinnung von Arbeitskräften im Ausland. Es folgten weitere Verträge mit Spanien und Griechenland (1960), der Türkei (1961), Portugal (1964), Tunesien und Marokko (1965) sowie Jugoslawien (1968). Bereits seit Anfang der 1970er-Jahre konnten allein die Geburten in Deutschland nicht mehr für ein konstantes Bevölkerungsniveau sorgen. Nach der Ölkrise im Herbst 1973 beschloss die Bundesregierung einen Anwerbestopp. Die Annahme, dass alle Arbeitskräfte nach einer bestimmten Zeit wieder in ihre Herkunftsländer zurückkehren würden, hatte sich als Trugschluss erweisen. Von Max Frisch stammt der Satz: »Wir riefen Arbeitskräfte, und es kamen Menschen.« Spätestens seit viele Männer ihre Frauen und Kinder nach Nürnberg holten (»Familienzusammenführung«), waren aus »Gastarbeitern« Zuwanderer geworden.

Eine neue Gruppe stellten die sogenannten Aussiedler und Spätaussiedler Ende des 20. Jahrhunderts dar, zunächst die Siebenbürger Sachsen und die Banater Schwaben, später Deutschstämmige aus der zerfallenen Sowjetunion. Parallel dazu kamen auch jüdische Kontingentflüchtlinge aus den ehemaligen sowjetischen Staaten nach Nürnberg. So lebten im Jahr 2018 über 41 000 Deutsche mit einer Migrationsgeschichte aus der ehemaligen Sowjetunion und fast 30 000 Personen aus Rumänien in der Stadt.

Spätestens seit viele Männer ihre Frauen und Kinder nach Nürnberg holten, waren aus »Gastarbeitern« Zuwanderer geworden.

Kriege und Krisen brachten ab 2015 auch viele Flüchtlinge aus Syrien, Irak, Iran, Äthiopien, Afghanistan und anderen Ländern nach Nürnberg. Bis Ende 2017 kamen so über 14 000 Menschen hierher. Mit dem russischen Angriffskrieg 2022 auf die Ukraine suchten zudem rund 8000 Menschen, überwiegend Frauen und Kinder, aus dem überfallenen Land Zuflucht in Nürnberg. 80 Prozent wurden privat untergebracht. Mit dem Thema Zuwanderung ist Nürnberg auch auf eine andere Weise verbunden: In den 1990er-Jahren mehrten sich in Deutschland die Asylverfahren. Die zuständige Behörde brauchte einen neuen Sitz. Nach mehrjährigem Umbau der Südkaserne (der ehemaligen SS-Kaserne) zog dort 1996 das Bundesamt für die Anerkennung ausländischer Flüchtlinge ein, das zugleich in Bundesamt für Migration und Flüchtlinge umbenannt wurde.

Nach dem Zweiten Weltkrieg nahm die Zahl der Einwohner kontinuierlich zu. Mit der Gebietsreform und den damit verbundenen Eingemeindungen am 1. Juli 1972 schnellte die Bevölkerungszahl um rund 35 000 schlagartig auf 515 000 empor. Nürnberg war erstmals Halbmillionenstadt. Doch bis 1986 sank die Zahl wieder auf rund 465 000, ehe sich der Trend erneut umkehrte. Ende Oktober 2023 lebten in Nürnberg 544 200 Menschen – so viele wie noch nie. 150 044 Personen (oder 27,6 Prozent der Gesamtbevölkerung), darunter 64 302 EU-Bürger, hatten keinen deutschen Pass. Nur ein Drittel der Nürnberger Bevölkerung wurde in Nürnberg geboren. 2022 zählten die türkische, die rumänische, die griechische, die ukrainische und die italienische Staatsangehörigkeit zu den fünf häufigsten ausländischen Staatsangehörigkeiten. Ende 2022 lebten in Nürnberg Menschen mit 174 Nationalitäten. Nach einer üblichen Definition haben Menschen einen Migrationshintergrund, wenn sie selbst oder mindestens ein Elternteil nicht mit deutscher Staatsangehörigkeit geboren wurden. Wenn man den Rahmen noch ein bisschen weiter fasst, hat heute über die Hälfte der Nürnbergerinnen und Nürnberger eine eigene oder familiäre Zuwanderergeschichte.

Die Zuwanderung nach Nürnberg über all die Jahrhunderte hinweg lässt sich nicht vergleichen. Sie war nie problem- und konfliktfrei. Das hat nicht nur mit der Frage zu tun, ob Deutsche oder Ausländer als Neubürger ankamen. Die aus ihrer Heimat vertriebenen Sudetendeutschen etwa wurden insgesamt alles andere als mit offenen Armen aufgenommen. Waren sie doch Konkurrenten im Kampf um ein Dach über dem Kopf. Italiener, Griechen und Türken hielten die Nürnberger Wirtschaft am

Laufen. Doch andere Kulturen irritierten die Einheimischen. Dass heute wohl jeder Nürnberger ein italienisches, griechisches oder türkisches Lieblingsrestaurant hat, mag ein Zeichen für eine halbwegs gelungene Integration sein. Das war nicht abzusehen. Dazu beigetragen haben das Zusammenleben und -arbeiten, Begegnungen im Sportverein und nicht zuletzt so manche Ehe zwischen Deutschen und Ausländern, aber auch Maßnahmen von Politik und Verwaltung.

Nürnberg schuf als eine der ersten Städte in Deutschland 1973 einen Ausländerbeirat, um den nichtdeutschen Bürgern eine politische Teilhabe zu ermöglichen. 1984 folgte ein Aussiedlerbeirat. Beide Gremien fusionierten 2010 zum Rat für Integration und Zuwanderung (Integrationsrat). Es ging und geht in erster Linie nicht um die Staatsangehörigkeit oder den rechtlichen Aufenthaltsstatus, sondern um die konkrete Lebenslage der Menschen für eine gelingende Integration. Kindergärten, Schulen, Sprachunterricht und Beruf sind Schlüssel dafür. Das Amt für Kultur und Freizeit hat in den 1980er-Jahren in den Kulturläden mit »kultureller Ausländerarbeit« begonnen. Angebote für Spracherwerb, die Organisation von Begegnung und Austausch zwischen Einheimischen und Zugewanderten und das Werben um Verständnis für den anderen sind eine Daueraufgabe. Die Migration bleibt für alle Bürger eine Herausforderung. Dabei ist Integration keine Einbahnstraße. Trotz der starken Zuwanderung in der jüngeren Vergangenheit sind in Nürnberg keine Verwerfungen zu beobachten. Das liegt auch an einer starken, aktiven Zivilgesellschaft. Viele ehrenamtliche Helferkreise unterstützen Neuankömmlinge bei Behördengängen, mit Sprachunterricht, Hausaufgabenbetreuung und ganz praktischen Dingen des Alltags. Daraus spricht auch ein weltoffener und mitmenschlicher Geist, der viele in Nürnberg bestimmt.

Der damals neue Oberbürgermeister Ulrich Maly (SPD) machte 2002 die Integrationspolitik zur Chefsache. In seiner Antrittsrede am 2. Mai sagte er: »Bürgerschaft – dazu zählen für mich alle Nürnbergerinnen und Nürnberger, unabhängig davon, wo sie geboren sind, welche Sprache ihre Muttersprache ist, an welchen Gott sie glauben und welchen Pass sie bei sich haben. Eine Selbstverständlichkeit des reibungsfreien Zusammenlebens gibt es nicht. Das ist ein Wert, um den täglich neu gerungen werden muss, für mich ein Wert, für den zu kämpfen sich auch täglich lohnt.« Inzwischen wächst die Zahl der »Überzeugungsdeutschen«. Allein zwischen November 2022 und September 2023 sind in Nürnberg 2372 Menschen aus 101 Nationen eingebürgert worden – ein Rekord. Fünf Jahre zuvor waren es noch rund 1000. Die meisten neuen Staatsbürger kamen aus Syrien, dem Irak, der Ukraine, Rumänien, Türkei, Griechenland und Italien. Bei der Einbürgerungsfeier am 21. November 2023 sagte Oberbürgermeister Marcus König (CSU): »Nürnberg wird immer internationaler und vielfältiger. Mein Motto lautet ›Wir alle sind Nürnberg‹, und ich freue mich, wenn Sie nun auch als Staatsbürger Ihre Stadt, Ihre neue Heimat mitgestalten.«

www.music-art.de
BARDENTREFFEN

Feste

Von Dürerjahren und Stadtjubiläen

Feste und Feiern gehören seit jeher zur menschlichen Kultur, wenn sich auch bis in unsere Zeit oft die Anlässe und die Dimensionen verändert haben. Lange Zeit ging es vornehmlich um kirchliche Feste. Es gibt kulturelle und politische Auslöser. Feste bedeuten eine gewisse Auszeit vom Alltag, sie strukturieren den Jahresablauf und sorgen für besondere Erlebnisse. Dabei kommen die Leute zusammen, nicht selten über Standesgrenzen und Kulturen hinweg. Jubiläumsfeste zumal gaben in Nürnberg immer wieder Anlass zur Standortbestimmung, Selbstvergewisserung und Selbstdarstellung. Manchmal ergibt sich auch die Gelegenheit für ein bisschen »Stolzarbeit« der tendenziell bescheidenen Nürnberger Seele.

Viele Feste waren in vergangener Zeit am christlichen Jahresablauf orientiert. In der Fastnacht (auch: Fasnacht oder Fasching) konnten die Menschen vor der Fastenzeit nochmals ausgelassen feiern. Darin hat Nürnberg eine lange Tradition. 1397 wurde erstmals ein Fastnachtszug schriftlich erwähnt. Damit ist der Nürnberger der älteste Faschingsumzug, der bis heute existiert. Kirchweihen, Fastnachtsspiele und Schembartlauf (Schembart steht für »fratzenhafte Maske«) gehörten früh zu den jährlich wiederkehrenden Feiern.

Wenn die Kaiser auf der »via imperialis« (vom Spittlertor über die Karolinenstraße bis zur Lorenzkirche, weiter über die Königstraße zu Fleischbrücke und Hauptmarkt bis zur Kaiserburg) in einer großen Inszenierung in Nürnberg einzogen, dann war das ein Riesenfest, das Tausende Schaulustige beobachteten.

links Das Bardentreffen – hier der Spielort Sebalder Platz – begeistert seit Jahrzehnten immer wieder viele Menschen.

Mit der dauerhaften Aufbewahrung der Reichskleinodien (Kronschatz) ab 1424 schuf Kaiser Sigismund ein Fest der besonderen Art. Er ordnete die sogenannten Heiltumsweisungen an. Alljährlich am zweiten Freitag nach Ostern wurden am Hauptmarkt dem Volk die weltlichen und geistlichen Schätze präsentiert. Mit Spiegeln versuchten die Menschen die vermeintliche Heilkraft der Gegenstände einzufangen. Nebenbei gab es auch einen Ablass. Viele »Touristen« pilgerten eigens deswegen nach Nürnberg. Dem Spektakel schloss sich eine zweiwöchige Messe an. Bis 1524 war die Heiltumsweisung das Highlight des Jahres. Die Reformation machte allen kirchlichen Festen ein Ende. Der Schembartlauf fand 1539 zum letzten Mal statt. Doch Reichstage und Kongresse boten weiter Anlässe, ausgiebig zu feiern.

Im 19. Jahrhundert entwickelte sich eine neue bürgerliche Feierkultur. Anstöße gaben dabei oft politische Ereignisse und eine gewisse Verehrung des Herrscherhauses. Feiern standen in Verbindung mit einer nationalen Treueerklärung zum Staat. So fand anlässlich des Geburts- und Namenstages des Bayerischen Königs Ludwig I. (1786–1868) vom 25. bis 27. August 1826 das erste Nürnberger Volksfest südöstlich der Stadtmauer auf der Peterheide statt (1833 in »Ludwigsfeld« umbenannt). Danach wechselte das Volksfest immer wieder die Standorte, wanderte über das Maxfeld, die Deutschherrnwiese und einen Platz an der Fürther Straße schließlich ab 1953 zu seinem heutigen Sitz am Dutzendteich im Schatten des NS-Kongressbaus. Die Verlegung aufs Maxfeld (benannt nach König Maximilian II., 1811–1864) zwischen 1872 und 1884 war terminlich um den Sedantag angesiedelt. Am 2. September 1870 hatten die Franzosen bei Sedan eine schwere Niederlage gegenüber den Deutschen erlitten. Daran sollte sich die nationale Seele auch beim Volksfest erinnert fühlen.

Als großes Spektakel erwies sich das erste Allgemeine Deutsche Sängerfest 1861 mit mehr als 14 000 Zuschauern und über 5000 Sängern aus ganz Deutschland. »Des Deutschen Reiches

Schatzkästlein« wurde bewusst auserwählt für diese nationale Feier. Nürnberg als Symbolort wurde 1897 zum Schauplatz für das Treffen des Deutschen Schützenbundes, 1903 für das 10. Deutsche Turnerfest (mit 10 000 Aktiven und 30 000 Besuchern) oder 1912 für das 8. Deutsche Sängerbundesfest. Mit ähnlichen Feierritualen (Umzügen, großen Versammlungen, Darbietungen) wählte auch die Arbeiterbewegung Nürnberg aus – etwa 1910 für das Arbeiter-Sänger-Bundesfest oder 1912 für das 1. Süddeutsche Arbeiterturnfest. Historische Gedenkfeiern kamen in Mode. So beging man 1871 groß den 400. Geburtstag von Albrecht Dürer genauso wie 1894 den 400. Geburtstag des Schuhmachers und Poeten Hans Sachs (1494–1576). Die Feierformen ähnelten sich: Festrede, Festspiel, Festumzug. Der Nürnberger Stadtarchivar Horst-Dieter Beyerstedt stellte fest: »Die Stadt hatte den Wert historischer Erinnerungsfeiern für ihr Image erkannt und einen eigenen Spezialetat für Feste und Ehrungen eingerichtet, noch mehr Geld konnte von Sponsoren eingeworben werden.«

Als großes Spektakel erwies sich das erste Allgemeine Deutsche Sängerfest 1861 mit mehr als 14 000 Zuschauern.

In der Weimarer Zeit hatten politische Feste »Hochkonjunktur« (Beyerstedt). An Verfassungsfeiern nahmen 30 000 Demokraten teil. Die nationalen, völkischen, antisemitischen und rechtsradikalen Kräfte veranstalteten am 1./2. September 1923 in Nürnberg einen spektakulären »Deutschen Tag«. Formal gab es dabei viele Übereinstimmungen: Paraden, Versammlungen, Fahnen, politische Reden. Die Inhalte jedoch machten die Unterschiede deutlich. Das zeigten besonders die NS-Reichsparteitage 1927 und 1929.

Mit dem Dürerjahr 1928 zum 400. Todestag Albrecht Dürers (6. April 1528) ehrte die Stadt nicht nur ihren größten Sohn, sondern arbeitete auch an ihrem Image. Zwei Jahre zuvor hatten die Planungen für den »Höhepunkt im kulturellen Leben Nürnbergs in der Weimarer Zeit« (Hermann Hanschel) begonnen.

Neben unzähligen Veranstaltungen im gesamten Jahr stand eine große Dürer-Ausstellung im Germanischen Nationalmuseum im Mittelpunkt, die zwischen April und September 200 000 Besucher anzog. Leihgaben kamen aus aller Welt, obwohl dies der Generaldirektor der staatlichen Sammlungen in München zu hintertreiben versucht hatte. Der Stadt ging es auch um die Förderung des Fremdenverkehrs. Bei einer Amerikareise 1927 trat Oberbürgermeister Hermann Luppe gleichsam als Marketingchef seiner Stadt auf – erfolgreich, wie sich ein Jahr später herausstellen sollte. Die Stadt schaltete Werbung in Presse, Rundfunk und Film. Der Zustrom an Touristen war eine wichtige Säule für die Finanzierung des Dürerjahrs. Das Feierjahr löste Verschönerungsmaßnahmen im Stadtbild aus. Das Dürerhaus wurde restauriert. Als erste Stadt in Deutschland begann Nürnberg im Dürerjahr repräsentative Gebäude wie die Burg, das Rathaus, den Schönen Brunnen oder das Heilig-Geist-Spital mit Scheinwerfern in der Dunkelheit anzustrahlen. Das Dürerjahr wirkte nach, setzte neue Impulse für das geistige Klima. Die finanziellen Überschüsse kamen kulturellen Zwecken zugute. Stadt, Reich und Land gründeten die Albrecht-Dürer-Stiftung mit einem Kapital von 100 000 Reichsmark zur Förderung begabter Künstler. 1930 wurde die »Fränkische Galerie« gegründet, in der die regionale Kunst seit 1800 bis zur Gegenwart gezeigt werden sollte.

1930 wurde die »Fränkische Galerie« gegründet, in der die regionale Kunst seit 1800 bis zur Gegenwart gezeigt werden sollte.

Auch Stadtjubiläen wurden gefeiert, zunächst allerdings orientiert an der Zugehörigkeit zu Bayern. So wurde der 50. Jahrestag der Übernahme durch Bayern am 15. September 1856 begangen. 1906 fand eine Jahrhundertfeier statt, verbunden mit einem großen Auftritt der Stadt auf der Wirtschaftsbühne: Die Stadt konnte sich mit der bayerischen Landes-Gewerbe-Industrie und Kunstausstellung auf dem Luitpoldhain als moderne Großstadt präsentieren. 1950 beging die Stadt ihr 900-jähriges

Jubiläum erstmals mit Bezug auf die erste urkundliche Erwähnung 1050. Eine Leistungsschau der fränkischen Wirtschaft, eine *Meistersinger*-Festaufführung und die Sonderschau *Nürnbergs große Kunst* im Germanischen Nationalmuseum waren die Höhepunkte. An den großen Erfolg des Dürerjahrs 1928 konnte das Stadtjubiläum 1950 in Trümmer-Nürnberg allerdings in keiner Weise anknüpfen.

26 Jahre nach Ende des NS-Regimes hat die Kommune die Nachkriegszeit hinter sich gelassen. Das Dürerjahr 1971 (500. Geburtstag des großen Meisters) stellt eine Zäsur dar in der Stadtgeschichte. Mit Mut und Witz wurde Neues gewagt, die Steifheit vergangener Tage abgeschüttelt. Dürer wurde ausgiebig gewürdigt, doch zugleich von dem Sockel geholt, auf dem er seit dem frühen 19. Jahrhundert stand. Schon ein Jahr zuvor schaltete die Stadt in überregionalen Zeitschriften Anzeigen mit einem langhaarigen Dürer-Selbstporträt mit der Überschrift »Deutschlands erster Hippie – ein Nürnberger?« und nannte die 1507 im Diptychon mit Adam gemalte Eva »ganz schön sexy!«. Das erzeugte Aufmerksamkeit. Wieder zeigte das Germanische Nationalmuseum eine Sonderausstellung mit allein 385 Arbeiten Dürers aus aller Welt. Über 350 000 Besucher strömten innerhalb von zweieinhalb Monaten in die Präsentation. Auf der Kaiserstallung war die technisch bahnbrechende Multimedia-Schau *NORICAMA* des Prager Bühnenbildners Josef Svoboda zu sehen. Die meisten der über 140 000 Besucher waren von dieser ungewöhnlichen Nürnberg-Collage beeindruckt. Menschen konnten dem Künstler Karl Prantl bei der Herstellung seines Werks *Stein am Hauptmarkt in Nürnberg* (auch: *Kraterlandschaft*) aus schwarzem schwedischen Granit für die Skulpturenschau *Symposion Urbanum (*siehe Kapitel »Symposion Urbanum«*)* beobachten. Der Nürnberger Künstler Toni Burghart (1928–2008) persiflierte auf einem Plakat im Pop-Art-Stil Dürers Selbstporträt im Pelzrock als Cockerspaniel. Das brachte ihm Drohbriefe ein.

Das Dürerjahr diente als Geburtshelfer für das Spielzeugmuseum, das im Februar 1971 eröffnet wurde. Das sanierte

Dürerhaus erhielt einen modernen Anbau, über dessen äußere Form sich bis heute streiten lässt (spöttische Kritik: »Kunst-Trafo«). Damit das Dürerjahr nicht zu einem verkopften Kunstfest wurde, ersannen die Organisatoren »Volkstümliches«. Im Juli fand auf dem Hauptmarkt und angrenzenden Gassen und Plätzen der erste »Trempelmarkt« (Trödelmarkt) statt, an dem sich jeder beteiligen konnte. Im leeren Waffenhof am Königstor hielt »Alt-Nürnberg« Einzug. In neuen Bauten im Stil des Fachwerk-Mittelalters werden seither Bratwürste, Lebkuchen und Kunsthandwerk angeboten. Dieses kleine Fake-Dorf (inzwischen »Handwerkerhof« genannt) suggeriert bis heute jedem Touristen, er würde das historische Nürnberg erleben. Die Bilanz des Dürerjahrs bleibt ambivalent, auch wenn *Der Spiegel* vom »wohl aufwendigsten Kulturfestival aller Zeiten« sprach.

Sicher hat das Dürerjahr 1971 Bleibendes hinterlassen und wirkte als Motor, um manches voranzubringen. Fünf Jahre später feierte die Stadt wieder einmal den Dichter und Meistersinger Hans Sachs (1494–1576). Die Bedeutung hatte im Vergleich zu den zahlreichen Feiern im 19. Jahrhundert jedoch deutlich abgenommen. Allerdings fand zum Hans-Sachs-Jahr 1976 erstmals das »Bardentreffen« statt. Aus den bescheidenen Anfängen mit (politischen) Liedermachern, etwa Heinz Rudolf Kunze, und lokalen Sängern hat sich das größte Weltmusik-Festival Deutschlands entwickelt. Konzeptionell geht es bei freiem Eintritt auf neun Bühnen in der Altstadt um Traditionen, Trends und Experimente. 2023 hat das 46. Bardentreffen 230 000 Besucherinnen und Besucher erlebt. Hans Sachs sei Dank. Volkstümlich geht es beim Altstadtfest zu, das ein Verein seit 1970 alljährlich veranstaltet.

Was die nachhaltigen Wirkungen anbelangt, stellt das 950-jährige Stadtjubiläum im Jahr 2000 alles in den Schatten. Das Neue Museum wurde aus diesem Anlass eröffnet, das Renaissancejuwel Hirsvogelsaal erstrahlte wieder neu. Die eigens kreierten Großevents *Stadt(ver)führungen*, *Blaue Nacht* und *Klassik Open Air* im Luitpoldhain fanden erstmals statt. Das »Sternenhaus« im Heilig-Geist-Haus machte zum Auftakt im Dezember 1999 ein neues Kinderkulturangebot, das der Kinderweihnacht nebenan den Start ermöglichte. Es erschien das 1248 Seiten starke Stadtlexikon als einzigartiges Nachschlagewerk. Im Jahr 2000 fand erstmals das »Internationale Kindertheaterfestival Panoptikum« statt, veranstaltet vom Theater Mummpitz. Erstmals lud die Stadt aus ihren 14 Partnerstädten Autoren und Journalisten zu einem mehrwöchigen Arbeitsaufenthalt ein (»Hermann-Kesten-Stipendium«). Das Stadtjubiläum hat auch viele Ideen geboren, die in den nachfolgenden Jahren realisiert wurden. Das Jubeljahr hat 2,5 Millionen Besucherinnen und Besucher verzeichnet. Dabei gelang es den Machern, zahlreiche Unterstützer zu gewinnen, die insgesamt 3,1 Millionen Mark beisteuerten. Treue Sponsoren sichern bis heute die Fortführung der Großveranstaltungen.

Ein Vierteljahrhundert später haben die Bürgerinnen und Bürger Veranstaltungen wie die *Blaue Nacht* oder das *Klassik Open Air* – das größte, zudem kostenfreie Klassik Open Air Europas – lieb gewonnen. Die Angebote verbinden die Menschen über gesellschaftliche Unterschiede hinweg. Der Zugang zur Umsonst-Kultur ist ohne Schwellen möglich. Seit dem Stadtjubiläum fehlen indes Impulse für neue Formate. Ein einzigartiges Fest fand 2006 statt. Bei der Fußball-Weltmeisterschaft war Nürnberg Austragungsort von fünf Spielen. Die Welt war auch zu Gast in Nürnberg.

Altstadtfreunde

Die wichtigste Bürgerinitiative

Der Abriss wirkte wie ein Fanal. 1973 waren die letzten beiden Weberhäuser der Handwerker- und Wohnsiedlung Sieben Zeilen zugunsten eines durchgehenden Neubaus beseitigt worden. Und seit 1972 plante die Stadt auch noch den Abriss von vier historischen Häusern am Unschlittplatz. Sie waren zwar ziemlich verwahrlost, hatten aber Substanz. Erich Mulzer wollte nicht mehr länger zusehen. Schon 1951 war der Gymnasiallehrer für Geschichte, Deutsch und Erdkunde in die 1950 gegründete »Vereinigung der Freunde der Altstadt Nürnberg e. V.« eingetreten. Der Honoratiorenverein hatte zu seinen besten Zeiten 135 Mitglieder. Er unterstützte mit Spenden den Wiederaufbau Nürnbergs. Mehr als 20 Jahre später nahm Mulzer das Heft selbst in die Hand.

Mulzer (1929–2005) war ein leidenschaftlicher Nürnberger. Den Untergang der einst stolzen Reichsstadt Nürnberg im Bombenhagel des Zweiten Weltkriegs hat er als Jugendlicher erlebt. Das hat ihn geprägt. Letztlich widmete sich Mulzer sein ganzes Leben der Frage, wie das alte Nürnberg erhalten, gepflegt und wiederhergestellt werden konnte. »Sein« Nürnberg beschäftigte ihn auch wissenschaftlich. 1971 wurde er mit der Arbeit *Die Veränderungen der Altstadt in Nürnberg durch den Wiederaufbau 1945 bis 1970* promoviert. Mulzer stellte nicht nur Fragen, sondern gab auch Antworten. Antworten der Tat. 1973 wurde Mulzer nach dem Rücktritt des Vorstands zum Vorsitzenden der Vereinigung der Freunde der Altstadt gewählt. 1976 erfolgte die Umbenennung in »Altstadtfreunde Nürn-

links Die Altstadtfreunde haben mit dem Pellerhof eine der größten Sehenswürdigkeiten der Vorkriegszeit wiederhergestellt.

berg e. V.«. Bis zu seinem krankheitsbedingten Rückzug 2004 prägte Mulzer den Verein über vier Jahrzehnte in beispielloser Weise. Mulzer wollte auch immer zeigen, was Bürgersinn und Bürgerwille bewegen können. Heute versteht sich der Verein mit über 5000 Mitgliedern gerne als die »größte Bürgerinitiative« Nürnbergs. Allein rund 200 Ehrenamtliche sind aktiv. Der Verein bezeichnet sich auch als die »mit Abstand größte und erfolgreichste Denkmal- und Stadtbildinitiative« Deutschlands. Die späteren Vorsitzenden Inge Lauterbach (2004–2010) und Karl-Heinz Enderle (seit 2010) führ(t)en die Altstadtfreunde im Sinne Mulzers weiter. Über die Jahrzehnte geht es den Altstadtfreunden auch darum zu verhindern, »dass aus der Altstadt eine Allerweltsstadt wird«, wie es der Journalist und intime Nürnberg-Kenner Walter Schatz einmal formuliert hat.

Als erste Großtat retteten sie das Ensemble am Unschlittplatz. Mulzer und seine Mitstreiter verhinderten durch Erwerb den Abbruch der Häuser. Schließlich wurden die Gebäude 1981 privat saniert. Freigelegtes Fachwerk strahlte wieder. Ein Riesenerfolg für die Altstadtfreunde. Schon damals verstand es Mulzer durch intensive Öffentlichkeitsarbeit, viele Menschen als Unterstützer zu gewinnen und Stimmungen pro (altem) Nürnberg zu machen und zu nutzen. Die lokalen Medien halfen mit. Die Altstadtfreunde wurden eine Marke.

Die Initiative zum Erhalt der Häuser an der Westseite des Unschlittplatzes war der Anfang. Die Altstadtfreunde sorgten für eine Bewusstseinsveränderung.

Die Initiative zum Erhalt der Häuser an der Westseite des Unschlittplatzes war der Anfang. Die Altstadtfreunde sorgten für eine Bewusstseinsveränderung bei den Bürgerinnen und Bürgern, vor allem auch in der Politik. Im selben Jahr der Quasi-Neugründung der Altstadtfreunde unter Mulzers Regie trat in Bayern auch erstmals das Denkmalschutzgesetz in Kraft. Im Zweiten Weltkrieg waren 90 Prozent der rund 3000 Gebäude der Nürnberger Altstadt, des einstigen »deutschen Schatzkästleins«, zerstört worden. Noch in den 1960er-Jahren waren von den verbliebenen 300 Gebäuden etwa 80 abgerissen worden – weil sie den Autos im Weg waren oder eine Sanierung zu aufwendig erschien. Dem setzten sich Mulzers Altstadtfreunde entgegen.

Der Pädagoge Mulzer verstand es, die Menschen mit Aktionen anzusprechen und sie für die Stadt zu begeistern: Bei kostenlosen »Altstadtspaziergängen« oder »Altstadtrallys« werden seit Jahrzehnten Tausenden Teilnehmern Jahr für Jahr meist unbekannte Facetten der Stadt nahegebracht. Allein 150 Führungen hat er selbst ausgearbeitet. Erich Mulzer gründete 1976 die jährlich erscheinenden *Nürnberger Altstadtberichte* der Altstadtfreunde mit Beiträgen aus dem Vereinsleben, aber auch wissenschaftlichen Aufsätzen. Zudem entwickelten sich die Altstadtfreunde mit Ausstellungen, Vorträgen und Konzerten zu einem wichtigen Kulturträger.

Wenn man sagen würde, die Altstadtfreunde sind rührig, wäre das untertrieben. Denn sie wirken nicht nur als Volksbildner. Sie verstehen sich als Pfleger des Stadtbilds, nicht nur als Denkmalschützer. Sie sind vor allem eine gut organisierte Institution mit vielen ehrenamtlichen Helfern, wenn es um den Erhalt, die Sanierung, die Renovierung oder Verschönerung von historischen Gebäuden geht. An 350 Stellen in der Stadt haben die Altstadtfreunde bislang Akzente gesetzt – von der Instandsetzung ganzer Häuser bis zur kleinsten Gebäudeverschönerung, von der Platzierung von Dacherkern, Chörlein bis zu Hauszeichen.

Allein 20 Häuser wurden gerettet. Mit großem Wagemut erwarben die Altstadtfreunde marode Häuser und verhalfen ihnen mit viel Eigenarbeit wieder zu neuem Glanz. Im Jahr 1977 schlossen sie mit dem Haus Untere Krämersgasse 16 die erste Gesamtsanierung in Eigenregie ab. Die (vorläufig) letzte Sanierung fand 2021 in der Hinteren Ledergasse 43 mit dem Erhalt eines ehemaligen Gerberhauses ihren Abschluss. In den drei spätmittelalterlichen Handwerkshäusern an der Kühnertsgasse 18, 20 und 22 betreiben die Altstadtfreunde ein eigenes Museum. Die letzte historische Scheune innerhalb der Stadtmauer an der Zirkelschmiedsgasse haben sie in eine »Kulturscheune« verwandelt. Ein Herzensanliegen war der Wiederaufbau des Renaissancehofs im Pellerhaus, inzwischen auch ein attraktiver Veranstaltungsort. Allein für dieses Projekt wurden über fünf Millionen Euro investiert. Die Sanierung des einsturzgefährdeten Pilatushauses am Platz am Tiergärtnertor ist die nächste große Aufgabe. Die Stadt Nürnberg hat den Verein damit betraut. Die Altstadtfreunde haben auch andere öffentliche Aufgaben übernommen, etwa die Verwaltung eines Denkmalstadels. Über 50 Millionen Euro haben die Altstadtfreunde bisher in ihre Projekte gesteckt. Dies alles war und ist nur möglich dank großzügiger Spenden aus der Bürgerschaft und dem Unternehmertum.

Die Altstadtfreunde sind kämpferisch, streitbar und kampagnenfähig. Es ist kein Zufall, dass die beiden einzigen Bürgerentscheide in Nürnberg von ihnen initiiert wurden. Das Augustinerhof-Projekt (siehe Kapitel »Augustinerhof«) nach den Plänen von Helmut Jahn haben sie 1996 mit 68,2 Prozent gegen 31,8 Prozent zu Fall gebracht. Bei der Abstimmung im Jahr 2014 um die Ausmalung des Rathaussaales (siehe Kapitel »Rathaus«) nach Motiven von Albrecht Dürer unterlagen sie jedoch mit 68 Prozent zu 32 Prozent.

Die Altstadtfreunde Nürnberg sind der einflussreichste und wirkmächtigste Verein in der Stadt. Die Vereinigung erreicht mit ihrem Tun die Herzen der Menschen, weckt nostalgische Gefühle oder erfüllt sie auch. Die Altstadtfreunde sind die Inkarnation von Nürnberg-Liebe. Die Liebe hat indes Grenzen. Moderne in der Altstadt – ein Problem. Die Zuneigung der Altstadtfreunde selbst zu qualitativ hochwertigen Nachkriegsbauten ist überschaubar. Der gelungene Umbau des Luitpoldhauses samt Neubau für die Stadtbibliothek 2012 löste keine Jubelstürme aus. Die Altstadtfreunde richten ihren Fokus auf »alt«. Es geht ihnen um die Wiederherstellung des »alten« Nürnberg. Gerne auch durch Rekonstruktion. Der Vorläuferverein der Altstadtfreunde wurde 1950 auch gegründet, um gegen den modernen Entwurf für den Kaufhof in der Königstraße einzutreten.

Das Gebäude wurde errichtet – trotz des Protests. 2023 wurde das Haus unter Denkmalschutz gestellt.

Das Pellerhaus an der nördlichen Seite des Egidienplatzes galt als das bedeutendste Renaissance-Bürgerhaus der Stadt mit einem einzigartigen Arkadenhof, gerühmt in ganz Deutschland. Es war eine der größten Sehenswürdigkeiten Nürnbergs. Bei einem Luftangriff im Oktober 1944 wurde es schwer beschädigt, beim Angriff am 2. Januar 1945 brannte es aus, am 3. Januar 1945 stürzte es ein. 1957 wurde an dieser Stelle ein neues Gebäude für Stadtarchiv, Stadt- und Universitätsbibliothek nach Plänen des Architekten Fritz Mayer errichtet. Die Wunde des Kriegs, die Innenhofruine, blieb erhalten.

Die Altstadtfreunde hätten zu Beginn des 21. Jahrhunderts gerne das Mayer-Bauwerk beseitigt und das Pellerhaus nach dem originalen Vorbild neu errichtet. Mit der Idee fanden sie bei der Stadt keine Unterstützung. Doch es gab keine Einwände, dass die Vereinigung den Innenhof wiederherstellte. Bis 2018 haben die Altstadtfreunde ihn in eigener Regie weitgehend rekonstruiert – ohne jegliche öffentliche Mittel. Die fünf Millionen Euro kamen von privater Hand.

Das Pellerhaus an der nördlichen Seite des Egidienplatzes galt als das bedeutendste Renaissance-Bürgerhaus der Stadt.

Die Altstadtfreunde haben eine mächtige Stimme in der Stadt. Sie haben sich große Verdienste erworben, was den Erhalt historischer Gebäude, die Verschönerung von Häusern und die Bewusstseinsbildung bezüglich der bauhistorischen Vergangenheit Nürnbergs anbelangt. Sie hüten das Stein gewordene kulturelle Erbe der Stadt wie niemand sonst. Die Altstadtfreunde artikulieren eine immerwährende Sehnsucht nach dem prächtigen alten, im Krieg jedoch für immer zerstörten Nürnberg und nach einer irgendwie verloren gegangenen Zeit. »Was weg ist, ist weg«, hat der langjährige Leiter des bayerischen Landesamts für Denkmalpflege Egon Johannes Greipl einmal gesagt. Den Altstadtfreunden fällt es schwer, einen solchen Befund zu akzeptieren.

ANSTARI
FEHL
BEIN
UECKE
ETTEN
R TIEFE
END

KULTUR UND RELIGION

St. Sebald

Stadtheiliger und Markenzeichen

Am 20. Juli 2019 war es wieder so weit. 500 Jahre nachdem die Reliquien des Stadtheiligen St. Sebald erstmals in dem kunstvollen Hochgrab des Erzgießers Peter Vischer d. Ä. ihre letzte Ruhestätte gefunden hatten, wurde das Sebaldusgrab zum 20. Mal geöffnet. Pfarrer Martin Brons schloss den mit Silberplatten belegten hölzernen Schrein auf, der die Wappen des Reiches und der Stadt aufweist, und holte zwei Holzkistchen heraus. In ihnen befinden sich Urkunden und Dokumente früherer Visitationen und 13 zugenähte purpurfarbene Säckchen mit den Gebeinen des heiligen Sebald. Wissenschaftler untersuchten die Laden, Stoffbeutel und Urkunden. Alles war komplett und in konservatorisch gutem Zustand. Der Oberbürgermeister und andere Beobachter bestätigten dies schriftlich. Dieser feierliche Akt nach einem vorreformatorischen Ritual fand erstmals öffentlich in der voll besetzten Kirche statt. Die Tradition hatte 1463 ihren Anfang genommen, seit im Jahr 1461 in die Kirche eingebrochen worden war. Seither wird in Abständen von 25 bis 50 Jahren die Vollständigkeit der Reliquien überprüft.

Eine Besonderheit gab es dennoch. Bei der Reinigung der Seidentücher, in denen die Stoffsäckchen eingeschlagen waren, fielen Mitarbeitern des Bayerischen Landesamts für Denkmalpflege zwei je drei Millimeter große Knochenstücke auf. Da niemand die alten und vernähten Reliquiensäckchen öffnen oder ein neues Behältnis für die Fragmente schaffen wollte, entschied der Pfarrer in Absprache mit dem Landesamt und der

links St. Sebald ist *die* Stadtkirche. Der Stadtheilige gab ihr den Namen.

Vertrauensfrau der Kirchengemeinde, die reiskorngroßen Reliquien den katholischen Sebaldusgemeinden im bayerischen Egling und oberösterreichischen Gaflenz zu überlassen, die sich schon lange um eine Sebald-Reliquie bemüht hatten.

Sebaldus hat Anfang des 11. Jahrhunderts im Raum Nürnberg gelebt. Er war weder Märtyrer noch Bischof noch Papst noch Königssohn. Er war Pilger und lebte als Einsiedler im Reichswald. Vermutlich starb er Mitte des 11. Jahrhunderts. Bald nach seinem Tod kamen mehrere Legenden auf. Sebald wurde als Person dargestellt, die auf der Seite des einfachen Mannes stand. So soll er einem Bauern nachts bei der Suche nach seinem Ochsen geholfen haben, wobei Sebalds Hände und Finger wundersam leuchteten. Er soll verfügt haben, seine Leiche auf einen Ochsenkarren zu legen. Er wolle dort begraben werden, wo die Tiere ihn hinzögen. Der Sage nach steht heute dort die Sebalduskirche. Sebald wurden Wein- und Brotwunder nachgesagt, einmal soll er aus Eiszapfen ein Feuer entfacht haben. Solche Geschichten zogen die Menschen an. Schon 1072 ist die erste Wallfahrt zu seinem Grab bei der Peterskapelle, der Vorgängerkirche von St. Sebald, belegt.

Mit dem Aufschwung der Reichsstadt und dem Aufblühen des Handels verbreitete sich über die Nürnberger Kaufleute die Sebaldusfrömmigkeit. Sebald wurde zum unumstrittenen Stadtpatron. Auf der Website von St. Sebald ist zu lesen: »Sebaldus blieb als Stadtheiliger Nürnbergs immer ein Lokalheiliger. Die Patrizier wählten den Einsiedler und Pilger als Galionsfigur und bekundeten so demonstrativ ihre Unabhängigkeit von den umliegenden Bischofsstädten Bamberg, Eichstätt, Regensburg und Würzburg. (...) Mit ihrem Heiligen schufen sie ein eigenes Markenzeichen für Nürnberg, das sie als Repräsentanten der freien Reichsstadt auf ihren Handelswegen verbreiteten. Zuhause bauten, erweiterten und statteten sie ihre Pfarrkirche mit zahlreichen Stiftungen aus als

Der Rat tat alles, damit Sebaldus heiliggesprochen wurde. 1425 war die Stadt am Ziel.

Ausdruck ihrer Frömmigkeit und ihres reichsstädtischen Selbstbewusstseins.« So wurde Sebaldus früh instrumentalisiert. Der Rat tat alles, damit Sebaldus heiliggesprochen wurde. 1425 war die Stadt am Ziel. Man feierte den Akt der Heiligsprechung mit einer achttägigen Prozession.

Die Sebalduskirche entstand ab 1230/40 zunächst als spätromanisches Gotteshaus anstelle der Peterskapelle. Genaue Daten liegen nicht vor. Wahrscheinlich wurde sie 1274/75 fertiggestellt. Schon 1255 wurde sie als Pfarrkirche bezeichnet. Die Doppelchörigkeit hat ihr Vorbild wohl im Bamberger Dom. In den nachfolgenden Jahrhunderten folgten zahlreiche Umbauten und Erweiterungen, unter anderem mit dem hochgotischen Hallenchor (1361–1379). Die beiden Türme erhielten zwischen 1481 und 1483 ihre endgültige Gestalt. Im 17. Jahrhundert musste die Kirche eine Barockisierung über sich ergehen lassen, die im 19. Jahrhundert wieder zurückgebaut wurde.

Die Gebeine von St. Sebald waren schon 1397 in dem vom Goldschmied Fritz Habelsheimer d. Ä. geschaffenen Silberschrein in der Sebalduskirche aufgestellt worden. Zu Beginn des 16. Jahrhunderts bekam Peter Vischer den Auftrag, für den Schrein ein Gehäuse aus Bronzeguss zu schaffen. Er musste mehrmals zur Ausführung ermahnt werden. Schließlich entstand das Werk mit Hilfe der beiden Söhne Hermann und Peter d. J. zwischen 1508 und 1519. Das Konstrukt wird getragen von zwölf Schnecken, darüber finden sich unter anderem Darstellungen aus dem biblischen und griechischen Altertum, dem Christentum – die zwölf Apostel auf Augenhöhe – und aus dem Leben des Heiligen. Das Jesuskind mit der Weltkugel in der Hand überragt alles.

1525 wurde die Sebalduskirche als erste Nürnberger Kirche protestantisch. Die Kunstwerke blieben unberührt. Die Patrizier stifteten auch weiterhin – nun gemäß der lutherischen Lehre. Die Geistlichen trugen weiter gerade an den Sonn- und Feiertagen prachtvolle Messgewänder. Sie wurden nach einer preußischen Verordnung erst 1797 durch den schwarzen Talar ersetzt. Ein Großteil der Kunstwerke, darunter viele wertvolle Fenster, wurden im Zweiten Weltkrieg in Bunkern in Sicherheit gebracht. Tatsächlich wurden bei Bombenangriffen Dach, Gewölbe und ein Turm schwer beschädigt. Der Wiederaufbau dauerte bis 1978.

An und in der Sebalduskirche gibt es mehrere Zeugnisse des frühen »christlichen« Antisemitismus. Antijüdische Schmähdarstellungen finden sich am Marienportal und in der Glasmalerei. Das extremste Beispiel ist eine kleine Skulptur am Ostchor der Kirche, die Juden mit einem Schwein zeigt. Dieses Motiv verhöhnt und verteufelt Juden in besonderer Weise. Das Schwein gilt im Judentum als unrein und verkörpert in der christlichen Kunst Ausschweifung, Gier, vor allem aber auch den Teufel. Die Darstellung stammt aus der Zeit um 1380 und befindet sich versteckt an einem Stützpfeiler in etwa sieben Metern Höhe. Neben Juden, die an den Zitzen des Schweins saugen, stellt die Plastik einen Juden dar, der der Sau eine Fressschale unter das Maul hält, und einen weiteren, der ihre Exkremente mit einem Topf auffängt. Die »Judensau« an Sebald ist kein Einzelfall. Das antijudaistische Bildmotiv findet sich auch in vielen anderen deutschen Kirchen.

Im benachbarten Sebalder Pfarrhof trat bei Sanierungsarbeiten in der Eingangshalle ein verbauter jüdischer Grabstein von 1334 zutage.

Im benachbarten Sebalder Pfarrhof trat bei Sanierungsarbeiten in der Eingangshalle ein verbauter jüdischer Grabstein von 1334 zutage. Er stammt wahrscheinlich vom jüdischen Friedhof, der bei einem Pogrom 1349 geschändet und zerstört wurde. Die Kirchengemeinde St. Sebald hat ihr schwieriges Erbe längst angenommen und versucht mit Ausstellungen, Rundgängen und Schriften darüber zu informieren.

St. Sebald ist *die* Stadtkirche und Namensgeber der nördlichen Altstadt. Zwischen den beiden Kraftzentren Sebalduskirche und dem wenige Meter entfernten Rathaus gab es immer enge Beziehungen. Heute ist St. Sebald als bedeutendste Kirche

Nürnbergs nicht nur Zentrum einer lebendigen Gemeinde, sondern auch ein Ort für Konzerte, ein spiritueller Ruheraum in der Großstadthektik und eine Touristenattraktion.

Nassauer
Keller
FALAFEL

St. Lorenz

Die evangelische Bischofskirche in Bayern

St. Sebald ist die älteste Pfarrkirche in der Altstadt. Als »Ratskirche« mit der Grablege des Stadtpatrons nimmt sie einen herausgehobenen Rang ein. Gleichwohl steht topografisch über ihr die jüngere Lorenzkirche auf der südlichen Pegnitzseite. Denn St. Lorenz wurde am Rande eines Hanges errichtet, der zum Fluss abfällt. So hat man am Platz vor dem nach Westen gerichteten Hauptportal von einer leicht erhöhten Position einen vortrefflichen Blick auf die Burganlage. Da die Lorenzkirche an der Königstraße – Einfallstor für viele Touristen, die vom Hauptbahnhof die Altstadt erkunden – und im Geschäftsviertel liegt, passieren tagtäglich mehr Menschen die Lorenzkirche als die Sebalduskirche. Der Vorplatz in der Kreuzung von König- und Karolinenstraße ist zudem ein beliebter Ort für Demonstrationen jedweder Art. Dabei ignorieren die Veranstalter in der Regel, dass gerade an dieser Stelle durch die Sogwirkung der Straßenschluchten der Wind oft sehr unangenehm pfeift. Eine große Bekanntheit ist der Lorenzkirche auf jeden Fall gewiss. St. Lorenz gilt als das bedeutendste gotische Bauwerk in Franken und verfügt über Kunstwerke von Weltrang.

Ähnlich wie St. Sebald hatte auch St. Lorenz einen Vorgängerbau. Eine romanische Kapelle (»capella sancti laurentii«) wurde am 4. Juli 1235 erstmals urkundlich erwähnt. Nach 1250 dürfte mit dem Bau einer hochgotischen Basilika begonnen worden sein. Experten haben große Ähnlichkeiten in Architektursprache und Größe zum 1240 begonnenen Langhaus des Freiburger Münsters ausgemacht. Notwendig war der Neubau

links Exponierte Lage im Geschäftsviertel: Viele Menschen laufen tagtäglich an der Lorenzkirche vorbei.

geworden wegen des rasanten Bevölkerungswachstums in der Siedlung südlich der Pegnitz. 1370/80 kamen die Bauarbeiten zu einem ersten Abschluss. Um 1400 dürften die Türme vollendet worden sein. Doch schon 1439 begann eine weitere Bauphase mit der Errichtung des spätgotischen Hallenchores. Das kathedralhafte Portalprogramm und eine der schönsten europäischen Kirchenrosetten verleihen St. Lorenz das Flair eines »Bürgerdoms«.

Schon früh entwickelte sich eine gewisse Rivalität zu St. Sebald. Mit großer Aufmerksamkeit hatte man verfolgt, wie sowohl der Kirchenheilige Sebaldus als auch die alljährlich präsentierten Reichskleinodien die Pilger in Scharen anzogen. Da wollte St. Lorenz mithalten. Schon seit 1316 hatte die Kirche Reliquien von Deocarus (gest. 826), Herriedener Abt und Beichtvater Karls des Großen, aufbewahrt. Darum wollte man einen ähnlichen Kult schaffen wie um die Gebeine Sebalds. Um das Peter-Vischer-»Gehäuse« zu übertreffen, ließ die Kirche für die Präsentation der Deocarus-Gebeine die Kirche gleich um einen Hallenchor erweitern.

Zahlreiche Stiftungen vermögender Patrizier sorgten noch in vorreformatorischer Zeit für eine herausragende Kirchenausstattung. Das berühmteste Kunstwerk ist der *Englische Gruß* (*Engelsgruß*) des Bildhauers Veit Stoß (um 1447–1533). Das vom Gewölbe herabhängende Marienbild zeigt die spätere Gottesmutter und den verkündenden Erzengel Gabriel aus vollplastischer Lindenholzschnitzerei. Die überlebensgroßen Figuren sind zum Teil vergoldet. Über allem thront Gottvater mit Rauschebart. Die Gruppe ist in das Oval eines monumentalen Rosenkranzes eingefügt. In den Jahren 1517 und 1518 hat Veit Stoß den *Engelsgruß* geschaffen. Er gilt als Hauptwerk des berühmten Holzschnitzers. Es war meist mit einem Tuch verhängt und nur zu hohen Festtagen zu sehen. Bis zu einem Absturz am 2. April 1817 gehörte zu dem Kunstwerk die heute fehlende Darstellung eines herabschwebenden Christuskinds. 1825/26 erfolgte die Wiederherstellung der teilzerstörten Arbeit, von 1836 bis 1841 eine detaillierte Restaurierung.

Der *Englische Gruß* war der höchste Ausdruck der spätmittelalterlichen Marienverehrung. Martin Luther machte dem ein Ende. Seit der Reformation ist auch St. Lorenz evangelisch-lutherisch. Doch ein Bildersturm fand weder hier noch in anderen Nürnberger Kirchen statt. Der bedeutende Lorenzer Prediger Andreas Osiander (1498–1552) trat dafür ein, dass Kunstwerke nicht durchs Volk, allenfalls durch den Rat entfernt werden dürfen. Die den Rat bestimmenden Patrizier wiederum achteten darauf, die Stiftungen ihrer Vorfahren in Ehren zu halten. So blieben die Kunstwerke aus katholischer Zeit in den evangelischen Kirchen erhalten.

Große Berühmtheit erlangte das *Sakramentshäuschen* des Bildhauers Adam Kraft (zwischen 1455 und 1460–1509). Es handelt sich um eine turmartige Aufbewahrungsstätte für die heiligen Sakramente (Hostien und Messwein). Das schlanke, filigrane Kunstwerk aus hartem Sandstein lehnt sich an eine Säule des Chores an und ragt mit einer Höhe von fast 20 Metern bis in das Gewölbe hinauf. Das Sakramentshäuschen entstand zwischen 1493 und 1496. Der Schöpfer verfügte über einiges Selbstbewusstsein. Er kündigte mit seiner Haltung auch eine neue Zeit an. In Abkehr von der mittelalterlichen Regel, dass allein Gott Ehre gebühre (»soli dei gloria«), hat sich Adam Kraft in Arbeitskleidung mit Klöpfel und Meißel samt zweier Gesellen zu Füßen seines Werks selbst verewigt. Dabei erfüllen die Figuren die Funktion eines Sockels.

Das Bürgerforum »Rettet die Sebalder Altstadt« sammelte mehr als 50 000 Unterschriften gegen das Vorhaben.

Neben dem Hauptaltar verfügt die Lorenzkirche auch über zwölf weitere Altäre im Chorumgang. Ein bitteres Schicksal traf den Deocarusaltar. Bis 1845 befanden sich in einem Schrein die Reliquien des heiligen Deocar (»der von Gott Geliebte«). Seine Gebeine kamen nach Eichstätt. Der Schrein wurde zu Geld gemacht. Angesichts der finanziellen Misere der Stadt waren bereits seit 1811 Taufbecken, Messing von über 40 Grabplatten, ein Löschwasserkessel und sogar Dachrinnen zum Metallwert verkauft worden.

Ab der zweiten Hälfte des 19. Jahrhunderts begannen Rekonstruktions- und Restaurierungsarbeiten. Im Zweiten Weltkrieg waren viele Kunstwerke in Sicherheit gebracht worden. Von 1943 an erlitt das Gotteshaus bei verschiedenen Angriffen erhebliche Schäden: demolierte Dachwerke, eingestürzte Gewölbe, Zerstörung durch Bombensplitter. Bei Kriegsende war die Kirche eine Ruine. Schon im Sommer 1945 begann der Wiederaufbau. Er sollte bis in die 1960er-Jahre reichen. Ein vermögender Gönner aus den USA half dabei. Der New Yorker Kaufmann Rush Kress (1877–1963) spendete über die Stiftung seines Bruders Samuel (1863–1955) zunächst 600 000 Mark, später nochmals 240 000 Mark. Er sah sich als Nachfahre des gleichnamigen Nürnberger Patriziergeschlechts. Sein Vorfahre Anton Kreß (1478–1513) war als Geistlicher an St. Lorenz tätig.

St. Lorenz war schon lange die größte, kunsthistorisch und reformationsgeschichtlich bedeutendste evangelische Kirche in Bayern. Das führte zu einer besonderen Würdigung. Bei der Einführung von Hans Meiser (1881–1956) in das neu geschaffene Amt des Landesbischofs im Jahr 1933 erwählte Meiser die Lorenzkirche zum Ort des Festakts. Seither werden alle Landesbischöfe der Evangelisch-Lutherischen Kirche in Bayern in der Lorenzkirche inauguriert. Damit ist die Lorenzkirche die evangelische Bischofskirche des Freistaats.

St. Lorenz war schon lange die größte, kunsthistorisch und reformationsgeschichtlich bedeutendste evangelische Kirche in Bayern. Das führte zu einer besonderen Würdigung.

Auch St. Lorenz ist nicht nur Kirche, sondern auch Konzertsaal und Ort für gesellschaftspolitischen Austausch, etwa mit dem langjährigen Format »Lorenzer Kommentare«. Wenn am Nachmittag durch die Fenster der Rosette über dem Hauptportal die Sonne ins Innere dringt, erfüllt magisches Licht den Innenraum. Kunstsinnige Besucher können eine Fülle an spätgotischer

Malerei und Plastik in einer Kirche erleben, die nahezu unberührt von späteren Veränderungen ist. Der Kunsthistoriker Kurt Gerstenberg (1886–1968) war schon in den 1920er-Jahren davon überzeugt, dass nirgendwo der Hauch des Mittelalters kräftiger zu spüren sei als in St. Lorenz.

ALBRECHT
DÜRER

Albrecht Dürer

Der größte Sohn bleibt ein »fernes Genie«

Am 21. Mai 1840 – seinem 369. Geburtstag – wurde mit einem großen Festakt in Nürnberg auf dem Platz, der noch nicht sehr lange den Namen des Meisters trug, ein Albrecht-Dürer-Denkmal feierlich enthüllt. Erstmals wurde in Deutschland, vermutlich sogar weltweit, auf diese herausragende Weise ein Bildender Künstler geehrt. Bislang waren Standbilder Fürsten und anderen Herrschern vorbehalten. Der Berliner Bildhauer Christian Daniel Rauch (1777–1857), der bedeutendste Vertreter des deutschen Klassizismus, hatte die überlebensgroße Figur geschaffen. Den Bronzeguss besorgte die Nürnberger Werkstatt von Daniel Burgschmiet (1796–1858). Rauch orientierte sich bei seiner Gestaltung an einem Selbstbildnis Dürers, das er im Jahr 1500 in der Blüte seines Schaffens seinem italienischen Malerkollegen Raffael (1483–1520) geschickt hatte. Das Gemälde gilt als verloren, doch Rauch scheinen Kopien als Vorlage gedient zu haben. Das Bronzestandbild samt Sockel hat eine Höhe von rund sechs Metern. Die 2,5 Meter große Statue zeigt Albrecht Dürer mit Pinsel, Stift und Lorbeerzweig in der rechten Hand. Die linke Hand rafft den bodenlangen Umhang. Der Münchner Architekt Friedrich Gärtner (1791–1847) schuf den originalen Granitsockel. Er wurde im Zweiten Weltkrieg stark beschädigt und deshalb von einem einfacheren Postament ersetzt.

Der Startschuss für die Denkmalsetzung war schon zu Dürers 300. Todestag am 6. April 1828 gefallen. Die Initiative ging von München mit Unterstützung von König Ludwig I. (1786–1868) aus. Der Festtag begann mit einer Morgenfeier zum Son-

links Die überlebensgroße Statue Albrecht Dürers dominiert den nach dem Künstler benannten Platz.

nenaufgang an Albrecht Dürers Grabstätte am St.-Johannisfriedhof (siehe Kapitel »Johannisfriedhof«). Rund 200 Künstler versammelten sich und feierten ein »Wartburgfest der erneuerten deutschen Kunst«. Danach wurde ein Gedenkraum im Dürerhaus eröffnet, ehe es am Unteren Milchmarkt, der bei dieser Gelegenheit in Albrecht-Dürer-Platz umbenannt wurde, zu einer feierlichen Grundsteinlegung kam. Dann sollte es ein Dutzend Jahre dauern, bis die Statue schließlich stand. Dabei ging es nicht nur um eine kunst- und kulturgeschichtliche Würdigung. Die Dürer-Verehrung ist nicht frei von Widersprüchen. Einerseits wurde der neue Dürer-Kult gespeist vom nationalen Patriotismus König Ludwigs I., für den Dürer und Hans Sachs die wichtigsten Repräsentanten des »deutschen Mittelalters« und der »deutschen Renaissance« waren. Andererseits war die örtliche Dürer-Liebe eine Reaktion auf die provinzielle Bedeutungslosigkeit, in die die Stadt nach der Annexion durch das Königreich geraten war. An Dürer konnte man sich aufrichten.

Albrecht war der jüngste von nur drei Nachkommen, die die Kindheit überlebten.

Albrecht Dürer kam am 21. Mai 1471 gegen zehn Uhr vormittags in Nürnberg auf die Welt. Mutter Barbara gebar insgesamt 18 Kinder. Albrecht war der jüngste von nur drei Nachkommen, die die Kindheit überlebten. Bis zu seinem 13. Lebensjahr ging er zur Schule. In diesem Alter zeichnete er 1484 sein erstes erhaltenes Selbstporträt. Ihm sollten viele weitere folgen. Nach anfänglicher Lehre als Goldschmied bei seinem Vater wechselte Albrecht von 1486 bis 1490 in die Werkstatt des Nürnberger Malers Michael Wolgemut (1434–1519).

Immer wieder ging Dürer auf Reisen. Von 1490 bis 1494 war er auf Gesellenwanderung, unter anderem am Niederrhein, in den Niederlanden, im Elsass, in Basel, in Freiburg und in Straßburg. 1494/1495 zog es ihn nach Italien, dem Geburtsland der Renaissance. Ob er bei dieser Reise tatsächlich in Venedig war, ist ungewiss. Gesichert ist sein Aufenthalt in der Serenissima bei seiner zweiten Italienreise 1505 bis 1507.

Nach seiner Rückkehr von der Gesellentour heiratete er Agnes Frey (1475–1539), Tochter einer angesehenen Nürnberger Familie. Die Ehe blieb kinderlos. 1497 machte sich Dürer selbstständig. Seine Arbeiten signierte er seither mit seinem eigenen Monogramm AD. Es entstanden zahlreiche (Auftrags-)Werke, Porträts, Kupferstiche und Zeichnungen als Vorlagen für Holzschnitte. In seiner Werkstatt beschäftigte er Gesellen und Schüler. 1509 erwarb er ein Haus am Tiergärtnertor (»Dürerhaus«), das bis zu seinem Tod seine Wohn- und Arbeitsstätte war. 1520/21 reiste Dürer mit Ehefrau Agnes erneut in die Niederlande. Dabei ging es in erster Linie um finanzielle Angelegenheiten. Er ließ sich von dem gerade in Aachen gekrönten Kaiser Karl V. (1500–1558) das Privileg einer von seinem Vorgänger und großen Dürer-Gönner Maximilian I. seit 1515 gewährten jährlichen Leibrente von 100 Gulden bestätigen. Auf dieser Reise schlugen Dürer überall Bewunderung und Hochachtung entgegen. Sein Aufenthalt in den Niederlanden war ein einziger Triumphzug. Dürer stand als eigenständiger, weltberühmter Künstler im Mittelpunkt der gebildeten Gesellschaft. Der Antwerpener Magistrat wollte ihn sogar mit viel Geld zum dauerhaften Bleiben bewegen.

Doch Dürer kehrte im Hochsommer 1521 in seine Heimatstadt zurück, wo ein Großauftrag auf ihn wartete: die Neugestaltung des Rathauses – sowohl an der Fassade als auch im Inneren. Von der Außenbemalung gibt es keine Spuren mehr. Nach Entwürfen von Dürer entstand zwischen 1521 und 1528/30 im Rathaussaal das größte Wand- und Deckengemälde Europas. Zentrale Motive waren der Triumphwagen Kaiser Maximilians, der nicht nur Dürer, sondern auch Nürnberg sehr zugetan war, und die Verleumdung des Apelles – dem berühmtesten Maler der Antike. (Dürer selbst wurde schon zu Lebzeiten als »Apelles Germaniae« geehrt und bewundert.) Bis 1945 wurden die Malereien immer wieder restauriert, bearbeitet und dokumentiert, ehe der ganze Rathauskomplex nach Luftangriffen ausbrannte.

Albrecht Dürer hat unzählige Werke geschaffen. Er war einer der einflussreichsten, innovativsten und vielseitigsten

Renaissancekünstler Europas. Der *Feldhase* (1502), das *Große Rasenstück* (1503), die berühmten *Betenden Hände* (1508) – wahrscheinlich das am meisten reproduzierte Dürer-Werk – oder das Hauptwerk *Melencolia I* (1514) sind Ikonen. Dürers Kupfer- und Holzstiche haben große Verbreitung gefunden. Auch nach seinem Tod wurden noch Drucke gefertigt, solange es die Druckstöcke hergaben. Als größtes Alterswerk gelten *Die vier Apostel* (1526), ein Geschenk an die Heimatstadt Nürnberg, die schon 1627 das Werk nach München veräußerte. 1804 erwarb die Kurfürstliche Galerie in München von Nürnberg auch das *Selbstbildnis im Pelzrock* (1500). Beide Arbeiten gehören heute zu den Spitzenwerken der Alten Pinakothek. Am Verlust großer Dürer-Werke sind die Nürnberger nicht ganz unschuldig. Einzig die beiden Kaiserbilder (Kaiser Karl der Große und Kaiser Sigismund, entstanden um 1509 bis 1513) sind noch im Besitz der Auftraggeberin Stadt Nürnberg und als Dauerleihgabe im Germanischen Nationalmuseum. Das Haus verfügt aber auch über zahlreiche Grafiken, Zeichnungen und Aquarelle sowie Porträts des Lehrmeisters Michael Wolgemut und Dürers Mutter Barbara.

Albrecht Dürer war ein Intellektueller ohne Studium. Er befand sich in regem Austausch mit Geistesgrößen seiner Zeit, darunter der Dichter und Humanist Konrad Celtis (1459–1508) und sein enger Freund, der Humanist, Jurist und Ratsherr Willibald Pirckheimer (1470–1530). In seinen letzten Jahren wandte sich Dürer immer mehr der Wissenschaft zu. Er widmete sich der Mathematik, schrieb eine Befestigungs- und eine Proportionslehre (*Vier Bücher von menschlicher Proportion*). Schon während der Drucklegung der *Proportionslehre* litt Dürer an einer fiebrigen Krankheit. Am 6. April 1528 setzte sie seinem Leben ein Ende. Am 7. April wurde er bestattet. Die Grabstätte am Johannisfriedhof trägt die Nummer 649.

Albrecht Dürer hat in vielerlei Hinsicht Maßstäbe gesetzt. Er hat den Holzschnitt aufgewertet, zum eigenständigen Kunstwerk erhoben und die Techniken des Kupferstichs revolutioniert.

Druckgrafiken nutzte er, um seinen eigenen Ruf zu mehren und durch den Vertrieb für Einnahmen zu sorgen. Wie kein anderer Künstler zuvor erforschte er sich in allen seinen Schaffensphasen selbstbewusst in Selbstbildnissen. Dürer war, auch mit Unterstützung seiner Frau Agnes, ein Vermarkter seiner selbst. Seine Zeichnungen und Aquarelle gingen an die Grenze des mit Feder und Pinsel Machbaren. Das *Große Rasenstück* oder der *Flügel einer Blauracke* (um 1500) zeugen von einer unglaublichen Präzision und einem »Naturalismus«, der den Betrachter des 21. Jahrhunderts vor Ehrfurcht darüber erstaunen lässt, was ein Genius vor mehr als einem halben Jahrtausend in zeitloser Schönheit zu schaffen vermochte. Dürer war und ist Inspiration für viele andere Künstler. Dürer war Epochenüberwinder, Grenzüberschreiter und Weltkünstler. Nach dem renommierten Dürerforscher Erwin Panofsky (1892–1968) hat Dürer in seiner Kunst Altes und Neues Testament, Juden- und Christentum, Antike, deutsches Mittelalter und italienische Renaissance übersetzt, vereint und miteinander versöhnt. Kein Wunder, dass der Großmeister bereits zu seinen Lebzeiten in ganz Europa berühmt war.

Der Nachruhm begann schon kurz nach seinem Tod. Wohl auf Anordnung von Dürer selbst schnitt man ihm eine Locke ab.

Der Nachruhm begann schon kurz nach seinem Tod. Wohl auf Anordnung von Dürer selbst schnitt man ihm eine Locke ab, die seinem Lieblingsschüler Hans Baldung (1485–1545) nach Straßburg geschickt wurde. Sie ist heute im Besitz der Wiener Akademie der Bildenden Künste, die Baldungs Nachlass erworben hatte. Ein solcher Totenkult darf als einmalig gelten. Bald nach der Bestattung auf dem Johannisfriedhof ließ man das Grab erstmals wieder öffnen, um eine Totenmaske abzunehmen. Ihr Verbleib hat sich verloren. In Dürers Grab bestattete man auch die Schwiegereltern und Ehefrau Agnes. Ohne Nachfahren erhob jedoch um 1680 niemand mehr Anspruch. Die Stadt Nürnberg ließ deshalb das Grab ausräumen.

Dem Maler, Kupferstecher und Kunsthistoriker Joachim von Sandrart (1606–1688) ist die Sicherung des Dürergrabs zu verdanken. Er schrieb 1675 die erste deutsche Dürer-Biografie. 1681 kaufte er die Grabstätte, ließ sie restaurieren und mit einer bronzenen Gedenktafel versehen. Schließlich schenkte er sie der neuen Nürnberger Kunstakademie, die 1662 auf seine Initiative hin gegründet worden war. Das Dürergrab ist noch heute im Besitz der Akademie der Bildenden Künste.

Die Nürnberger brauchten eine Weile, bis sie ihren großen Sohn angemessen würdigten. Es bedurfte der Anregung von außen. In den 1797 erschienenen *Herzensergießungen eines kunstliebenden Klosterbruders* der Erlanger Studenten Wilhelm Heinrich Wackenroder und Ludwig Tieck ist auch das Kapitel »Ehrengedächtniß unsers ehrwürdigen Ahnherrn Albrecht Dürers« enthalten. Das Dürerhaus war über Jahrhunderte in wechselndem Privatbesitz und zunehmend verkommen. 1825 ersteigerte der Magistrat das Gebäude. Für das Selbstverständnis der Nürnberger sollte es als Dürer-Erinnerungsstätte und Museum zunehmend an Bedeutung gewinnen. Es ist eines der wenigen weitgehend unzerstörten Bürgerhäuser aus Nürnbergs Blütezeit und das einzige Künstlerhaus aus dem 16. Jahrhundert in Nordeuropa.

Die Nürnberger brauchten eine Weile, bis sie ihren großen Sohn angemessen würdigten. Es bedurfte der Anregung von außen.

Nach dem ersten großen Gedenken 1828 nutzte die Gesellschaft runde Geburtstags- und Todesdaten zu Dürerfeiern. 1871 war dies auch mit der Gründung der Albrecht-Dürer-Haus-Stiftung verbunden. 1928 und 1971 rief die Stadt große Dürerjahre aus. Zum 400. Todestag 1928 zeigte das Germanische Nationalmuseum (GNM) eine 392 Exponate umfassende Ausstellung mit exzellentesten Leihgaben. 1971 präsentierte das GNM erneut eine fulminante Dürerschau. Mit 360 000 Besuchern gilt sie als erster »Blockbuster« unter den Altmeisterausstellungen in der deutschen Museumsgeschichte. Die GNM-Bibliothek verfügt im Übrigen über die weltweit größte Sammlung an Dürer-Literatur.

»Dürer steht für Nürnberg – wie Raffael für Rom. Beide Künstler vertreten in der Romantik das Ideal von Germania und Italia, den Gegensatz von Nord und Süd«, schrieb der Dürer-Kenner Matthias Mende. Dürer selbst verstand sich als Nürnberger. Sein berühmtes Selbstbildnis von 1500 versah er mit der Inschrift: »Albertus Durerus Noricus« (Albrecht Dürer aus Nürnberg).

Dürer wird gerne in Superlativen gefasst: größter Sohn der Stadt, Großmeister der Zeichnung, Malerei und Druckgrafik, Renaissance-Genie. Als einer der größten, wenn nicht sogar der größte deutsche Künstler, ist Dürer über allem erhaben. Über Jahrzehnte trug jeder Deutsche oft »einen Dürer« bei sich. Die Deutsche Bundesbank brachte ab 1960 zwei Werke des Künstlers auf Banknoten in Umlauf. Der Fünf-Mark-Schein zeigte das *Bildnis einer jungen Venezianerin* (1505) und der 20-Mark-Schein das *Bildnis der Elsbeth Tucher* (1499).

Bei den Dürerfeiern ging und geht es nicht nur um die Würdigung eines einzigartigen Künstlers. In seinem Licht sonnt sich gerne auch die Stadtgesellschaft. Anfang des 19. Jahrhunderts entdeckte die Fremdenverkehrswerbung den Künstler. So wurde Dürer immer auch gerne in Dienst genommen, wahlweise für die nationale Sache, für den Tourismus oder für das Image der Stadt. 1985 tauchte auf einer Postkarte erstmals der Slogan »Dürer-Stadt Nürnberg« auf. Seit 2014 vermarktet sich der Nürnberger Flughafen als »Albrecht Dürer Airport Nürnberg«. Dürer-Experte Thomas Schauerte kam in seiner Dürer-Biografie zu dem Schluss: »Es gibt Augenblicke, in denen uns Dürer vertrauter erscheint als mancher Künstler der Moderne; viele Aspekte in seinem Schaffen sind überpersönlich und überzeitlich. Doch zahllose Male sind seine letzten Beweggründe durch die Zeitläufte verschüttet oder durch die Sprachlosigkeit des in seiner Zeit noch nicht Darstellbaren zum Schweigen gebracht. So bleibt das größte Genie der deutschen Kunstgeschichte ein fernes Genie.«

GERMANISCHES NATIONALMUSEUM
VON KIRCHNER
BASELITZ
LUTHER, KOLUMBUS UND DIE FOLGEN
13.7. bis 12.11.2017

Germanisches Nationalmuseum

Einzigartige kulturhistorische Institution

Das Germanische Nationalmuseum (GNM) verfügt über rund 1,4 Millionen Objekte. Damit ist das GNM das größte kulturhistorische Museum des deutschen Sprachraums. Nach eigener Darstellung zählt es »zu den bedeutendsten Museen der Welt«. »Das Germanische«, wie die Einheimischen den Kulturtanker am Kornmarkt nennen, gehört zu Nürnberg.

Der Ursprung des GNM liegt in der Mitte des 19. Jahrhunderts. Es entstand aus einer privaten, lokalen Initiative. Nach dem Ende des Alten Reichs gab es viele Landesherrn und viel Kleinstaaterei. 1848 scheiterten die bürgerliche Revolution und das demokratische Bemühen um staatliche Einigung. Die Menschen fühlten sich aber durch Kultur und Sprache zusammengehörig. Der fränkische Adlige, Jurist und Altertumsfreund Hans Freiherr von und zu Aufseß (1801–1872) hatte schon eine private Sammlung von Dokumenten zur deutschen und fränkischen Geschichte angelegt. Seit 1832 wohnte er in Nürnberg. Er war geprägt von der Romantik und ihrer Zuwendung zum Mittelalter. Er wollte ein »wohlgeordnetes Generalrepertorium (Verzeichnis, d. Verf.) über das ganze Quellenmaterial für die deutsche Geschichte, Literatur und Kunst« anlegen. Das war nicht nur ihm ein Anliegen. Der Gesamtverein der Geschichts- und Altertumsvereine Deutschlands beschloss am 17. August 1852 die Gründung eines »germanischen Museums«, das die Einheit des deutschsprachigen Kulturraumes widerspiegeln sollte. Die Deutsche Bundesversammlung betrachtete die neue Einrichtung am 18. Juli 1853 als »nationales Unternehmen«.

links Der Weg zum Germanischen Nationalmuseum führt durch die Straße der Menschenrechte.

Noch gab es keinen Platz für das Germanische Nationalmuseum. 1857 aber schenkte der bayerische König dem neuen Museum das ehemalige Kartäuserkloster am Südrand der Lorenzer Altstadt. Im selben Jahr wurde dort das GNM eröffnet. Mit Gründung des Deutschen Reichs 1871 wurde das GNM mit dem Segen von Kaiser und Reichstag *das* Nationalmuseum der Deutschen. Der Namensbestandteil »germanisch« hat nichts mit den Germanen zu tun. Er ist als Synonym für »deutsch«, für den deutschsprachigen Kulturraum zu verstehen. Über dem Eingang steht noch heute der von Aufseß in der Gründerzeit geprägte Satz »Eigenthum der deutschen Nation«. Tatsächlich wird das GNM heute als Stiftung des öffentlichen Rechts von der Bundesrepublik Deutschland, dem Land Bayern und der Stadt Nürnberg getragen.

Zur Aufseß-Sammlung kamen bald Schenkungen und Leihgaben aus dem gesamten deutschsprachigen Raum hinzu. Spenden von Landesfürsten, Kommunen und Privatpersonen finanzierten das Museum. Man konnte auch Aktien erwerben. Von der ursprünglichen Aufseß-Konzeption kam man bald ab. Das Museum erfuhr eine stark kulturgeschichtliche Ausrichtung. Zunächst beschränkte sich das Haus auf das Mittelalter und die frühe Neuzeit. Bald gab es auch einen Sammelauftrag für die Vor- und Frühgeschichte. Im Laufe der GNM-Geschichte haben sich die Sammlungszeiträume stetig erweitert. Heute reicht das Spektrum von der Ur- und Frühgeschichte bis zur Kunst und Kultur der Gegenwart. Die »materielle Kultur« jedweder Form stand im Mittelpunkt: Gemälde, Skulpturen, Kunsthandwerk, Grabungsgut, volkskundliche Objekte, Alltagsgegenstände, Spielzeug, Rüstungen, Münzen, Möbel. Dies alles und mehr ist inzwischen in 23 Sammlungsbereichen geordnet.

Über 25 000 Originale sind dauerhaft ausgestellt. Der Besucher kann sich auf eine Zeitreise durch 600 000 Jahre Kulturgeschichte begeben. Hier finden sich Hoch- und Alltagskultur gleichermaßen. Zu den Schätzen zählen unter anderem: der Goldkegel von Ezelsdorf-Buch (wohl aus der späten Bronzezeit zwischen dem 10. und 8. vorchristlichen Jahrhundert), die Adlerfibel (Schmuck aus dem Umfeld des ostgotischen Königs Theoderich), der kostbare mittelalterliche *Codex Aureus Epternacensis* (das goldene Evangelienbuch von Echternach), Skulpturen von Veit Stoß und Meisterwerke Albrecht Dürers, *Der arme Poet* (1837) von Carl Spitzweg und *Der Trinker* (1914) von Ernst Ludwig Kirchner. Die Musikinstrumentensammlung ist eine der bedeutendsten Europas. Aber auch seltene barocke Puppenhäuser, Malerei des Expressionismus oder Designklassiker vom Bauhaus bis heute gehören zu den Highlights. 2023 hat ein außergewöhnliches Exponat eine besondere Würdigung erfahren. Die Weltkulturorganisation UNESCO ernannte den Behaim-Globus als älteste erhaltene Darstellung der Erde in Kugelform zum Weltdokumentenerbe und nahm ihn in das UNESCO-Register »Memory of the World« auf.

Martin Behaim (1459–1507) stammte aus einer Nürnberger Patrizierfamilie. Als junger Mann machte er in den Niederlanden eine Tuchhändlerlehre. In den 1480er-Jahren hielt er sich am portugiesischen Hof in Lissabon auf. Mehrmals nahm er an Erkundungsfahrten vor der Westküste Afrikas teil. Anfang der 1490er-Jahre kehrte er in seine Heimatstadt zurück, wohl mit zahlreichen Karten im Gepäck. Der Nürnberger Rat gab bei ihm den Globus in Auftrag. Nach Behaims Entwurf fertigten Ruprecht Kolberger (Kugel) und Georg Glockendon d. Ä. (Bemalung) den »Erdapfel« zwischen 1492 und 1494 an – ohne den 1492 entdeckten amerikanischen Kontinent. Der Globus stellt Gebiete mit Gewürzanbau oder -handel besonders detailliert dar. Dies sollte Nürnberger Kaufleute zu Investitionen animieren.

Martin Behaim (1459–1507) stammte aus einer Nürnberger Patrizierfamilie. Als junger Mann machte er in den Niederlanden eine Tuchhändlerlehre.

Bei dem ständigen Zuwachs an Sammlungsstücken von Anfang an ist es nicht verwunderlich, dass das GNM einen Erweiterungsbau nach dem anderen brauchte. Inzwischen ist die

Kulturinstitution ein außergewöhnliches Ensemble mit Häusern aus verschiedenen Epochen und von unterschiedlichen Baumeistern. In den Gebäuden kann man sich leicht verlaufen. Zur mittelalterlichen Keimzelle – Kartäuserkloster mit Kartäuserkirche, kleinem Kreuzgang, drei Flügeln des großen Kreuzgangs und drei der Mönchshäuser – kamen eine Reihe weiterer Bauten, 1902 etwa der neugotische Südwestbau nahe der Stadtmauer. Nach Plänen von Sep Ruf (1908–1982) entstanden an der Kornmarktseite zwischen 1955 und 1958 der Theodor-Heuss-Bau und zwischen 1960 und 1964 nebenan der Bibliotheksbau. Es folgten der Südbau (1963 bis 1968) und der Ostbau (1968 bis 1971).

In den 1980er-Jahren bezog man die Kartäusergasse in das Museumskonzept mit ein. Es entstanden dort zwischen 1986 und 1996 ein neuer Eingangsbau samt großer Ausstellungshallen im postmodernen Stil. Ab 2014 entstand im großen Klosterhof ein riesiges Tiefdepot, dessen Bodenplatte mehr als 20 Meter unter dem Gelände liegt. In einem nächsten Schritt werden der Süd- und Südwestbau nach Plänen von David Chipperfield Architects Berlin denkmalgerecht instandgesetzt. Die Wiedereröffnung ist für 2029 vorgesehen (Stand: Frühjahr 2024).

Ab 2014 entstand im großen Klosterhof ein riesiges Tiefdepot, dessen Bodenplatte mehr als 20 Meter unter dem Gelände liegt.

Mit dem Bau des Ausstellungsforums war auch eine Ausschreibung für die künstlerische Gestaltung der nun als integraler Bestandteil des GNM angesehenen Fußgängerzone Kartäusergasse verbunden. Für Nürnberg sollte sich das Ergebnis als Glücksfall erweisen, der nachhaltig in die Stadtgesellschaft hineinwirkt. Aus dem internationalen Wettbewerb ging der Israeli und europäische Weltbürger Dani Karavan (1930–2021) mit seinem Entwurf einer »Straße der Menschenrechte« als Sieger hervor. Der damalige GNM-Generaldirektor Gerhard Bott nannte die Arbeit ein »in seiner Bedeutung und seiner Größenordnung für Deutschland einmaliges Kunstwerk«. Im Oktober 1993 wurde das Werk, das sich über die gesamte Kartäusergasse erstreckt, seiner Bestimmung übergeben. Vom Kornmarkt aus gelangt man durch ein stilisiertes, weißes Betontor, das den Stadtmauerdurchbruch am anderen Ende aufgreift, zur Straße der Menschenrechte. Karavan schuf hier eine Reihe mit 27 weißen Säulen aus Beton, aus verkehrstechnischen Gründen zwei Bodenplatten (statt zweier Säulen) und einer Stieleiche. Auf jeder Säule ist die Kurzfassung eines der 30 Artikel der Menschenrechtserklärung der Vereinten Nationen von 1948 in Deutsch und einer anderen Sprache eingraviert. Der Baum repräsentiert alle übrigen Sprachen der Welt. Auf dem ersten Pfeiler ist Artikel 1 (»Alle Menschen sind frei und gleich an Würde und Rechten geboren.«) in Hebräisch zu lesen. Mit dem Kunstwerk setzt sich die Stadt auch mit ihrer NS-Geschichte, insbesondere mit den menschenverachtenden »Nürnberger Gesetzen«, auseinander. Die Straße der Menschenrechte gab den entscheidenden Anstoß für den »Internationalen Nürnberger Menschenrechtspreis«, den die Stadt Nürnberg seit 1993 im zweijährigen Turnus verleiht.

Das Germanische Nationalmuseum verfügt über ein historisches Archiv, das Deutsche Kunstarchiv, eine großartige grafische Sammlung und eine öffentliche wissenschaftliche Bibliothek mit mehr als 650 000 Bänden zur europäischen Kunst- und Kulturgeschichte. Das Museum ist Mitglied der Leibniz-Gemeinschaft, ein Zusammenschluss wissenschaftlich bedeutender außeruniversitärer Forschungseinrichtungen. Das hauseigene Institut für Kunsttechnik und Konservierung zählt zu den größten Restaurierungseinrichtungen seiner Art in Deutschland. Und das GNM betreibt den ältesten Museumsverlag Europas, gegründet 1853.

Dies und mehr machen das GNM zu einem renommierten Institut für Wissenschaft und Forschung. 2019 haben 346 000 Personen die Institution besucht, wobei dazu das Kaiserburg-Museum als GNM-Außenstelle seit 1999 erheblich beiträgt.

KEIN SCHLUSSSTRICH!

Opernhaus

Vom Stadttheater zum Staatstheater

»Das Verhältnis des Nürnbergers zur Kunst, speziell zum Theater und zur Oper, war immer von einer gewissen Distanziertheit und Reserviertheit geprägt, die dem aller schwärmerischen Sentimentalität abholden Wirklichkeitssinn der Bewohner dieses Teiles Frankens nun einmal zu eigen ist«, schrieben die Experten für das Nürnberger Musiktheater Gisela und Ernst-Friedrich Schultheiß vor mehr als 30 Jahren. Wie für andere Bereiche städtischen Lebens gilt auch für die Geschichte der darstellenden Künste in Nürnberg, dass die Entwicklung aus eigenen Kräften und mit viel Privatinitiative erfolgte. In Ermangelung eines Fürstensitzes bereicherte im Gegensatz zu manchen Provinz-, aber Residenzstädtchen in Nürnberg beispielsweise nie ein höfisches Theater die Kulturlandschaft. Der große Schub kam erst Anfang des 20. Jahrhunderts mit dem 1905 eröffneten »Stadttheater am Ring«, manchmal auch »Neues Stadttheater am Ring« genannt. Heute verfügt Nürnberg über ein weit ausstrahlendes Staatstheater mit Oper, Schauspiel, Ballett und Konzerten sowie eine vielfältige freie Tanz- und Theaterszene. Im Genre Kindertheater gilt Nürnberg als Hochburg.

Liturgische Dramen und Fastnachtsspiele standen im späten Mittelalter am Anfang von Musik-, Tanz- und Sprechvorführungen. Die Handwerkerkultur mit dem Spruchdichter, Meistersinger und Dramatiker Hans Sachs als bekanntesten Vertreter spielte im 16. Jahrhundert mit Auftritten in Wirtshäusern eine wichtige Rolle, ehe englische Theatergruppen im 17. Jahrhundert zunehmend die Szene bestimmten. 1627/28 entstand

links Das Opernhaus am Richard-Wagner-Platz zeugt von großstädtischem Selbstbewusstsein.

auf der Insel Schütt das »Fecht- oder Tagkomödienhaus« – der erste feste Theaterbau nicht nur in Nürnberg, sondern auch der erste kommunale seiner Art in Deutschland. Das Gebäude war allerdings nur tagsüber und in den warmen Monaten zu nutzen. 1667 genehmigte der Rat den Bau eines »Opern- oder Nachtkomödienhauses« an der Ecke Theatergasse/Lorenzerplatz. Hier konnte auch winters und abends gespielt werden. Außerhalb der Logen mussten sich die Zuschauer ihre Sitzgelegenheiten selbst mitbringen. Vor allem durchreisende Theatergruppen gastierten hier. Im Jahr 1800 wurde das marode Gebäude abgerissen. Der Theaterstandort Lorenzerplatz hatte sich allerdings etabliert. An gleicher Stelle errichtete der Gastwirt Georg Leonhard Auernheimer (1766–1829) das »Auernheimer Nationaltheater«, das erste feste Theater mit einem eigenen Ensemble. Auernheimer war dem Schauspiel sehr zugetan und wirkte auch selbst als »Entrepreteur« mit. 1827 wurde das Gebäude wegen Baufälligkeit abgebrochen. Noch im selben Jahr errichtete die Theaterdirektorin Marianne von Trentinaglia mit privaten Darlehen auf der Insel Schütt einen Holzbau als »Interimstheater«. Ihm war kein langes Leben beschieden. Schon 1834 erfolgte der Abriss.

Unterdessen hatte die Stadt an Stelle des ehemaligen Nationaltheaters nach zweijähriger Bauzeit 1833 ein Stadttheater mit rund 1000 Zuschauerplätzen für Schauspiel und Oper geschaffen. In der zweiten Hälfte des 19. Jahrhunderts etablierte sich das Haus als zweitwichtigste Bühne in Bayern. Doch mit dem rasanten Bevölkerungswachstum konnte das Stadttheater nicht mehr lange mithalten. Erste Beratungen für einen Neubau fanden 1887 statt. Als Standort wurde die Fläche des ehemaligen Städtischen Krankenhauses am Frauentorgraben gegenüber dem Germanischen Nationalmuseum auserkoren. Die Stadt beauftragte den bekannten Berliner Theaterarchitekten Heinrich Seeling (1852–1932) mit der Planung. Er sollte das Opernhaus zunächst in Alt-Nürnberger Bauweise gestalten. Sein erster Entwurf fand jedoch keine Zustimmung. Auch seine zweite Fassung, die an den Fassaden stilisierte Renaissance- und Barock-, im Inneren reichlich Jugendstilelemente vorsah, kam bei der Bevölkerung nicht an. Doch Seeling konnte sich letztlich – auch gegenüber der Kritik von Nürnberger Künstlern und Architekten – durchsetzen. Nach vierjähriger Bauzeit wurde am 1. September 1905 das Neue Stadttheater am Ring mit einer feierlichen Vorstellung samt Festwiesenszene aus *Die Meistersinger von Nürnberg* eröffnet. Seeling hatte mit Ausgaben von 4 280 752 Goldmark und 55 Pfennigen die Baukosten erheblich überschritten. Von den vergleichbaren 16 Theaterbauten, die seit 1890 in Europa entstanden waren, erwies sich das Nürnberger Theater als das teuerste. Mit dem repräsentativen Bau gab das Bürgertum der Stadt auch seinem Selbstbewusstsein sichtbar seinen Ausdruck. Finanziert wurde das Opernhaus ausschließlich von der Stadt ohne jegliche Unterstützung des Staates oder eines Monarchen.

Zunächst war das Neue Stadttheater Spielstätte für Schauspiel, Oper und Operette unter der Leitung externer Pächter.

Zunächst war das Neue Stadttheater Spielstätte für Schauspiel, Oper und Operette unter der Leitung externer Pächter. Erst 1919 übernahm die Stadt mit der Bestallung eigener Intendanten erstmals die Regie. Aus dem früheren Pacht- und Lizenzunternehmen wurden die Städtischen Bühnen. Nach einer umfassenden Sanierung diente das 1924 wiedereröffnete Alte Stadttheater als reines Sprechtheater. Der neue Musentempel am Ring konnte sich ganz auf das Musiktheater konzentrieren. 1930 bekam er deshalb auch die Bezeichnung »Opernhaus«, die Spielstätte am Lorenzer Platz erhielt den Namen »Schauspielhaus«.

Bald bezogen die Nationalsozialisten das Opernhaus in ihre Feierrituale während der alljährlichen Reichsparteitage ein. Zum Auftakt wurde auf Weisung Adolf Hitlers immer eine Festinszenierung der *Meistersinger von Nürnberg* gegeben. »Auf besonderen Wunsch des Führers« musste das Opernhaus umgestaltet werden. Innerhalb eines halben Jahres wurde 1935 das Gebäude bis zur Eröffnung des Reichsparteitags am 10. September vor allem vom üppigen Jugendstildekor befreit. Der beauftragte Architekt Paul Schultze-Naumburg (1867–1949), ein Verfechter »nationalsozialistischen Bauens«, sollte den »Geist des Jugendstils« vertreiben und den »wilhelminisch-überladenen« Stil beseitigen. Heraus kam eine seltsame Mischung von Neubarock mit klassizistischen Elementen und kühler Sachlichkeit. Es war keine gestalterische Einheit mehr zu erkennen.

Auf wundersame Weise blieb das Opernhaus im Zweiten Weltkrieg weitgehend unbeschädigt. Das Schauspielhaus am Lorenzerplatz war allerdings zerstört. So bot das Opernhaus vorübergehend allen Sparten eine Heimstatt. 1959 konnte nebenan ein neues Schauspielhaus eröffnet werden. Ganz neu war es nicht. Entstanden war das Gebäude schon 1951 als »Armee-Theater der Besatzungstruppen«, von den Nürnbergern »Ami-Kino« genannt. Als immer mehr US-Soldaten nach Hause zurückkehrten und der Bedarf für die Truppenunterhaltung nachließ, konnte die Stadt das Gebäude samt einem schon 1951 vorsorglich gebauten Bühnenhaus übernehmen. Auch der amerikanische »Stork-Club« im Keller wurde frei und nach einem Umbau ab 1962 Sitz der Kammerspiele. Zwischen 1952 und 1970 agierten die Nürnberger Theater im Verbund mit der Nachbarstadt Fürth unter der Bezeichnung »Städtische Bühnen Nürnberg-Fürth«.

Das Opernhaus steht seit 1905 für bürgerliche Hochkultur, meist für künstlerische Klasse und niveauvolle Unterhaltung. Gelegentlich wartet es mit einem »Theaterskandal« auf.

Ab der zweiten Hälfte des vergangenen Jahrhunderts entwickelten sich die Städtischen Bühnen zunehmend zu einem ambitionierten, niveauvollen Großstadttheater, das auch höchsten künstlerischen Ansprüchen gerecht wird. Im Jahr 2005 übernahm eine gemeinsame Stiftung des Landes Bayern und der Stadt Nürnberg die Städtischen Bühnen, die seither als so geadeltes Staatstheater firmieren.

Das Opernhaus steht seit 1905 für bürgerliche Hochkultur, meist für künstlerische Klasse und niveauvolle Unterhaltung. Gelegentlich wartet es mit einem »Theaterskandal« auf, was für eine Bildungsinstitution, die die Sinne reizen und das eigene Nachdenken fördern will, nicht das Schlechteste ist. Das Haus im Zentrum der Stadt steht auch für einen gewissen Bürgerstolz. Fränkisch-prosaisch sprechen die Einheimischen vom »Obbernhaus«.

Die drei Nürnberger Spielstätten erlebten schon einige Phasen der Sanierung und Modernisierung. Das Schauspielhaus erstrahlt nach einer 38 Millionen Euro teuren Instandsetzung seit 2010 in neuem Glanz. Das Opernhaus erlebte zwischen 1989 und 1998 für 40 Millionen Mark die letzte Generalsanierung. Nur 25 Jahre später ist das Haus vor allem im technischen Bereich so marode, dass ein dauerhafter Weiterbetrieb nur nach einer erneuten, umfangreichen Kernsanierung möglich ist. So kam es Anfang der 2020er-Jahre zu weitreichenden Plänen, von denen bei Drucklegung dieses Buches nicht klar ist, ob sie so realisiert werden.

Zumindest hat der Stadtrat 2022 beschlossen, dass das Opernhaus saniert wird. Während der auf zehn Jahre geschätzten Bauphase soll die Institution in einen noch zu schaffenden Interimsbau im Innenhof der NS-Kongresshalle ausweichen, wobei in Teilen des angrenzenden Rundbaus Foyers, Garderoben, Gastronomie, Werkstätten, Umkleiden, Proberäume und Büros geschaffen werden sollen. Nach der Komplettüberholung des Opernhauses sollen Musiktheater, Ballett und Konzerte wieder an den angestammten Standort am Ring zurückkehren. 2024 wurden Zahlen kolportiert, wonach das Interim 400 Millionen Euro und die Sanierung des Opernhauses 600 Millionen Euro kosten könnten. Vor diesem Hintergrund glaubte Anfang 2024 niemand, dass die Zwischenlösung im Nazi-Rund wirklich nur ein Interim sein könnte, das man danach wieder abreißt. Doch wie soll es stattdessen genutzt werden? Wann wird die Opernhaussanierung dereinst abgeschlossen sein? Manche meinten, man müsse eher an die 2040er-Jahre als an die 2030er-Jahre denken.

Symposion Urbanum

Zeitgenössische Kunst hat es schwer

Nürnberg ist reich an Kunstwerken aus vielen Jahrhunderten. Selten waren Herrscher die Stifter. In Nürnbergs großer Zeit übernahmen oft vermögende Kaufleute und Patrizier die Rolle der Finanziers von künstlerischen Arbeiten. Allein die reiche Ausstattung der großen Kirchen wäre ohne zahlreiche Stiftungen nicht möglich gewesen. Im 19. Jahrhundert tat sich der eine oder andere Industriebaron mit Schenkungen hervor. Bei einer Bestandsaufnahme Anfang der 1990er-Jahre wurden allein über 500 Plastiken, Denkmale und Brunnen im öffentlichen Raum der Stadt dokumentiert. Hinzu kommen die kirchlichen Gesamtkunstwerke und die zahllosen Schätze der Museen, besonders des Germanischen Nationalmuseums.

Über Jahrhunderte unterlagen Kunstwerke einer gewissen Zweckbestimmung, sie hatten repräsentativen Charakter und spiegelten den Zeitgeist. Brunnen, Standbilder, Hausschmuck standen für die religiöse, geistige oder wirtschaftliche Einstellung des Bürgertums, der Handwerkerschaft oder des Stadtrats. Ein Wandel erfolgte erst im 20. Jahrhundert. Nun ist die bürgerliche Kunst nicht mehr auf Zweckerfüllung ausgerichtet, die Kunst wurde autonom. In Nürnberg konzentriert sich die Präsenz von Kunst im öffentlichen Raum auf exponierte Orte im Zentrum, in der Altstadt. Ein Plan für diese Verdichtung ist nicht zu erkennen. Doch die hohe Frequenz von Bürgern, Touristen und Geschäftsleuten in der City scheinen die Quartiere innerhalb des Mauerrings besonders zu prädestinieren.

links Diese Plastik von Barna von Sartory (1927-2000) aus dem Jahr 1971 steht an der Glogauer Straße/Breslauer Straße.

Gleichwohl ist nicht immer Wertschätzung gegenüber mancher, auch großer Schöpfung zu beobachten. Der Neptunbrunnen ist ein solches Beispiel. Der Bildhauer Georg Schweigger (1613–1690) und der Goldschmied Christoph Ritter (1610–1676) hatten ihn in der zweiten Hälfte des 17. Jahrhunderts entworfen und in Bronze gießen lassen. Er war in frühbarocker Zeit für den Hauptmarkt als Friedensdenkmal (»monumentum pacis«) nach dem Dreißigjährigen Krieg konzipiert, gestiftet von Kaiser Ferdinand III. (1608–1657). Der Brunnen sollte aus eingeschmolzenen Kugeln gegossen werden. Große Figurenbrunnen waren auch in anderen, zumal italienischen Städten zu jener Zeit en vogue. Der Neptunbrunnen hätte zudem die Bedeutung Nürnbergs unterstreichen sollen. Doch die Stadtväter entschlossen sich, ihn aus Kostengründen nicht aufzustellen. Stattdessen verkauften sie die Einzelteile über hundert Jahre später an den russischen Zarenhof nach St. Petersburg.

In der Gründerzeit erinnerte man sich wieder des Brunnens. Es kam zu einer privaten Neuauflage, die der jüdische Kaufmann Ludwig Gerngros (1839–1916) unter der Bedingung bezahlte, dass der Brunnen an dem für ihn ursprünglich vorgesehenen Ort aufgestellt werde. Die Initiative war vom Maler Friedrich Wanderer (1840–1910) ausgegangen. Ein Gipsformer konnte in St. Petersburg Abgüsse vom Original machen. So entstand in der Gießerei Lenz in Nürnberg ein zweiter Neptunbrunnen, der 1902 fast inmitten des Hauptmarkts, auch als Kontrapunkt zum Schönen Brunnen, aufgestellt wurde. Gerngros wurde wegen seines Mäzenatentums die Ehrenbürgerwürde verliehen.

Etwas mehr als 30 Jahr später verschwand der Brunnen bereits wieder. Den Nazis war er in Zusammenhang mit den Aufmärschen während der Reichsparteitage im Weg. Dass er ausgerechnet von einem Juden gestiftet worden war, galt ihnen als zusätzlicher Makel. Die NS-Stadtführung ließ das Werk 1934 abbauen, jedoch nicht vernichten. 1937 wurde es auf dem Schlageterplatz (nach 1945 wieder Marienplatz, heute Willy-Brandt-Platz) wiederaufgebaut – direkt vor dem Gauhaus Julius

Streichers. 25 Jahre später stand der Neptunbrunnen dort der Stadtentwicklung im Weg. Kurzerhand versetzte ihn die Stadt in den Stadtpark. Spätere Initiativen aus der Bürgerschaft, das Bauwerk wieder an seinen angestammten Platz zu verlegen, schlugen fehl. Am heutigen Standort, zwischen dem Stadtparkweiher, einer Wiese und Bäumen, wirkt der Neptunbrunnen mit dem auf der Spitze alles überragenden, gekrönten Meeresgott Neptun und zahlreichen mythologischen Figuren seltsam deplatziert. Das Kunstwerk war geschaffen worden für einen von Gotik- und Renaissancebauten bestimmten Platz. Von der ursprünglichen Intention, ein Symbol des Friedens und der Völkerverständigung zu sein, ist nichts übrig geblieben. Der Brunnen liegt auch nicht mehr in seinem ursprünglichen erhöhten Barockbecken, sondern in einem betonierten Flachbecken, das zufällig schon vorhanden war.

Mit dem *Symposion Urbanum* wollten Objektkünstler aus aller Welt im Dürerjahr 1971 die Augen öffnen für Neues, Kultur sollte für jeden zugänglich sein, der Demokratiegedanke spielte eine wichtige Rolle. Als Motoren wirkten der österreichische Bildhauer Karl Prantl (1923–2010) und der Nürnberger Galerist Hansfried Defet (1926–2016). Sie initiierten das Ausstellungsprojekt im urbanen Raum. Künstler und Künstlergruppen schufen 29 Werke im gesamten Stadtgebiet, überwiegend finanziert von Sponsoren. 26 stehen noch heute, eine Arbeit auch in Erlangen. International wurde die Aktion viel beachtet. Manche Werke wurden später versetzt, weil sie einer anderen Nutzung des öffentlichen Raums im Weg waren, oft führen sie ein Schattendasein und werden kaum mehr wahrgenommen. Sie hatten es von Anfang an schwer, weil die Nürnbergerinnen und Nürnberger offenkundig mit abstrakten Skulpturen und Plastiken aus Stein, Holz und Metall wenig anfangen konnten. Viele reagierten ab-

Der Brunnen liegt auch nicht mehr in seinem ursprünglichen erhöhten Barockbecken, sondern in einem betonierten Flachbecken, das zufällig schon vorhanden war.

lehnend bis aggressiv. Manche Kunstwerke wurden beschädigt oder gar zerstört.

Am auffälligsten zeigte sich dies an der pneumatischen Plastik *Wegweiser für Nürnberg* der Künstlergruppe Haus-Rucker-Co an der Marienbergstraße. Der überdimensionale Finger aus PVC, der in Richtung Flughafen deutete, wurde dreimal zerstört, ehe er 1979 endgültig abgebaut wurde. Kunst im öffentlichen Raum kommt in Nürnberg an, wenn sie gefällig, konventionell und gegenständlich ist, sie eckt an, wenn sie Ungewöhnliches wagt und die Sinne herausfordert.

Über dem in den 1970er-Jahren entstandenen neuen U-Bahnhof Weißer Turm war ein großer Entlüftungsschacht notwendig. Nürnbergs Baureferent Otto Peter Görl hatte die Idee, den großen unansehnlichen Gitterrost in der Fußgängerzone mit einem Brunnen zu kaschieren. Der Auftrag ging an den Braunschweiger Bildhauer Jürgen Weber (1928–2007). Er setzte ein Gedicht des Poeten Hans Sachs über die Ehe in zum Teil drastische figürliche, überlebensgroße Darstellungen um. Es geht um Szenen einer Ehe – von der süßen Leidenschaft des Anfangs über Streit und Zank bis zum Tod. Der 1984 in Betrieb genommene Brunnen war anfänglich heftig umstritten. Im selben Jahr schuf der Künstler Jürgen Goertz *Der Hase – Hommage à Dürer* am Tiergärtnertorplatz vor dem Pilatushaus. Der Bronzeguss auf einem Granitsockel zeigt einen Hasen, der weder etwas mit Dürers Aquarell-Hasen noch mit einer irgendwie gearteten realistischen Darstellung eines Hasen zu tun hat. Der Goertz-Hase mit Blick auf das Dürerhaus wirkt geschunden und deformiert. Er ist vielleicht eine Persiflage, auf jeden Fall ein Ausdruck der Moderne. Weber und Goertz haben mit ihren Arbeiten viele Gemüter erregt. 40 Jahre später scheinen sich die meisten Bürger damit arrangiert zu haben. Beide Kunstwerke sind ohnedies schon lange Touristenattraktionen.

Es geht um Szenen einer Ehe – von der süßen Leidenschaft des Anfangs über Streit und Zank bis zum Tod.

Während der Fußballweltmeisterschaft 2006 war Nürnberg eine der zwölf Spielstätten in Deutschland. In Zusammenhang mit dem Weltsportereignis lobte die Stadt ein Kunstprojekt aus: »Das große Rasenstück. Zeitgenössische Kunst im öffentlichen Raum«. Auf dem Königstorturm gab es spektakuläre Projektionen der Frankfurter Künstlerin Silke Wagner, Olaf Nicolai schuf auf der Insel Schütt drei *Pavillons* – die einzige Skulptur, die heute noch steht – und der renommierte Konzeptkünstler Olaf Metzel umhüllte den Schönen Brunnen mit einer skulpturalen Arbeit in Helixform mit dem Titel *Auf Wiedersehen* aus 780 ausgedienten Stadionsitzen, die an einem Stahlrohrgerüst fixiert waren. Man hätte an den WM-Pokal denken können. Oder an zerstörte Stadien. Oder daran, mit welcher Wucht sich der kommerzielle Fußball als Milliardengeschäft über Tradition, gewachsene Kultur oder Werte hinwegsetzt. Darüber und über anderes hätte man nachdenken und diskutieren können.

In erster Linie jedoch gab es einen Aufschrei. Nürnbergerinnen und Nürnberger waren erbost, dass »ihr« Schöner Brunnen für wenige Wochen verborgen war. Tagtäglich kam es zu lautstarken Protesten auf dem Hauptmarkt. Die Stadtspitze musste Anfeindungen und Beschimpfungen über sich ergehen lassen. Tatsächlich hat der documenta-Teilnehmer Metzel mit seiner Installation den Betrachtern die Bedeutung des Schönen Brunnens mit seiner temporären Umhüllung erst in Erinnerung gerufen und bewusst gemacht.

Das »Symposion Urbanum« war so etwas wie ein Aufbruch in die Moderne. Die Stadt hatte einen großen internationalen Auftritt. Das lokale Echo war ernüchternd. Zeitgenössische Kunst im öffentlichen Raum hat es schwer in Nürnberg.

FEUERBACH
VEIT STOSS

Kulturmeile

Verwirklicht und vergessen

Die Meile ist im deutschen Sprachraum kein übliches Längenmaß. Spricht man von einer Meile, will man hierzulande meist etwas Besonderes ausdrücken, will man sich vom Normalmaß, vom Standard abheben. Insofern hatte Peter Schönlein, Fraktionsvorsitzender der SPD im Stadtrat und Bewerber um das Amt des Oberbürgermeisters bei der Wahl 1987, für seine Idee den passenden Begriff gefunden: Kulturmeile. Eine Inspiration ist dem Frankfurter Museumsufer zuzuschreiben, wo mehrere Museen nebeneinander entstanden waren. Zunächst ging es Schönlein um eine Bewusstseinsbildung der Bürger. Reihten sich doch schon in den 1980er-Jahren vom Tratzenzwinger bis zum Germanischen Nationalmuseum respektable, kleine bis sehr große Kultureinrichtungen wie Perlen an einer Schnur wenige Meter diesseits und jenseits der südöstlichen Stadtmauer aneinander. Doch Schönlein hatte perspektivisch mehr im Sinn, als »nur« auf das Vorhandene aufmerksam zu machen. 1989 wurde deshalb auch ein städtebaulicher Ideenwettbewerb ausgelobt.

In den 1960er-Jahre herrschte in Nürnberg kulturelle Aufbruchstimmung. Dietrich Mahlow (1920–2013), Leiter der Kunsthalle (vorher: Fränkische Galerie), begann eine Sammlung moderner Kunst anzulegen. Doch der Traum, dafür auch ein eigenes Haus zu bekommen, platzte nach wenigen Jahren. Zwei Jahrzehnte später wurde er wieder lebendig. Eine private »Initiative Museum 20. Jahrhundert Nürnberg« und Mäzene warben nun für die Gründung eines Museums der Kunst des 20. Jahrhunderts. Schönlein saß im Kuratorium des Vereins. Der

links Die geschwungene Glasfassade verleiht dem Neuen Museum eine besondere Ausstrahlung.

gewiefte Kommunalpolitiker hatte das 950-jährige Stadtjubiläum im Jahr 2000 im Blick. Bis dahin sollte eine solche Institution geschaffen werden. Der Sozialdemokrat nahm das Land mit in die Pflicht. Dies ging umso leichter, als der Freistaat in München gerade eine Pinakothek der Moderne plante. Wenn der Staat in der Landeshauptstadt ein weiteres Museum finanzierte, dann durfte Nürnberg nicht leer ausgehen. 1990 beschloss die CSU-Regierung den Bau eines Museums für zeitgenössische Kunst in Nürnberg auf einem bis dahin trostlosen Parkplatz in Hinterhoflage der Luitpoldstraße, der bald den Namen Klarissenplatz bekommen sollte. Der weitgehend unbekannte Volker Staab gewann 1991 den Architekturwettbewerb. Er schuf für das Hauptgebäude eine spektakuläre, rund hundert Meter lange, konkave Glasfassade. Sie wirkt wie ein riesiges Schaufenster, das erste Blicke auf das Innere erlaubt. Alle Baukörper fügen sich trotz moderner eigener Sprache in das historische Umfeld ein. Die Stadt steuerte für das Neue Museum Grundstücke und ihre Kunstsammlung bei. Die staatliche Kulturverwaltung hatte aber noch eine eigene Vorstellung. Im Nürnberger Museum sollte auch Design der »Neuen Sammlung« München gezeigt werden. So wurde am 11. September 2000 das »Neue Museum – Staatliches Museum für Kunst und Design in Nürnberg« eröffnet – als erstes staatliches Kunstmuseum Bayerns außerhalb der Landeshauptstadt München. Das Haus ist seither ein Leuchtturm inmitten der Kulturmeile. Schönleins Vision, für die er anfänglich von manchen belächelt wurde, erfüllte sich.

Das Haus ist seither ein Leuchtturm inmitten der Kulturmeile. Schönleins Vision, für die er anfänglich von manchen belächelt wurde, erfüllte sich.

Mehr noch: In den nachfolgenden Jahren kamen weitere Häuser mit kultureller Nutzung hinzu. Bei einem Spaziergang von der Pegnitz bis zum Germanischen Nationalmuseum stößt man heute auf folgende Einrichtungen: Krakauer Haus (deutsch-polnisches Kultur- und Begegnungszentrum seit 1995), Tratzenzwinger (Sitz des Kreisjugendrings), Norishalle (seit 2000 mit dem Stadtarchiv – dem »Gedächtnis der Stadt« – und der Naturhistorischen Gesellschaft), dem Multiplexkino Cinecittà (seit 1995), Bildungscampus mit Stadtbibliothek und Bildungszentrum, Nürnberger Akademie (seit 1997 im ehemaligen Gewerbemuseum), Katharinenruine (für Open-Air-Veranstaltungen), Kunstvilla in der Blumenstraße (Neugründung 2008), Kunsthalle, Künstlerhaus unter anderem mit Kunsthaus und Filmhaus, Kunstbunker im ehemaligen Bauhofbunker (seit 1994), Neues Museum (samt benachbartem städtischen Skulpturengarten seit 2004), Literaturhaus (seit 2003), Staatstheater mit Opernhaus, Schauspielhaus und Kammerspielen, DB Museum (vormals: Verkehrsmuseum) und Museum für Kommunikation (früher: Post-Museum) unter einem Dach an der Lessingstraße und schließlich: das GNM (mit dem wichtigen Erweiterungsbau zwischen 1986 und 1996).

Auf kürzester Distanz versammelt die Kulturmeile Häuser der Bildung und der Wissenschaft, des Lesens und der Erbauung, des Diskurses und der Unterhaltung, Museen mit Inhalten von der Vor- und Frühgeschichte über Verkehrs- und Kommunikationsgeschichte bis zu Museen mit regionaler, nationaler, internationaler und zeitgenössischer Kunst mit Dauer- und Wechselausstellungen. Der Vielfalt sind auf engstem Raum keine Grenzen gesetzt. Der Zugang kann »niederschwellig«, aber auch herausfordernd sein. Hochkultur steht neben Soziokultur. Manchmal ist unklar, wo die Grenzen sind. Jahr für Jahr nutzen Millionen Menschen die Einrichtungen. Bis 2020 verzeichnete allein das Cinecittà seit Bestehen 40 Millionen Besucherinnen und Besucher.

Das Künstlerhaus inmitten der Kulturmeile zwischen Königstor und Marientor wurde von 1906 bis 1910 als Versammlungs- und Ausstellungsort lokaler Künstler errichtet, weitestgehend durch private Spenden finanziert. Künstlervereinigungen bekamen Gesellschaftsräume, ein Festsaal mit Nebenräumen bot Platz für größere Veranstaltungen. Die Städtische Galerie belegte die Hauptausstellungsfläche. Nach 1945 zogen erst der US-Army Officers' Club und der »Red Cross Club«, vom Wintersemester 1960/61 bis 1968 die Pädagogische Hochschule ein. 1968 hinterließ der Aktionskünstler Joseph Beuys (1921–1986) bei einer Ausstellung eine seiner Fettecken.

Verschiedene moderne und radikale Bauprojekte, die Künstlerhaus, Kunsthalle und Marientorzwinger bis zum Dürerjahr 1971 ersetzen sollten, scheiterten zum Glück. Das durch Kriegsschäden angeschlagene Künstlerhaus schien Anfang der 1970er-Jahre nur noch geeignet für eine kurze Zwischennutzung. Entstanden ist unter dem Schul- und Kulturreferenten Hermann Glaser (1928–2018) mit dem zunächst im Juli 1973 mit einem 16-tägigen Probelauf gestarteten »Kommunikationszentrum« ein bundesweit beispielloses, selbstverwaltetes Jugendzentrum. In die Geschichte eingegangen ist es als »KOMM«. Von 1974 bis 1996 war es 23 Jahre lang mit viel Leben erfüllt. Generationen von jungen Menschen sind hier sozialisiert worden, haben sich ausprobiert und entfaltet, »alternative« Kultur geschaffen und konsumiert, haben debattiert und gestritten, Konzerte besucht und im Cayhaus auf Kissen am Boden Tee getrunken. Das KOMM strahlte als soziokulturelles Zentrum in die ganze Bundesrepublik, auch als Vorbild. »Heimatlose« oder andernorts Unerwünschte hatten hier eine Anlaufstelle. Von Anfang an hatten Seniorinnen und Senioren im »Hinterzimmer« einen Treffpunkt. Aus dem KOMM heraus entwickelten sich unter anderem das Filmhaus-Kino (eines der besten kommunalen Kinos Deutschlands), die *Medienwerkstatt Franken*, das »Concertbüro Franken«, das alternative Kultur- und Politmagazin *plärrer* (1978–2010) die Drogenhilfe »mudra« oder die heute etablierten Nürnberger Kindertheater.

Das KOMM war ein einziger Demokratie-Lernort, dominiert von einer linken Szene, auch ein Ort für Konflikte und Auffangbecken für soziale Bewegungen. Vom Hauptbahnhof schwappte die Drogenproblematik herüber, was das Haus ähnlich belastete wie die Teilinbesitznahme durch Punks und Autonome. Das KOMM war Brennpunkt politischer und sozialer Themen. Hermann Glaser (SPD), lange auch Vorsitzender des Kulturausschusses des Deutschen Städtetags, formulierte: »Das KOMM ist nicht der Verursacher von Erdbeben, sondern der Scismograph, der diese in unserer Gesellschaft aufzeigt.«

Am 5. März 1981 wurde das KOMM bundesweit »berühmt«. Nach einer Filmvorführung über die niederländische Hausbesetzerszene kam es zu einer anschließenden spontanen Demonstration. 150 bis 200 Leute zogen durch die Innenstadt. Vereinzelt flogen Steine. Es entstand ein Sachschaden von 30 000 Mark. Die Demonstranten kehrten gegen 23 Uhr, teilweise von der Polizei bedrängt, wieder ins KOMM zurück. Gegen drei Uhr morgens durchkämmte die Polizei das Haus und nahm 164 Personen fest. Tags darauf wurden sie dem Ermittlungsrichter vorgeführt. Gegen 141 von ihnen wurde wegen Landfriedensbruch sowie Flucht- und Verdunkelungsgefahr Untersuchungshaft angeordnet. Einer von fünf Richtern erließ innerhalb von wenigen Stunden mit Hilfe eines hektografierten Einheitstextes allein 50 Haftbefehle. Es wurden nur noch die Namen eingesetzt. Die Verhafteten wurden in Gefängnisse in ganz Bayern gebracht und bis zu zwei Wochen festgesetzt. Unter den Inhaftierten waren allein 21 Jugendliche unter 18 Jahren und 54 Heranwachsende zwischen 18 und 21 Jahren.

Die Verhafteten wurden in Gefängnisse in ganz Bayern gebracht und bis zu zwei Wochen festgesetzt.

Es handelte sich um die bis dahin größte Massenverhaftung in der Geschichte der Bundesrepublik. Der Staatsrechtler Erich Küchenhoff zählte über tausend Verfassungsverstöße. Schnell bildete sich ein breiter Protest gegen das Verhalten von Polizei und Justiz. Bei einer Großkundgebung am 10. März geißelte Hermann Glaser vor 10 000 Menschen den ganzen Vorgang als »Polizei-, Justiz- und jugendpolitischen Skandal ersten Grades«. Und wörtlich: »Ich klage an: Den bayerischen Innenminister und den bayerischen Justizminister, daß sie durch maßstabslose

Aktionen begonnen haben, eine rationale und offene Jugendarbeit kaputtzuschlagen. Ich klage sie an, daß sie das Vertrauen der Jugend in diesen Staat, der mein Staat, unser Staat ist – bei allem und trotz allem ist und bleibt –, ich klage sie an, daß sie dieses Vertrauen zerstören.«

Steinewerfer wurden nie ermittelt. Im November 1981 begann trotzdem ein Prozess gegen 68 Personen. Es stellte sich heraus, dass die Polizeiprotokolle große Widersprüche aufwiesen, manche Protokolle erst Wochen nach dem 5. März angefertigt wurden, manche im Sinne der Anklage ausfielen. Für Polizei und Justiz wurde die Massenverhaftung zum Desaster. Das Gericht setzte die Verhandlung aus. Das Justizministerium entzog der Nürnberger Staatsanwaltschaft die Zuständigkeit und betraute die Regensburger Anklagebehörde mit dem Fall. Der dortige Oberstaatsanwalt sah nach Studium der Akten nur eine Lösung: Einstellung des Verfahrens, weil die vorgelegten Beweise nicht ausreichten. Dem schloss sich das Nürnberger Landgericht am 22. Dezember 1981 an. Es bleibt: ein beispielloses Lehrstück der Demokratie.

Auch ohne Massenverhaftung entzündeten sich am KOMM im Stadtrat immer wieder heftige Debatten. Der CSU war das KOMM als »Schandfleck« am Eingang zur Altstadt ein Dorn im Auge. Als sie mit anderen bürgerlichen Kräften 1996 erstmals die Stadtregierung stellte, war sie mit Blick auf das ungeliebte Kommunikationszentrum überraschend zurückhaltend. Ein von der Kulturverwaltung erarbeitetes Papier fand im Rat Zustimmung. Am 4. Dezember 1996 kündigte die Stadt dem Trägerverein KOMM zum Ende des Jahres. Die Selbstverwaltung war beendet.

Aus dem KOMM wurde das »K4« (*K*ultur- und *K*ommunikationszentrum im *K*ünstlerhaus am *K*önigstor«). Das K4 ist auch schon wieder Geschichte. Seit 2006 heißt das K4 Künstlerhaus und gehört zur neuen Verwaltungseinheit »KuKuQ« (»Kunst- und Kulturquartier«). Für viele Menschen bleibt dieser Kulturstandort jedoch weiter das KOMM. Mit dem Neustart

1997 unter anderen Vorzeichen war auch eine Generalsanierung in drei Etappen verbunden. Der Eingangsbereich bekam 2002 einen gläsernen, kubischen (und umstrittenen) »Kopfbau«. Der 30 Millionen Euro teure dritte und letzte Bauabschnitt begann 2019. Nach einigen Verzögerungen soll die komplette Wiedereröffnung 2024 stattfinden. Das alte KOMM ist Geschichte, doch das neue Künstlerhaus will auch mit ehrenamtlicher Beteiligung ein breites interdisziplinäres und multikulturelles Angebot mit Film und Musik, Tanz und Theater, bildender Kunst und Handwerk, Literatur und Medien machen. In ein paar Jahren wird man sehen, welchen Glanz diese neue Perle in der Kulturmeile entfalten kann.

Die Kulturmeile war zunächst eine Utopie, nahm aber über Jahre hinweg immer mehr Gestalt an. Zum ursprünglichen Gedanken gehörte auch eine »Vernetzung« der verschiedenen Institutionen. Als Begriff und als Idee ist die Kulturmeile bald 40 Jahre nach ihrer »Erfindung« nicht mehr präsent. Dabei existiert sie zweifelsohne, umfangreicher und kraftvoller denn je. Doch nicht einmal eine Website weist darauf hin.

Glaube

Christliche Kirchen verlieren an Rückhalt

Seit dem Jahr 380 war das Christentum im Römischen Reich Staatsreligion. Die Anfänge des christlichen Glaubens in Nürnberg sind sehr stark mit der Strahlkraft des Stadtpatrons Sebaldus verbunden. Die dem heiligen Petrus ursprünglich geweihte Vorläuferkirche der Sebalduskirche ist die älteste in Nürnberg. Zu ihr gesellten sich zunächst St. Egidien (um 1150), St. Jakob (1283/90) und St. Lorenz. Franziskaner-, Dominikaner-, Karmeliten- und Augustinerorden errichteten Männer- und Frauenklöster, weitere Konvente folgten. Sie prägten mit den mächtigen Gotteshäusern das Stadtbild. Die Kirche kümmerte sich um die Seelsorge, auch um Bildung und Wissenschaft. Mönche und Nonnen übernahmen wichtige Aufgaben in der Armenfürsorge.

Im Mittelalter gab es nur einen, den römisch-katholischen Glauben. Die Juden spielten eine Sonderrolle (siehe Kapitel »Jüdische Gemeinde«). Mit Beschluss des Rates am 5. März 1525 schloss sich die Stadt der Glaubensrichtung von Martin Luther an. Nürnberg war das »heimliche Zentrum« der Reformation. Die Stadt warf alle päpstlichen Gebote über Bord. Unter maßgeblicher Beteiligung des Ratsschreibers Lazarus Spengler (1479–1534) und des Predigers Andreas Osiander entstand eine neue Kirchenordnung, die von vielen Reichsstädten und Territorialherren übernommen wurde.

Alle Bürger hatten sich an die neue Lehre zu halten. Der Herrscher eines Landes – oder im Fall des Stadtstaats Nürnberg die Obrigkeit im Rathaus – konnte die Religion der Bewohner bestimmen. Später brachte die lateinische Redewendung *cuius*

links Teilnehmerinnen des Evangelischen Kirchentags 2023 in Nürnberg beim Besuch der katholischen Kirche St. Klara.

regio, eius religio (wessen Gebiet, dessen Religion) dieses Prinzip zum Ausdruck. Eine calvinistisch reformierte Gemeinde feierte ihre Gottesdienste über 150 Jahre lang vor den Toren Nürnbergs in Stein. Unter dem Einfluss der Aufklärung änderte sich dies. Bis 1800 war fast drei Jahrhunderte lang nur die lutherische Konfession auf Nürnberger Stadtgebiet erlaubt. In Bayern galt bereits seit 10. Januar 1803 das »Edikt über die Religionsfreiheit«, das die drei christlichen Konfessionen (römisch-katholisch, lutherisch und reformiert) als gleichberechtigt ansah. Erst die Paulskirchenverfassung von 1848 hat die Religionsfreiheit grundsätzlich garantiert.

In Nürnberg verzeichnete die Statistik im Jahr 1810 wieder 1100 Katholiken. Die Marthakirche war ihnen als erstes Gotteshaus überlassen worden. 85,8 Prozent der Nürnbergerinnen und Nürnberger waren evangelisch, 14,1 Prozent römisch-katholisch. Mit der Industrialisierung und der Zuwanderung aus katholischen Gegenden veränderte sich das Verhältnis weiter. 1905 waren zwei von drei Personen evangelisch, knapp ein Drittel katholisch, 2,3 Prozent waren mosaischen Glaubens. Der Katholikenanteil stieg nach 1945 wegen der Flüchtlinge aus den ehemaligen deutschen Ostgebieten, der »Gastarbeiter« aus Italien, Spanien und Jugoslawien und später der polnischen Aussiedler weiter.

Noch lange im 20. Jahrhundert war es selbstverständlich, (freiwillig) Mitglied in einer der beiden großen Volkskirchen zu sein.

Noch lange im 20. Jahrhundert war es selbstverständlich, (freiwillig) Mitglied in einer der beiden großen Volkskirchen zu sein. Ein seit Ende des Zweiten Weltkriegs neues Phänomen von Kirchenaustritten entwickelte eine große Dynamik. Erstmals verließen im Jahr 1969 mehr als 1000 Menschen die evangelische oder katholische Kirche. In den nachfolgenden Jahren pendelten die Zahlen zwischen 1300 und 4200. Eine dritte Gruppe mit »sonstiger« (oder gar keiner) Religionszugehörigkeit etablierte sich. Hinzukam der demografische Wandel. Die Zahl der jungen

Getauften liegt unter den Todesfällen. Ende 2016 waren rund 27 Prozent der Einwohner evangelisch, 25 Prozent katholisch. Inzwischen gehört weniger als die Hälfte der Nürnberger einer der beiden großen christlichen Kirchen an. Am 31. März 2023 waren 541 133 Personen mit einem Hauptwohnsitz in Nürnberg gemeldet. Zu diesem Stichtag gehörte mehr als die Hälfte (54,1 Prozent) keiner öffentlich-rechtlichen Religionsgemeinschaft an, 22,1 Prozent waren Mitglied in der evangelisch-lutherischen Kirche, 19,1 Prozent in der römisch-katholischen Kirche, 3,9 Prozent waren in einer sonstigen Religionsgemeinschaft, zum Beispiel bei der Israelitischen Kultusgemeinde, eingetragen.

Die Religionsfreiheit ist ein hohes Gut. Sie rangiert im Grundgesetz in der Reihenfolge noch vor der Meinungsfreiheit. Niemand muss seinen Glauben oder seine Weltanschauung offenlegen. Nur wer Kirchen angehört, die Steuern erheben, muss dies melderechtlich angeben. Ob ein Mitglied dieser Kirchen auch gläubig ist, ist damit nicht gesagt. Für alle anderen Personen wird im Melderegister der Stadt »ohne Angabe« vermerkt. In dieser Gruppe werden Atheisten genauso wie Muslime oder Buddhisten zusammengefasst.

In Nürnberg sind mehrere Hundert Gemeinden, Gemeinschaften und Vereinigungen von größeren und kleineren (Welt-) Religionen vertreten. 22 von ihnen – von der Alt-Katholischen über die Evangelisch-methodistische Kirche bis zum Bund Evangelisch-Freikirchlicher Gemeinden in Deutschland – besitzen den Status einer »Körperschaft des öffentlichen Rechts«. Muslimische Gemeinden gehören nicht dazu. Nicht zuletzt Zuwanderer aus der Türkei, aber auch aus anderen Ländern, haben bislang zwölf Moscheen geschaffen. Oft fristen sie ein Hinterhofdasein. Anfang der 2010er-Jahre wollte die Ahmadiyya-Gemeinde in einem Gewerbe- und Wohngebiet am Hasenbuck eine neue Moschee mit Minarett errichten, auch um ihren Glauben sichtbar nach außen zu dokumentieren. Es gab Proteste aus konservativen Kreisen wegen der Befürchtung, dass mehrmals täglich ein Muezzin zu hören wäre. Dies hatte die Gemeinde eigenen Angaben zufolge nie im Sinn gehabt. Das Gotteshaus wurde gebaut – einschließlich Minarett. Bis heute hat es keinen einzigen der befürchteten Gebetsrufe gegeben. Der Konflikt scheint vergessen.

Mit der »Internationalisierung« Nürnbergs wuchs auch die Vielfalt der Religionen und Glaubensrichtungen in der Stadtgesellschaft. Die Haltungen der großen christlichen Kirchen haben sich geändert. Die lokalen Repräsentanten stehen für Offenheit, gegenseitiges Verständnis und Toleranz. Noch in den 1960er-Jahren wurden Paare, die eine »Mischehe« – ein Partner katholisch, der andere evangelisch – eingegangen waren, von der jeweils anderen Seite skeptisch betrachtet. Das hat sich längst geändert. Die evangelische und katholische Kirche pflegen seit den 1970er-Jahren auf besondere Weise die Ökumene. Seit 1977 sucht die Arbeitsgemeinschaft christlicher Kirchen in Nürnberg die Zusammenarbeit. Im Oktober 2016 gründete sich der »Rat der Religionen« mit 16 Männern und Frauen aus sieben Religionen im Vorstand. Er setzt sich für ein konstruktives und zukunftsweisendes Zusammenleben aller Religionen, Weltanschauungen und Lebensstile in Nürnberg ein und will den Zusammenhalt in der Kommune, ein konfliktfreies, respektvolles Zusammenleben, Toleranz und Völkerverständigung fördern.

Den beiden großen christlichen Kirchen weht seit Jahren der Wind ins Gesicht. Es gibt ein Imageproblem. Gerade die katholische Kirche hat Mühe, junge Priester gewinnen zu können. Im säkularen Zeitalter wenden sich immer mehr Menschen von der Religion ab. Transzendente oder metaphysische Gedanken sind ihnen fremd. Der Vertrauensverlust ist zum Teil auch hausgemacht, wenn man allein an die unzähligen sexuellen Missbrauchsskandale in der ganzen Republik denkt. Es gibt keine Hinweise, dass der Exodus der Gläubigen in der evangelischen oder katholischen Kirche in Nürnberg demnächst zu Ende sein könnte. Man kann diesen Umstand beklagen oder ihn auch nüchtern zur Kenntnis nehmen. Die großen Kirchen waren und sind mit der Caritas und der Diakonie Träger unzähliger sozialer

Einrichtungen, von Kindertagesstätten bis zu Alten- und Pflegeheimen, von der Jugendpflege bis zur Straßenambulanz, von Schulen bis zur Erwachsenenbildung, von Krankenhäusern bis zum Hospiz.

Es sind auch die aktiven Gläubigen vieler Religionen, die mit ihrer ehrenamtlichen, oft gar nicht wahrgenommenen Arbeit auf Basis ihres menschenzugewandten Weltbilds die Gesellschaft mit zusammenhalten, wichtige Beiträge für Verständigung und Integration leisten. Die Stimme der Religionsgemeinschaften, zumal der großen christlichen Kirchen, hat in der Stadtgesellschaft Gewicht, gerade wenn es um soziale, moralische und ethische Fragen geht. Man muss selbst nicht gläubig sein, um sich schwer vorstellen zu können, dass diese Stimme bei anhaltenden Kirchenaustritten irgendwann verstummen könnte.

לפני מי אתה עומד
גשם
כ ת
למאה שנות קיומה
של הקהילה הקדושה
נירנברג
תרכב תשכב

Jüdische Gemeinde

Hoffnung auf Normalität

Rund um die Israelitische Kultusgemeinde Nürnberg (IKGN) im Norden der Stadt sind zahlreiche Überwachungskameras angebracht. Zu dem Komplex gehören neben der Synagoge auch ein überkonfessionelles Seniorenwohn- und Pflegeheim, ein Gemeindezentrum und bald ein Kindergarten. Immer wieder fahren Polizeifahrzeuge Streife. Vor dem Eingang ist das Parken verboten. Die Stellflächen sind als »Sicherheitsbereich« ausgewiesen. Für angemeldete Besucher öffnen sich zunächst schusssichere Tore, danach erfolgt in einer gläsernen Schleuse eine Personenkontrolle. Die IKGN kommt einem vor wie ein Hochsicherheitstrakt. Anfang des 21. Jahrhunderts müssen jüdische Einrichtungen in Deutschland geschützt werden, auch in Nürnberg.

Der Antisemitismus ist nicht nur mit Worten, sondern auch mit Taten präsent. Antijüdische Anfeindungen, Drohbriefe, Beschimpfungen, Friedhofsschändungen, Brandanschläge, Misshandlungen und körperliche Attacken haben in der jüngeren Vergangenheit zugenommen. Kinder werden von Mitschülern bedroht. Antisemitismus gehört zum Alltag in der Bundesrepublik Deutschland. 2019 wollte ein Täter die Synagoge in Halle stürmen, um einen Massenmord zu verüben. Der Versuch, in das Gotteshaus einzudringen, misslang. Schließlich tötete der 27-jährige Deutsche willkürlich zwei Personen außerhalb und verletzte zwei weitere vor seiner Festnahme. In Deutschland haben Juden Angst, auch in Nürnberg.

links Blick in die Synagoge der Israelitischen Kultusgemeinde Nürnberg im jüdischen Gemeindezentrum.

Im Jahr 2021 wurde mit vielen Veranstaltungen an »1700 Jahre jüdisches Leben in Deutschland« erinnert. Es waren auch 1700 Jahre des Überlebens. Über weite Strecken der deutschen Geschichte haben Juden zwischen Sicherheit und Unsicherheit, zwischen Anerkennung und Verfolgung gelebt. Oft war das Leben unkompliziert mit den christlichen Nachbarn, vielfach war es angespannt und geprägt von Vorurteilen. Immer wieder wurden Juden zu Opfern eines »christlich«, anderweitig »religiös«, wirtschaftlich und/oder rassistisch motivierten Antisemitismus bis hin zur millionenfachen Vernichtung.

Ein Dekret von Kaiser Konstantin im Jahr 321 gilt als erster Nachweis von Juden im deutschen Sprachraum (in Köln). In Nürnberg gab es spätestens seit 1146 eine größere jüdische Gemeinde. Die Menschen kamen meist als verfolgte Flüchtlinge aus dem Rheinland. Sie konnten sich nahe der Pegnitz, auf unsicherem Schwemmland, das zudem immer wieder von Hochwasser heimgesucht wurde, ansiedeln. Es war so ziemlich die schlechteste Lage in der Stadt.

In manchen Zeiten konnten die Juden neben der christlichen Gemeinschaft eine funktionierende Gemeinde aufbauen. Sie wurden auch in der Stadt und darüber hinaus gebraucht und missbraucht. Christen durften bis in die frühe Neuzeit keine Geldgeschäfte machen. So waren die Nürnberger Juden meist als Geldverleiher tätig. Handwerker, Kaufleute, Könige und Bischöfe griffen auf ihre Dienste zurück.

Im ausgehenden Mittelalter nahmen antijüdische Haltungen zu. In der Unter- und Mittelschicht wuchs das Hasspotenzial gegen die »Christenfeinde«. Manchmal wurde ihnen als »Brunnenvergiftern« der Ausbruch der Pest zugeschrieben. Eine wichtige Rolle spielten wirtschaftliche Interessen und Neid auf die überwiegend erfolgreiche Minderheit, die sich durch Sprache, höhere Bildung, religiöses Brauchtum und Kleidung unterschied. 1296 wurde am (heutigen) Hauptmarkt eine Synagoge eingeweiht. Zwei Jahre später kam es in ganz Franken zu einer Welle von Pogromen, angezettelt von einem heruntergekommenen »Edelmann« namens Rintfleisch in Röttingen im Taubertal. Wegen angeblichen Hostienfrevels ermordeten aufgehetzte Bürger in dem später euphemistisch genannten »Rintfleisch-Aufstand« in 146 Gemeinden massenhaft Juden. In Nürnberg wurden 628 Opfer verzeichnet. Unter ihnen war der noch heute berühmte Rabbiner und Gesetzeslehrer Mordechai ben Hillel (1250–1298) mit Ehefrau und fünf Kindern. Unter den Mördern der Nürnberger Juden waren auffällig viele Handwerker.

Doch schon drei Jahre später erlaubte man Juden, sich (gegen eine nicht geringe Aufnahmegebühr) wieder in Nürnberg niederzulassen. Juden standen als »Kammerknechte« unter dem formalen Schutz des Kaisers, wofür die Juden Steuern zu zahlen hatten. 1313 ging diese Schutzpflicht auf die Stadt über. Die freie Religionsausübung war garantiert. Im Ernstfall galt dies nichts. Die jüdische Bürgerschaft war getrennt von der christlichen organisiert, lebte in einem Getto. 1338 war die jüdische Gemeinde auf über tausend Personen angewachsen. Die Juden waren mehr noch als zuvor auf den Geldhandel angewiesen, weil der Rat ihnen jegliche kaufmännische Betätigung untersagt hatte.

Mitte des 14. Jahrhunderts wurden die Nürnberger Juden zum willkommenen Sündenbock in einem politischen Machtspiel.

Mitte des 14. Jahrhunderts wurden die Nürnberger Juden zum willkommenen Sündenbock in einem politischen Machtspiel. Im Thronstreit zwischen Ludwig dem Bayern (1282/86–1347) und Karl von Luxemburg – dem späteren Karl IV. (1316–1378) – hatten sich die Nürnberger Handwerker und Patrizier auf die Seite Karls geschlagen. Karl brauchte Geld. Er verpfändete »seine« Judensteuer, stellte ersatzweise auch jüdische Immobilien und Güter in Aussicht. Karl konnte sich als König durchsetzen. Der Stadt stellte er neue Privilegien aus und garantierte Straffreiheit, sollte es zu Übergriffen gegen Juden kommen. Ein Freibrief des Kaisers Karl IV. zum Morden. Er war der hauptverantwortliche Schreibtischtäter, als der Magistrat zunächst Juden aus der Stadt wies. Die Obrigkeit schritt nicht ein, als Bürger in der Nacht zum 6. Dezember 1349 über die verbliebenen Juden herfielen, sie verbrannten und hinmetzelten. 562 Opfer wurden bei diesem zweiten Pogrom ermordet. Damals wohnten etwa 1500 Juden in Nürnberg. Das entsprach rund zehn Prozent der Bevölkerung. Das Stadtregiment beseitigte die Synagoge und das Judenviertel, riss sich das jüdische Vermögen und die Grundstücke unter den Nagel. Karl IV. erhielt größere Geldsummen. Der jüdische Friedhof wurde platt gemacht. Vier Grabsteine verbaute man später in der Lorenzkirche. Die steinernen Dokumente stehen heute in der Halle des jüdischen Friedhofs.

An Stelle des Gettos legte die Stadt den Haupt- und den Obstmarkt an. Wo zuvor die Synagoge stand, wurde eine Marienkirche (heute: Frauenkirche) als kaiserliche Hofkapelle errichtet. Kaiser Karl zu Ehren ließ die Stadt 1509 im Giebel eine Kunstuhr einbauen. Das sogenannte Männleinlaufen erfreut noch immer tagtäglich unzählige Touristen, wenn um zwölf Uhr die sieben Kurfürsten den thronenden Kaiser Karl – den Schreibtischtäter – umkreisen. Er gilt als einer der bedeutendsten Herrscher des Spätmittelalters.

Wenige Jahre danach siedelten sich erneut Juden in Nürnberg an. Die Stadt wies ihnen ein Gebiet um die heutige Judengasse zu. Die Gemeinde erlangte nicht mehr ihre frühere Größe. Sie dürfte kaum mehr als 200 Personen umfasst haben. Nachdem Großunternehmer in das Bankwesen eingestiegen waren, brach für die Juden auch ein zentraler Erwerbszweig weg. Oft blieben nur noch Kleinkredite. Ende des 15. Jahrhunderts verbot ihnen der Rat generell Geldgeschäfte, die aber noch eine Weile geduldet wurden. Doch die lästigen Konkurrenten wollte man endgültig loshaben. Unter dem Vorwand, sie würden gefährliche Händel treiben, wuchern und die Armen übervorteilen, mussten 1499 alle Juden die Stadt dauerhaft verlassen. Synagoge, Häuser und Liegenschaften samt außerhalb der Mauer liegendem Friedhof übernahm die Stadt, um sie an Nichtjuden zu verkaufen. Über 350 Jahre sollte es keine Bürger jüdischen Glaubens in Nürnberg geben.

Am 24. Mai 1850 beschloss der Stadtmagistrat mit 9 gegen 8 Stimmen, dass sich wieder Juden in Nürnberg ansiedeln durften. Viele im Umland hatten schon lange darauf gewartet. Der aus Markt Erlbach stammende Kaufmann Josef Kohn (1810–1885) war der erste. Ihm sollten viele folgen. 1852 lebten 87 Juden in Nürnberg. 1922 waren es 10 100. 1862 wurde die »Israelitische Cultusgemeinde Nürnberg« gegründet. 1874 konnte die Gemeinde ihre im maurischen Stil neu gebaute Hauptsynagoge an der Spitalgasse beim Hans-Sachs-Platz einweihen. Es kam zur Abspaltung orthodoxer Familien, die die »Israelitische Religionsgemeinschaft Adas Israel« gründeten. Die Synagoge der orthodoxen Juden an der Essenweinstraße wurde 1902 eingeweiht.

Über Jahrzehnte entwickelte sich die jüdische Gemeinde ab Mitte des 19. Jahrhunderts gut. Jüdische Unternehmer, Bankiers und Ärzte lebten als angesehene Bürger in der Stadt. Viele trugen erheblich zum wirtschaftlichen Erfolg Nürnbergs bei. Sie nahmen führende Rollen in der Zweiradindustrie, in der Spielwarenproduktion, im weltweiten Hopfen- sowie im Groß- und Einzelhandel ein. Einige gaben einen Teil ihres Wohlstands als Mäzene an ihre Heimatstadt wieder zurück. Der Hopfenhändler Ludwig von Gerngros (1839–1916) finanzierte den Neptunbrunnen auf dem Hauptmarkt. Von den 38 Stiftern des 1910 eröffneten Künstlerhauses waren elf Juden. Insgesamt riefen Nürnberger Juden 95 Stiftungen für verschiedene wohltätige und soziale Zwecke ins Leben. Der erfolgreiche Bleistiftfabrikant Heinrich Berolzheimer (1836–1906) stiftete in Nürnberg und Fürth Volksbildungsheime, in Nürnberg das Luitpoldhaus (heute in die Stadtbibliothek integriert) und in Fürth das Berolzheimerianum (heute Sitz der *Comödie Fürth*). Auch beim Entstehen des Künstlerhauses war er prominent beteiligt. Heinrich Berolzheimer ist die einzige Person, die sowohl in Fürth (1904) als auch in Nürnberg (1905) die Ehrenbürgerwürde erhalten hat. Jüdische Bürger übernahmen gesellschaftliche Verantwortung. Der Rechtsanwalt und Sozialdemokrat Max Süßheim (1876–1933) saß bis 1920 im Landtag und war zwischen 1919 und 1933 einer der führenden SPD-Vertreter im Nürnberger Stadtrat.

Am Ersten Weltkrieg nahmen 1543 Nürnberger Juden teil. 178 von ihnen fielen für Deutschland. Der Einsatz für das Vaterland bis hin zum Soldatentod änderte nichts an den Anfeindungen, denen Juden in Deutschland unterschwellig oder ganz offen ausgesetzt waren. Das war auch schon im Kaiserreich so. Heinrich von Treitschke (1834–1896) war einer der bekanntesten Historiker seiner Zeit. Von ihm stammt der Satz »Die Juden sind unser Unglück.« Diese Parole stand ab 1927 auf jeder Titelseite des 1923 von dem antisemitischen Hetzer Julius Streicher gegründeten Wochenblatts *Der Stürmer*. Der NS-Gauleiter schürte schon in der Weimarer Zeit wie kein Zweiter den Hass gegen die jüdische Bevölkerung. Der völkisch-rassistische Antisemitismus bis hin zur Vernichtung bestimmte die Ideologie der Nationalsozialisten von Anfang an entscheidend.

Vor diesem Hintergrund hatten Juden mit Beginn der NS-Herrschaft ab 1933 in der »Stadt der Reichsparteitage« besonders früh und massiv zu leiden. Schon im März 1933 wurden Juden neben Kommunisten und Sozialdemokraten ins Konzentrationslager Dachau verschleppt, gefoltert und ermordet. Streicher organisierte einen Boykott aller jüdischer Geschäfte am 1. April 1933. Jüdische Beamte wurden aus der Stadtverwaltung entlassen, ab Juni war Juden der Zutritt des Stadtparks verboten, am 20. Juli 1933 mussten 300 Juden auf einem Sportplatz im Süden der Stadt Gras fressen. Dies waren erst die Anfänge. Demütigungen, Ausgrenzungen, Diskriminierungen und Verfolgung nahmen stetig zu. Nürnberg war eine Hochburg des antisemitischen Terrors. Die im September 1935 verkündeten »Nürnberger Gesetze« entrechteten alle Juden, eine

Demütigungen, Ausgrenzungen, Diskriminierungen und Verfolgung nahmen stetig zu. Nürnberg war eine Hochburg des antisemitischen Terrors.

weitere Etappe auf dem Weg zur Vernichtung. Das NS-Regime verfolgte auch Sinti und Roma, Menschen mit Behinderungen und Homosexuelle. Spätestens seit Mitte der 1930er-Jahre wurden Juden aus dem Wirtschaftsleben gedrängt. Der staatlich sanktionierte Raubzug gipfelte 1938 in der »Arisierung«, der Zwangsenteignung jüdischen Besitzes. Davon profitierten nicht nur die Konkurrenz, sondern auch »ganz normale« Leute. Weil sich Streicher und seine engsten Gefolgsleute dabei über Gebühr persönlich bereicherten, wurde der »Frankenführer« von einem Parteigericht aus dem Verkehr gezogen. Zu den Opfern der »Arisierung« in Nürnberg zählten neben anderen das Bankhaus Anton Kohn, die Großschlachterei Adolf Hamburger, die Fahrradfabriken Mars, Hercules, Triumph und Victoria, zahlreiche Hopfenhandlungen, Kaufhäuser, Modegeschäfte und Spielzeugfabriken.

In einer großen öffentlichen Aktion gaben Streicher und Oberbürgermeister Willy Liebel am 10. August 1938 das Signal für den Abbruch der Synagoge am Hans-Sachs-Platz. In der Reichspogromnacht vom 9. auf den 10. November 1938 setzten SA-Männer die Synagoge an der Essenweinstraße in Brand. Die Feuerwehr achtete darauf, dass die Flammen nicht auf benachbarte Häuser übergriffen. In dieser Nacht wurden in Nürnberg 39 Juden ermordet oder nahmen sich verzweifelt das Leben – so viele Menschen wie nirgendwo sonst im Deutschen Reich.

1939 waren in Nürnberg 4810 Juden registriert, Anfang 1940 waren es noch 2628 Personen. Wer konnte (und wollte), war emigriert. Ab 1941 wurden die Nürnberger Juden in mehreren Wellen bis 1944 in Konzentrations- und Vernichtungslager deportiert. 2332 Nürnberger Juden wurden in der Shoa ermordet. Am Tag der Befreiung durch die Amerikaner am 19. April 1945 lebten noch 38 Juden in Nürnberg.

Die Eltern von Arno Hamburger (1923–2013) hatten ihren einzigen Sohn im August 1939 mit dem letzten Transport jüdischer Emigranten an Bord des Passagierschiffs »Galiläa« von Triest nach Palästina in Sicherheit bringen können. Am

27. Mai 1945 kehrte Hamburger als Soldat der Jüdischen Brigade der britischen Armee in seine Heimatstadt zurück. Er dachte: »Jetzt schaut die ganze Stadt so aus wie die Synagoge am Hans-Sachs-Platz nach dem 10. August 1938.« Hamburgers Eltern hatten überlebt. Er fand sie im Leichenhaus des jüdischen Friedhofs, wo sie sich versteckt hielten. Der Heimkehrer erfuhr auch, dass Großeltern, Tanten und Onkel in Sobibor, Izbica und Mauthausen umgebracht worden waren. Von einst 24 Familienmitgliedern waren noch sechs am Leben.

Im Dezember 1945 wurde die Israelitische Kultusgemeinde Nürnberg wiedergegründet. Adolf Hamburger war stellvertretender, von 1952 bis 1966 erster Vorsitzender. Im ehemaligen Schwesternheim an der Wielandstraße 6 wurden eine Synagoge, ein Altenheim und die Gemeindeverwaltung eingerichtet. 1952 hatte die IKGN 182, 1990 etwa 300 Mitglieder. 1984 wurden an der Johann-Priem-Straße 21 das neue Gemeindezentrum mit Adolf-Hamburger-Heim und Synagoge eröffnet. Die Gemeinde wuchs kontinuierlich. Heute hat sie 2500 Mitglieder. Fast alle sind so genannte Kontingentflüchtlinge aus der ehemaligen Sowjetunion und ihren Nachfolgestaaten – Flüchtlinge, die in festgelegter Zahl seit 1991 auf einzelne Bundesländer verteilt wurden. Die IKGN ist die zentrale Gemeinde für Juden in und um Nürnberg. 2005 hat sich die jüdische orthodoxe Religionsgemeinde »Kehal Adat Jeschurun« gegründet.

Arno Hamburger war in Nachfolge seines Vaters Adolf über vier Jahrzehnte bis zu seinem Tod Vorsitzender der IKGN. Er hat viel dazu beigetragen, dass die Zuwanderer integriert wurden und jüdisches Leben wieder selbstverständlicher Bestandteil in der Stadt Nürnberg geworden ist. Mit außerordentlichem Engagement hat Hamburger an einem demokratischen und weltoffenen Nürnberg mitgebaut – auch in seiner Funktion als langjähriger Stadtrat der SPD. Ihm ist es maßgeblich zuzuschreiben, dass nach der unrühmlichen Rolle Nürnbergs in der NS-Zeit das Ansehen der Stadt wieder neuen Glanz gewonnen hat. Er warb in den USA genauso wie in Israel und andernorts für das »neue

Nürnberg«. Hamburger strebte stets ein friedliches Zusammenleben aller Menschen an. Zeitlebens war er selbst immer wieder Ziel von Beschimpfungen bis hin zu Morddrohungen. Davon ließ er sich jedoch nicht beeindrucken. Unerschrocken wirkte er stattdessen bis ins hohe Alter als Kämpfer gegen Antisemitismus, Rassismus, neonazistische Umtriebe und Menschenfeindlichkeit.

Arno Hamburgers Sohn Jo-Achim leitet seit 2016 die IKGN im Geiste seines Vaters. Im selben Jahr wurde das kurze Stück der Johann-Priem-Straße vor dem Gemeindezentrum in Arno-Hamburger-Straße umbenannt. Die jüdische Gemeinde versteht sich als offen, liberal und fest mit den freiheitlich-demokratischen Werten der Bundesrepublik verbunden. Auch die Juden in Nürnberg sind täglich mit Ressentiments konfrontiert. Antijudaismus war schon in vorchristlichen Gesellschaften präsent. Für Jo-Achim Hamburger ist der Antisemitismus wie ein Chamäleon. Er entwickle in jedem politischen System immer wieder neue Formen. »Ein normales Leben ist für uns leider nicht möglich«, sagte der IKGN-Vorsitzende zu Beginn des Jahres 2024. Die Hoffnung bleibt. Ob und wann sie sich erfüllt, liegt an der Mehrheitsgesellschaft.

ERKLÄRUNG DER MENSCHENRECHTE VEREINTE NATIONEN

Erinnerungskultur

Gedenken und Mahnung

Erinnerungskultur ist ein vergleichsweise neues Wort. Erinnert wird aber schon immer. Man erinnert sich an Menschen, an Ereignisse, manchmal wird öffentlich nachgeholfen. Grabmäler sind die ältesten und häufigsten Formen der Erinnerungskultur. Die Erinnerungen können an Orten, Gebäuden oder Mahnmalen wach werden. Manchmal hilft ein Denkmal. Man hebt Menschen auf einen Sockel, erweist ihnen Respekt und fühlt sich manchmal im Angedenken selbst ein bisschen erhaben. In Nürnberg gibt es viele Denkmale. Das prominenteste Exemplar steht seit 1840 am Albrecht-Dürer-Platz: das Standbild für Albrecht Dürer.

Ein überlebensgroßer Martin Behaim, der Seefahrer und Schöpfer des ersten (noch erhaltenen) Globus, blickt seit 1890 in Bronze am Theresienplatz entschlossen in die Ferne: ein prominentes Beispiel für den Persönlichkeitskult der wilhelminischen Zeit. Ludwig van Beethoven aus fränkischem Muschelkalk thront seit 1937 auf einem Sitz an der Hallertorbrücke. Die Nürnberger errichteten dem »Eisernen Kanzler« Otto von Bismarck zu seinem 100. Geburtstag am 1. April 1915 am Prinzregentenufer auf einem haushohen (!) Pfeiler ein Reiterstandbild. Enthusiastische Bürger erzwangen im August 1914 noch vor Beginn des Ersten Weltkriegs eine »vorläufige« Enthüllung.

Erinnerungskultur ist zunächst ein neutraler Begriff. Es geht um die Frage: Wie gehen wir als Individuen oder Gesellschaft mit unserer Geschichte um? Was bestimmt das kollektive Gedächtnis und was verbinden wir damit? Ergibt sich daraus

links Die von Dani Karavan geschaffene Straße der Menschenrechte hat eine hohe Symbolkraft.

möglicherweise eine identitätsstiftende Wirkung, gar eine Richtschnur für aktuelles, künftiges Handeln? In jüngerer Zeit verbinden viele Menschen mit Erinnerungskultur vor allem den Umgang mit der NS-Vergangenheit. Die Menschen in Nürnberg versuchten nach 1945 – wie auch der Großteil der Westdeutschen – die NS-Zeit und die Menschheitsverbrechen des Holocaust zu verdrängen. (In Ostdeutschland hatte das SED-Regime früh den Nationalsozialismus für ausgerottet erklärt und damit als Nachfolgestaat jede Verantwortung abgelehnt.) Man wollte ungern an das »Dritte Reich« und damit an Schuld, aktives Mittun oder Mitläufertum erinnert werden. So ist es kein Wunder, dass der schon 1946 von den US-Amerikanern am Platz der Opfer des Faschismus (vorher: Wodanplatz) aufgestellte Gedenkstein mit der Inschrift »Den Opfern des Faschismus« von Anfang an von den Nürnbergern mehr oder weniger ignoriert wurde. Erst eine städtische Umgestaltung des Ortes 2021 rief das Mahnmal wieder einer breiteren Öffentlichkeit in Erinnerung. Die Ehrenhalle im Luitpoldhain – in demokratischer Zeit in Erinnerung an die Gefallenen des Ersten Weltkriegs errichtet und von den Nationalsozialisten unter anderen Vorzeichen in ihren Totenkult bei den Parteitagen einbezogen – erfuhr nach 1945 erneut eine Umetikettierung. Seither gedenkt das offizielle Nürnberg am Volkstrauertag nicht nur der Gefallenen beider Weltkriege, sondern auch aller Opfer »der Gewaltherrschaft« – der Soldaten, Zivilisten, Verfolgten, Widerständler, ermordeten Juden. Sie alle wurden Gegenstand des gleichen Trauerns. Ein schwieriges Unterfangen. Abseits einer größeren Öffentlichkeit wird auf dem Südfriedhof unter anderem mit Namenstafeln und Grabsteinen der ums Leben gekommenen Kriegsgefangenen und Zwangsarbeiter gedacht.

Seither gedenkt das offizielle Nürnberg am Volkstrauertag nicht nur der Gefallenen beider Weltkriege, sondern auch aller Opfer »der Gewaltherrschaft«.

Erst in den 1960er-Jahren begann allmählich eine junge, unbelastete Generation, sich mit der NS-Vergangenheit kritisch(er) auseinanderzusetzen. Nürnberg als ehemalige Stadt der Reichsparteitage und Verkündungsort der »Nürnberger Gesetze« blieb auch nichts anderes übrig. Allein die baulichen Hinterlassenschaften forderten dazu heraus. Letztlich führten das wachsende Interesse der Bürgerschaft und eine an Aufklärung und Information orientierte Stadtpolitik zu den Ausstellungen und Museen »Faszination und Gewalt« (von 1984 bis 2001 in der Zeppelintribüne), Dokumentationszentrum Reichsparteitagsgelände (seit 2001) samt Geländeinformationssystem (seit 2006) und Memorium Nürnberger Prozesse (seit 2010). Der Erhalt der Zeppelintribüne als Gedenk- und Lernort ist ein unübersehbares Zeichen einer verantwortungsvollen Erinnerungskultur.

Die 1993 eingeweihte »Straße der Menschenrechte« ist eine skulpturale Antwort auf die Verbrechen der Nationalsozialisten und eine starke Erinnerung daran, dass die Menschenrechte auch heute noch weltweit massiv verletzt werden. Als einzige Mahnung darf das Leitbild einer »Stadt des Friedens- und der Menschenrechte« verstanden werden, das der Stadtrat 2001 verabschiedet hat. In jeder Sitzung blicken die Kommunalpolitiker im großen Sitzungssaal des Rathauses an der Südwand auf eine textile Arbeit des früheren Präsidenten der Akademie der Bildenden Künste Nürnberg Hanns Herpich (1934–2022) mit dem Text: »Der Internationale Nürnberger Menschenrechtspreis und die Straße der Menschenrechte sind Mahnung gegen das Vergessen, aber auch Zeichen der Hoffnung. Sie sind Symbole für den festen Willen der Bürgerinnen und Bürger Nürnbergs, dass von dieser Stadt nie mehr Hass, sondern nur noch Signale des Friedens, der Völkerversöhnung und der Menschlichkeit ausgehen sollen.«

Neben dem Standort der ehemaligen Hauptsynagoge erinnert seit 1970 eine bescheidene Stele an das von den Nazis abgerissene Gotteshaus. 1988 wurde das Denkmal mit einem Relief des Hauptportals der Synagoge ergänzt. In der Essenweinstraße erinnert ein Mahnmal an die einstige orthodoxe Synagoge, die in der Pogromnacht am 9. November 1938 in Brand gesetzt wurde. An der Ecke Färbertor/Frauentorgraben steht seit 2000 ein vom Bildhauer Hubertus Hess geschaffener Stahlwürfel als Mahnmal für die verfolgten und ermordeten Sinti und Roma. Die »Nürnberger Gesetze« – 1935 im Haus des Kulturvereins schräg gegenüber am Frauentorgraben verkündet – galten ab 1936 auch für Sinti und Roma. Auf dem Magnus-Hirschfeld-Platz beim Sterntor wird seit 2020 mit einer Kugel aus Stein für lesbische und einem steinernen Winkel für schwule Menschen sowie einer Gedenkstele und einer Sitzbank in Regenbogenfarben der homosexuellen Opfer gedacht.

Seit 1996 hat der Bildhauer Gunter Demnig in Erinnerung an verfolgte, deportierte, vertriebene, ermordete oder in den Suizid getriebene NS-Opfer in 25 Ländern Europas rund 100 000 »Stolpersteine« verlegt, davon zwischen 2004 und 2024 auch 152 in Nürnberg (Stand: 2024). Auf den quadratischen Steinen mit einer Messingplatte sind Namen und Lebensdaten der Opfer eingraviert. Die Steine, die aus privaten Spenden finanziert werden, sind an ehemaligen Wohnorten in den Gehweg eingelassen, damit Passanten im übertragenen Sinne darüber stolpern und sich an die NS-Verbrechen und das Schicksal der Menschen erinnern – an Juden, Sinti und Roma, politisch Verfolgte, Homosexuelle, Zeugen Jehovas sowie Menschen mit geistigen und seelischen Behinderungen.

Seit 2013 erinnert am Kartäusertor eine Stele in Form des Geländeinformationssystems an die Opfer der NSU-Gewalttaten.

Am Plärrer über dem U-Bahnhof steht seit 2007 das von dem Bildhauer Hermann Pitz geschaffene Mahnmal »Transit« für die in Nürnberg eingesetzten Zwangsarbeiter. Einen Grundsatzbeschluss für die Errichtung eines solchen Zeichens hatte der Stadtrat bereits 20 Jahre zuvor gefasst. Rob Zweermann, der damalige Sprecher der ehemaligen Zwangsarbeiter, hatte die lange Zeit der Entstehung ebenso kritisiert wie den Umstand, dass die Stadt mit den Kosten für das Kunstwerk gerade rund

50 Cent für jeden Nürnberger Zwangsarbeiter ausgegeben hat. Gleichwohl würdigte er die Geste der Versöhnung.

Zum Entstehen der Erinnerungsstätten für verfolgte Homosexuelle, Sinti und Roma sowie Zwangsarbeiter trugen auch Opfergruppen und aktive Bürger bei. Das zentrale Denkmal »Flucht und Vertreibung« des Freistaats Bayern auf dem Nürnberger Hallplatz ist allein einer Initiative der Staatsregierung zuzuschreiben, die sich als Ort dafür den Hauptmarkt vorgestellt hatte. Schließlich wurde das von dem Aachener Künstler Joachim Bandau in Gestalt eines großen, offenen Tores entworfene Denkmal 1999 auf dem Hallplatz errichtet.

Zwischen 2000 und 2007 haben Mitglieder der Terrorgruppe »Nationalsozialistischer Untergrund« (NSU) zehn Menschen, darunter neun mit Migrationsgeschichte, ermordet. Die Täter haben allein in Nürnberg drei Männer getötet. Seit 2013 erinnert am Kartäusertor – wenige Meter von der Straße der Menschenrechte entfernt – eine Stele in Form des Geländeinformationssystems an die Opfer der NSU-Gewalttaten. Das Mahnmal für Sinti und Roma oder der Gedenkort für homosexuelle Opfer wurden immer wieder beschmiert und geschändet.

Die Erinnerungskultur im Blick auf die deutsche Geschichte des 20. Jahrhunderts und darüber hinaus ist in Nürnberg vielfältig. Es geht um Mahnung, Trauer, Gedenken an Opfer, aber auch um den Blick nach vorn, um die Aufforderung, aus der Vergangenheit zu lernen und für eine bessere Welt einzutreten. »Nicht das Vergessen und die Verdrängung sind der Weg zum Frieden, sondern das erinnernde Wissen«, hat Gottfried Honnefelder, Vorsteher des Börsenvereins des Deutschen Buchhandels, bei der Verleihung des Friedenspreises an Saul Friedländer 2007 formuliert.

T124
1113

ORTE UND INSTITUTIONEN

Pegnitz

Späte Wiederentdeckung

Für Nürnberg ist die Pegnitz konstitutiv. Sie prägt das Stadtbild. Sie teilt die Stadt, besonders sichtbar in der Altstadt, in eine nördliche und eine südliche Hälfte. Ein Teil des wirtschaftlichen Erfolgs über Jahrhunderte ist diesem Gewässer zuzuschreiben. Es war aber nie schiffbar. Die Pegnitz hat im Lauf der Zeit einiges angerichtet, im Guten wie im Schlechten, und die Menschen haben mit der Pegnitz einiges angerichtet. Denn sie gingen sehr lange nicht pfleglich mit ihr um. Man nutzte die Lebensader aus. Sie lieferte Wasser, viel Kraft und so manchen Fisch.

Mühlen waren seit dem Mittelalter die Basis für eine frühe Form der Industrialisierung. In der Hadermühle vor den östlichen Toren der Stadtmauer produzierte 1390 Ulman Stromer das erste Papier nördlich der Alpen. Ohne die Pegnitz wäre das nicht möglich gewesen. Noch weiter östlich im Stadtteil Laufamholz findet sich die frühindustrielle Siedlung Hammer mit Arbeitsstätten, Schule, Arbeiterhäusern bis hin zu einem Wirtshaus. Erstmals wurde dort 1372 eine Mühle erwähnt. Seit 1977 steht Hammer als industriegeschichtliches Ensemble unter Denkmalschutz.

Bei einer Bestandsaufnahme im Jahr 1601 wurden zahlreiche Mühlen mit insgesamt 131 Rädern aufgelistet. Schon vor 400 Jahren bewässerten Schöpfräder im Westen Wiesen und Felder. Die Dürrenmühle oder die Nägeleinsmühle im Kern der Stadt waren imposante Bauwerke. Die Schwabenmühle, nördlich der Kaiserstraße gelegen, existierte mindestens seit dem späten 13. Jahrhundert. 1873 richtete der innovative Feinmechaniker Sigmund Schuckert dort eine Werkstätte ein. Sie wurde

links Blick auf die Pegnitz vom Westtorgraben in Richtung Altstadt. In der Bildmitte ist der Kettensteg zu erkennen.

zur Keimzelle der weltweit bedeutenden Siemens-Schuckertwerke AG.

Die Nürnberger scheuten sich aber auch über Jahrhunderte nicht, Abwasser und jeglichen Unrat bis hin zu Schlachtabfällen in der Pegnitz zu entsorgen. Vielleicht wussten es die Menschen in vergangener Zeit nicht besser. Doch bis heute gibt es Leute, die die Pegnitz respektlos als Abfallbehälter betrachten. Ehrenamtliche Angelfreunde sorgen sich um die Sauberkeit des Wassers, sie befreien die Pegnitz regelmäßig von Einkaufswagen, alten Fahrrädern oder sonstigem Zivilisationsmüll.

Regelmäßige Überschwemmungen und hochgradige Verschmutzung machten die Pegnitz schon immer zum Problemfall. Peter Gössel hat es nüchtern so zusammengefasst: »Der Umgang der Nürnberger mit der Pegnitz wurde über Jahrhunderte durch die pragmatischen Motive einzelner Interessengruppen bestimmt, unter denen die Mühlenbesitzer eine hervorragende Stellung einnahmen.«

Nach einem indogermanischen Ursprung heißt »Pegnitz« nur so etwas wie »fließendes Wasser«. Die Pegnitz hat ihren Ursprung in der Nähe der Stadt Pegnitz. 1119 wurde der Fluss in einer Urkunde erstmals als »Begenze« erwähnt, später heißt er »Begnitz«, ehe 1329 der heutige Name erstmals auftaucht. Wobei die Mundart-Version »Bengerz« den Ursprüngen sehr nahe kommt. Die Pegnitz fließt rund 113 Kilometer, erst südlich, dann westlich bis in Nürnbergs Nachbarstadt Fürth. 140 Höhenmeter legt sie auf dieser Strecke zurück. In Fürth vereint sie sich mit der von Süden kommenden Rednitz zur Regnitz, die später in den Main und jener in den Rhein mündet. Irgendwann landet das Nürnberger Nass in der Nordsee.

Die Pegnitz fließt in Nürnberg etwa 14,8 Kilometer vom Osten bis zur Stadtgrenze. 41 Brücken und Stege überspannen sie auf diesem Abschnitt. Allein in der Altstadt gibt es 13 Brücken. Manche künden von Nürnbergs frühen internationalen Beziehungen. So nannte man einen (hölzernen) Vorläuferbau der heutigen Karlsbrücke, den Ratsbaumeister Wolf Jakob Stromer 1603/1604 errichtet hatte, »Brentabrücke«. Denn sie erinnerte an eine Brücke des berühmten Architekten Andrea Palladio über den italienischen Fluss Brenta bei Bassano. Stromer schuf schon einige Jahre vorher (1596–1598) wenige Hundert Meter flussaufwärts die einbogige Fleischbrücke. Sie ruht an den Ufern auf über 2000 Holzpfählen und gilt als das bedeutendste Brückenbauwerk der Renaissance in Deutschland. Vorbild war die Rialtobrücke in Venedig.

Zwei Mal teilt sich die Pegnitz in der Altstadt in zwei Äste und lässt so die Insel Schütt und die Insel am Trödelmarkt entstehen. Das Wasser dümpelt im Durchschnitt mit einem halben bis einem ganzen Meter pro Sekunde dahin. Das Tempo ist mithin überschaubar. Die Pegnitz kennt keine Aufgeregtheiten mehr. Das war lange Zeit ganz anders, katastrophal anders. In den Nürnberger Chroniken sind seit dem Jahr 1300 unzählige Hochwasser vermerkt. Das letzte »Jahrhunderthochwasser« ereignete sich in der Nacht vom 4. zum 5. Februar 1909. Am 30. Januar begann es nach einer langen Frostperiode vier Tage lang zu schneien. Am 3. Februar setzte Tauwetter ein. Der Niederschlag ging in einen starken Dauerregen über. Die noch gefrorenen Böden konnten kein Wasser aufnehmen. Regenwasser und geschmolzener Schnee ließen die Pegnitz gewaltig anschwellen. Der Höhepunkt war in der Nacht zum 5. Februar erreicht. Binnen zweier Stunden stieg der Wasserspiegel der Pegnitz um zwei Meter an. Der Pegelstand betrug am 4. Februar mittags 25 Zentimeter. Am nächsten Morgen erreichte er noch nie zuvor gemessene 4,8 Meter. Die Wassermassen ergossen sich vor allem in die tiefer gelegenen Straßen und Plätze der nördlichen Altstadt. Der Hauptmarkt verwandelte sich drei Tage lang in einen See. Zwei Todesopfer waren zu beklagen. An manchen Hausfassaden finden sich heute noch Markierungen des damaligen Wasserstands.

Allein in der Altstadt gibt es 13 Brücken. Manche künden von Nürnbergs frühen internationalen Beziehungen.

Erst die Flut des Jahres 1909 gab – nach Jahrhunderten des So-gut-wie-nichts-Tuns – den letzten Anstoß, einen wirksamen Hochwasserschutz zu entwickeln. Aber es sollte noch einmal rund ein halbes Jahrhundert vergehen, ehe es zu konkreten Maßnahmen kam. Ein besonders großes Problem bereitete die Flussenge zwischen Museums- und Fleischbrücke. Mit dem Bau eines Hochwassertunnels nach der Museumsbrücke, dem Austausch der festen Wehre durch vier große, bewegliche und selbststeuernde Wehre zwischen Wöhrder See und Großweidenmühle, der Anhebung einiger tiefer gelegener Stadtgebiete (außer Hauptmarkt) sowie der Reinigung und der Begradigung des Flussbetts wurde der Hochwasserschutz in zwanzig Bauabschnitten zwischen 1950 und 1973 umgesetzt. Von 1968 bis 1981 legte der Freistaat Bayern – er ist zuständig für die Bewirtschaftung und Pflege der öffentlichen Gewässer – mit gestautem Pegnitzwasser vor den Toren des Mauerrings den drei Kilometer langen Wöhrder See an. In erster Linie ging es um einen citynahen Erholungs- und Freizeitraum, doch während der Baumaßnahmen kamen auch wasserwirtschaftliche Aspekte hinzu. So dient er auch dem Hochwasserschutz.

Der Hauptmarkt verwandelte sich drei Tage lang in einen See. Zwei Todesopfer waren zu beklagen.

Die Pegnitz ist längst ein gebändigter Fluss. Die Beziehungen der Menschen zur Pegnitz haben sich geändert. Niemand muss mehr Furcht vor Hochwasser haben. Sie wird auch nicht mehr »ausgebeutet«. Vielleicht mit einer Einschränkung. Der Fischereiverein besetzt sie alljährlich mit Jungfischen, damit die rund 500 Mitglieder Karpfen, Hecht oder Weißfische angeln können. Ihre Funktionen als Kraftgeber und Wirtschaftsmotor hat die Pegnitz längst verloren. Spätestens in den 1930er-Jahren spielten die Mühlen gewerblich keine Rolle mehr, touristisch blieben sie allerdings von Bedeutung. Mit der Zerstörung im Zweiten Weltkrieg war das Ende der Nürnberger Mühlen endgültig besiegelt. Auch wenn heute noch da und dort aus nostalgischen Gründen und im Sinne der Kulturpflege weiter das eine oder andere Wasserrad zeigt, was es kann, etwa die Satzinger Mühle in Mögeldorf.

Irgendwann hat ein Umdenken begonnen. Die Pegnitz hat heute viele Seiten. Sie ist streckenweise begradigt und brutal kanalisiert, dann darf sie sich wieder freier bewegen. Das Wasserwirtschaftsamt hat seit 2001 die Pegnitz im Westen auf 3,5 Kilometern Länge renaturiert. Es darf gepaddelt werden, und kurz bevor der Fluss die Nachbarstadt Fürth erreicht, kann man sogar auf einer stehenden Welle surfen. Man könnte sich aber auch fragen, ob man mit diesem Fluss immer alles machen muss, was man machen kann. Im Osten und Westen säumen Wiesen die Pegnitz. Heute ist entlang des Flusslaufs Platz für Spaziergänger, Jogger, Radfahrer, Erholungsuchende, Sonnenanbeter und Grillmeister. Das Pegnitztal ist für die Stadt außerordentlich wertvoll. Es dient der Belüftung der Stadt. Wasser sorgt für Abkühlung, gerade in den immer heißer werdenden Sommern.

Seit 2018 steht das Pegnitztal Ost unter Naturschutz. Seltene Pflanzen und Tierarten haben hier eine sichere Heimstatt. Solche ausgewiesenen Gebiete sind rar in Nürnberg. Neben dem Hainberg und den Sandgruben am Föhrenbuck ist das Pegnitztal Ost erst das dritte Naturschutzgebiet in der Stadt. Folgen wir dem Flusslauf, landen wir bald am Wöhrder See. Er ist kein Badegewässer, aber die physikalische und chemische Qualität ähnelt der von anderen bayerischen Seen. Der Wöhrder See ist ein Ort der Freizeit und des Vergnügens. Mitten in der Stadt. Mit Strand, mit Norisbucht, Liegewiesen, Bootsfahrtangeboten. Weiter flussabwärts werden die Bemühungen des langjährigen Projekts »Nürnberg am Wasser« sichtbar. Man kann sich auf neu angelegten Stufen nah am Ufer niederlassen. Gegenüber dem Kino Cinecittà etwa oder am Augustinerhof und am Nägeleinsplatz.

Die Pegnitz wurde erst um die jüngste Jahrhundertwende neu entdeckt und nach Jahrzehnten wieder richtig gewürdigt. Sie ist kein reißender, kein mächtiger Strom, sie weist keine spektakulären Passagen auf. Sie fließt träge dahin. Unaufgeregt, bescheiden, zurückhaltend. Die Pegnitz passt zu dieser Stadt.

2
5
15

Dutzendteich

Industriestandort und Erholungsgebiet

Der Name Dutzendteich führt leicht zu einem Missverständnis. Man könnte meinen, der Dutzendteich bestehe aus zwölf Gewässern. Auch wenn es heute noch immer den Großen, den Kleinen Dutzendteich, daneben den Flachweiher gibt und lange Zeit die sogenannten Nummernweiher existierten, so hat der Dutzendteich doch nichts mit irgendeiner Zahl zu tun.

Abzuleiten ist das Bestimmungswort von »dutze«, was so viel wie Schilfrohrkolben bedeutet, also auf Sumpfland und Röhricht hinweist. Wer an der Bayernstraße am Dutzendteich entlangwandelt, wird heute noch viel Schilf wahrnehmen können. Der Dutzendteich ist kein natürlicher See, sondern wurde wahrscheinlich in den 1330er-Jahren erstmals künstlich angelegt, indem der Langwassergraben und andere Bäche gestaut wurden.

Das geschah nicht aus Gründen der Landschaftsgestaltung, sondern man wollte die Wasserkraft gewerblich für Mühlen und Hammerwerke nutzen. Die erste Mühle entstand um die Mitte des 14. Jahrhunderts. Ende des 15. Jahrhunderts kaufte die Stadt den vor den Toren der Stadt gelegenen Forst samt Dutzendteich von der Patrizierfamilie Waldstromer. Nun wurde auch der Fischbach dorthin umgeleitet. So konnte man seinen Lauf gleichmäßig auf seinem weiteren Weg durch die Stadt bis in die Pegnitz (und zuletzt in Kanäle unter der heutigen Karolinenstraße und Breiten Gasse) steuern. Der Landes- und Volkskundler Hartmut Heller notierte: »Sorgsam geregelt und überwacht, war die Wasserhaltung im Dutzendteich fortan für die reichsstädtische Wirtschaft von eminenter Bedeutung.«

links Mit Tretbooten in Flamingo- oder Schwanengestalt lässt sich der Dutzendteich erkunden.

250 Jahre stand hier unter anderem eine Messinghütte. Die ganze Palette der Metallgewerbe fand sich hier wie Drahtzieher, Messerer, Platner, Rotgießer oder Klingenschmiede. Der Dutzendteich war – wie vor allem auch die Pegnitz – eine wichtige Kraftquelle. Immer wieder wurde er anders aufgeteilt. Im 18. Jahrhundert verfügte er über 18 Einzelbecken. Nebenbei gab es Fischzucht, die zwar nicht viel einbrachte, aber Eventcharakter annahm. Das Abfischen geriet phasenweise zum Volksfest. Beim Nachfischen durfte jedermann sein Glück versuchen. So entwickelte sich der Dutzendteich auch früh zu einem Ort der Freizeit. Man spazierte von der Stadt nur drei Kilometer hinaus. Das zog andere Bedürfnisse nach sich. Der eine oder andere Mitarbeiter der Hammerwerke und die Weihermeister boten – zunächst illegal – Wein, Bier und Speisen an. Im 17. Jahrhundert gab der Rat nach und erlaubte Schankbetriebe in den vorhandenen Gebäuden. 1713 entstand ein regelrechtes Gasthaus, das »Wirthshaus zum Dutzendteich«. Spätere Pächter erweiterten das Haus um einen englischen Garten. Es wurde zu einer beliebten Adresse, vielfach beschrieben und in Bildern dargestellt. Die Gastronomie ist bis heute ein den Dutzendteich prägendes Element.

Spätere Pächter erweiterten das Haus um einen englischen Garten. Es wurde zu einer beliebten Adresse, vielfach beschrieben und in Bildern dargestellt.

Schon im 16. Jahrhundert kam eine neue kleine Lustbarkeit hinzu: Bootsfahrten. Sogar große Gondeln sind belegt. Ein bisschen über den Dutzendteich schippern ist bis heute beliebt. Früher vorwiegend mit Ruderbooten, heute meist mit Tretbooten, gerne auch in überdimensionierter Schwanengestaltung oder, wem's gefällt, mit rosa Anstrich. Im 17. Jahrhundert fanden am Dutzendteich Schlittenkorsos statt. Anfang des 19. Jahrhunderts versammelten sich bereits Menschen winters auf dem zugefrorenen Dutzendteich zum Eislaufen. Der Dutzendteich entwickelte sich so über lange Zeit zu einem Ort der Erholung und Vergnügungen. Ab 1882 erleichterte die Fahrt mit der Pferdebahn und ab 1896 mit der elektrischen Straßenbahn noch erheblich die Ausflüge. Die Bahnen fuhren im Sechs-Minuten-Takt. Der Bedarf muss groß gewesen sein. Der Dutzendteich war schon ein Naherholungsgebiet, als der Duden dieses Wort noch gar nicht kannte.

Er war aber auch die Wiege der Industrialisierung. 1825 erwarben die aus dem Ansbachischen kommenden Brüder Johann Michael und Johann Wilhelm Späth das Hammerwerk am Dutzendteich. Ursprünglich diente ihnen ein Wasserrad nur zum Betrieb einer Getreide- und Gipsmühle. Wilhelm Späth (1786–1854) war der führende Kopf. Er baute die Anlage immer mehr zu einer technischen Werkstatt aus. Er ging neue Wege und beschäftigte ehedem selbstständige Handwerker wie Schreiner, Zimmerleute, Schlosser, Sattler oder Lackierer. 1842 beantragte er eine Fabriklizenz. Damit läutete er nicht nur in Nürnberg das Maschinenzeitalter ein, er war der »Begründer der ersten bayerischen Maschinenfabrik überhaupt«, wie Heller feststellte: »Der Dutzendteich gehört somit zu den Geburtsstätten der bayerischen Industrie!«

Wilhelm Späth erweiterte seinen Produktionsstandort sukzessive. Mitte des 19. Jahrhunderts beschäftigte er über 800 Personen. Er baute Maschinen für alle möglichen Bedarfe: für Schokoladenfabriken, Tuchwalkereien, Hopfenpressen für Brauereien. Als es 1835 darum ging, die in Einzelteilen aus England gelieferte Lokomotive Adler für die erste deutsche Eisenbahn wieder zusammenzusetzen, war der innovative Geist an vorderster Front dabei. Sein Unternehmen erwarb einen Ruf weit über Nürnberg hinaus. 1880 ging der Auftrag, den Bodenseehafen Lindau auszurüsten, an die Firma Späth. Wilhelm Späths Nachfolger aus der Familie gerieten Jahrzehnte später in schwieriges Fahrwasser. Den Ersten Weltkrieg und die Inflation 1923 überstanden sie mit Mühe. Die Zerstörungen des Zweiten Weltkriegs bedeuteten das Ende.

Die Industriegeschichte des Dutzendteichs ist längst Vergangenheit, Erholungsgebiet blieb er bis heute. Gaststätten wie die 1896 gegründete *Seerose* (bis zum Abriss Ende der 1980er-Jahre seit der letzten Club-Meisterschaft 1968 legendäres Stammlokal des gleichnamigen Fan-Clubs) und der 1898 entstandene *Volksgarten* boten unzähligen Gästen kleine Freuden. Das erste Gasthaus aus dem 18. Jahrhundert verwandelte sich 1899 in das prächtige *Park-Café Wanner* – eine Institution über rund ein Jahrhundert hinweg.

Weitere Lustbarkeiten und Sportmöglichkeiten kamen hinzu: 1880 brachte ein Hanseat das erste Segelboot zum Dutzendteich, 1897 ließ sich der Ruderclub Nürnberg nieder. Seit 1911 gab es an der Nordseite des Dutzendteichs eine Badeanstalt – streng getrennt nach Geschlechtern. Zur Bayerischen Landesausstellung 1906 wurde am gegenüberliegenden Ufer als zusätzliche Attraktion ein Leuchtturm gebaut. In unmittelbarer Nachbarschaft rund um die Nummernweiher entstand 1912 der Tiergarten. In der Weimarer Zeit baute die fortschrittliche Stadtregierung unter Oberbürgermeister Hermann Luppe den Freizeit- und Erholungswert südöstlich des Dutzendteichs massiv aus – mit dem neuen städtischen Stadion, dem Stadionbad und den sogenannten Jedermann-Sportplätzen.

1933 fand die Idylle ein jähes Ende. Die Nationalsozialisten hatten Größeres vor. Das Areal um den Dutzendteich wurde zum propagandistischen Feierort während der Reichsparteitage bestimmt. Für die von Albert Speer geplanten Aufmarschorte und Versammlungsstätten musste vieles weichen. Die Eingriffe in gewachsene Stadtentwicklung und den Bürgern ans Herz gewachsene Einrichtungen waren immens. Der Leuchtturm wurde abgebrochen, die Badeanstalt beseitigt und der Tiergarten verlegt, damit auf diesem sumpfigen Gelände ab 1935 die Kongresshalle gebaut werden konnte.

Nach 1945 wurde das kriegszerstörte *Wanner* wiederaufgebaut. Erneut zog unbeschwerte Alltagskultur ein: Konzerte im Musikpavillon, Biergartenfreuden, Kinderfaschingsbälle, Tanzveranstaltungen. Doch auch das *Wanner* geriet nach Jahrzehnten des Erfolgs in Schieflage. Anfang der 2000er-Jahre war Schluss.

Es folgten Eigentümerwechsel, Abriss und Neubau. Die Brauerei Gutmann aus Titting wagte das Geschäft. Das *Gutmann am Dutzendteich* setzt inzwischen seit 20 Jahren das fort, was Jahrhunderte vorher an diesem Ort seinen Anfang genommen hat. Und die Eigentümer haben Sinn für Tradition und Respekt vor Vergangenem: Es gibt eine »Wannerstube« und eine »Seerosenstube«.

Bis heute ist der Dutzendteich ein Ort der Zerstreuung und des einfachen Glücks. Man macht hierher einen kleinen Ausflug, an einen Ort, den sich jeder leisten kann. Eltern schieben voller Stolz ihren Kinderwagen über die Wege. Man trifft Freunde und Bekannte. Wenn man am Dutzendteich entlangspaziert und nicht übermäßig mit dem Ausweichen vor den zahllosen Hinterlassenschaften von Kanada- und Graugänsen beschäftigt ist, kann man sich als Beobachter der Szenerie einer gewissen inneren Freude nicht versagen. Freizeitsportler nutzen die Wege rund um den Dutzendteich zum Inline-Skaten oder Joggen. Die meisten flanieren einfach. Die Menschen sind entspannt, sie genießen ihre Zeit. Auf dem See ein buntes Getümmel von Booten, mit und ohne Segel. Am Abend verleiht die tief stehende Sonne dem Ort einen besonderen Zauber. Alles so schön hier. Doch der idyllische Blick ist trügerisch. Der protzige Kongresshallen-Torso kündet von einer anderen Zeit. Diese beiden Nürnberg-Seiten spiegeln sich im Dutzendteich.

Kaiserburg

Das Wahrzeichen der Stadt

Die Burganlage ist *das* Wahrzeichen der Stadt. Sie thront auf einem Sandsteinmassiv in einer Höhe von gut 50 Metern über dem Niveau des Hauptmarkts. Sie zeugt von längst vergangenen, großen Zeiten, als Nürnberg ein Machtzentrum des Heiligen Römischen Reiches war. Sie strahlt Solidität aus. Ihr Erscheinungsbild ist weithin bekannt, es steht für die Stadt. In ihrem Logo findet sich deshalb eine stilisierte Burg wieder. Die 1884 gegründete Nürnberger Versicherung entwickelte schon 1928 aus der Silhouette ihr Markenzeichen. Ab 1958 warb das Unternehmen mit dem Slogan »Schutz und Sicherheit im Zeichen der Burg«. Auch andere Firmen machen sich den Wiedererkennungseffekt in ihrer Kommunikation zunutze. Wenn aus dem Studio Franken des *Bayerischen Rundfunks* in TV-Sendungen Interviewgäste zugeschaltet werden, ist meist im Hintergrund ein Foto der Burg eingeblendet. Die Burg ist Nürnberg.

Für Touristen gehört ein Besuch der Burg, zumindest der Freiung mit einem prächtigen Blick nach Süden über die Stadt, zum Pflichtprogramm. Die Burg ist eine Sehenswürdigkeit, auf die die Einheimischen stolz sind. Es ist »unsere Burg«, auch wenn sie seit über 200 Jahren Bayern gehört – erst dem König, dann dem Freistaat. Man sieht ihr heute nicht an, dass sie zu großen Teilen eine Rekonstruktion ist. 70 bis 80 Prozent der Bauwerke waren im Zweiten Weltkrieg zerstört worden. Erst 1976 war der Wiederaufbau abgeschlossen.

Dabei gibt es *die* Burg gar nicht. Es handelt sich um drei Komplexe, die die Machtverhältnisse verschiedener Epochen

links Die Kaiserburg – hier der äußere Burghof – ist eine touristische Attraktion. Links dominiert der Heidenturm die Szenerie.

und Zeiten spiegeln: Von West nach Ost liegen die Kaiserburg (mit Palas, Kemenate, innerem und äußerem Burghof, Tiefem Brunnen, Doppelkapelle, Heidenturm, Sinwellturm und Freiung), Reste der Burggrafenburg (mit Walburgiskapelle, Burgamtmannsgebäude und Fünfeckturm) sowie die reichsstädtischen Bauten Kaiserstallung und Luginsland. Der 41 Meter hohe Sinwellturm überragt als Bergfried – der Hauptturm einer Burg – alles. (Sinwell setzt sich übrigens aus der verstärkenden Silbe »sin« für »gewaltig« und »wel« für »rund« zusammen. Also heißt Sinwellturm nichts anderes als »runder Turm«.) Dazu gehören im Norden und Nordwesten die Vestnertorbastion, die große Bastion und die Tiergärtnertorbastion – seit Mitte des 19. Jahrhunderts öffentlicher Burggarten. Das heutige Gesicht der Burg ist das Ergebnis einer rund 1200-jährigen Geschichte mit unzähligen Bauten, Umbauten, Neubauten, Ergänzungen und Veränderungen. Es spiegeln sich stilistisch die Romanik (etwa in der Doppelkapelle) und vor allem die Gotik wider.

Seit dem 19. Jahrhundert wurde die Burg als Denkmal deutscher Geschichte begriffen. Sie wurde in jener Zeit historisierend restauriert. In der zweiten Hälfte des 20. Jahrhunderts wurde sie sträflich im Stich gelassen. Lange Zeit war die Kaiserburg, verwaltet von der bayerischen Schlösser- und Seenverwaltung, in einem Dämmerschlaf. Erst seit 1999 existiert in der Kemenate das Kaiserburg-Museum, eine Zweigstelle des Germanischen Nationalmuseums. Es bedurfte 2011 wohl erst der Aufforderung des zuständigen Finanzministers Markus Söder, zufällig ein Nürnberger, gefälligst ein neues Museumskonzept zu entwickeln. Bald steckte der Freistaat bis 2013 rund 21 Millionen Euro in eine zeitgemäße Präsentation der baulichen Objekte und eine neue Dauerausstellung im Palas namens »Kaiser – Reich – Stadt. Die Kaiserburg Nürnberg«. Erst seit 2021 gibt es auf der Burg – eine der publikumsträchtigsten Attraktionen der Stadt – ein Café. 2022 besuchten über 300 000 zahlende Gäste die Ausstellungen in der Burg.

Die Burg hat viel zu erzählen. Ihre Anfänge stammen aus dem 10. Jahrhundert zu Zeiten der Salier. Sie stand immer wieder im Mittelpunkt kriegerischer Auseinandersetzungen verschiedener Geschlechter. Die Staufer bauten sie im 12. Jahrhundert gezielt zur Reichsburg und zur Königspfalz aus. 1138 ist erstmals das Amt eines Burggrafen belegt, der eigene Bauten schuf: die Burggrafenburg. Der königliche Ministeriale hatte das Reichsgut zu verwalten und für Sicherheit zu sorgen. 1192 wurde das Amt dem fränkischen Zweig der Zollern (Stammsitz im Gebiet von Hechingen) verliehen. Mit den Burggrafen erwuchs ein neuer Machtfaktor, der den Interessen des Stadtregiments widersprach. In einem Konflikt eroberten und zerstörten die Wittelsbacher 1420 die Burggrafenburg. Burggraf Friedrich VI. konnte es verkraften. Er war soeben zum Kurfürsten von Brandenburg ernannt worden. (Später sollte daraus die Dynastie der Hohenzollern entstehen, aus der preußische Könige und von 1871 bis zum Ende des Deutschen Kaiserreichs 1918 die Kaiser hervorgingen.)

Die Überreste seiner Nürnberger Burg verkaufte Friedrich VI. 1427 dem Rat der Stadt Nürnberg. Seit 1401 war der Stadt ohnedies dauerhaft die Verwaltung der Kaiserburg übertragen. Samt der zwischen dem 14. und 16. Jahrhundert errichteten städtischen Kaiserstallung (als großer Kornkammer und Unterbringungsort für den königlichen Tross) und dem Luginsland (als Beobachtungsturm, auch um zu sehen, was in der Burggrafenburg vor sich geht) war die Stadt nun im Besitz des gesamten Burgkomplexes. Das sollte bis 1806 so bleiben, als Nürnberg an das Königreich Bayern fiel – und damit auch die Burg.

Das sollte bis 1806 so bleiben, als Nürnberg an das Königreich Bayern fiel – und damit auch die Burg.

Die Kaiserburg war im Mittelalter ein Machtzentrum in Europa. Die Herrscher hatten keinen festen Sitz, keine Hauptstadt, man regierte »aus dem Sattel«. Könige und Kaiser haben auch in Nürnberg auf Zeit gewohnt und ihre Regierungsgeschäfte ausgeübt. Die Burg hat viele Reichs- und Hoftage erlebt. Als sich Nürnberg 1525 der Reformation anschloss, führte dies zu einer Entfremdung mit den (katholischen) Kaisern. Schon im ausgehenden 16. Jahrhundert war der Bedeutungsverlust erkennbar. Reichstage fanden nicht mehr statt, endgültig ab 1663, als der »immerwährende Reichstag« in Regensburg eingerichtet wurde.

Nürnberg war früh eine wehrhafte Stadt. Musste sie auch sein, um im Widerstreit der unterschiedlichsten Mächte bestehen zu können. Dazu trugen befestigte Stadtmauern bei. Schon als die Sebalder und Lorenzer Stadthälfte noch nicht miteinander verbunden waren, schützte im 13. Jahrhundert eine Stadtbefestigung die Quartiere. Zu Beginn des 14. Jahrhunderts führte man sie über die Pegnitz zusammen. Tiergärtnertorturm, Weißer Turm, Grabenreste an der Peter-Vischer-Straße sowie Grübelstraße und der Laufer Schlagturm künden heute noch von der einstigen Ausdehnung der Stadt. Mitte des 14. Jahrhunderts begannen die Arbeiten an der letzten Umwallung um den heutigen Altstadtring. Es dauerte rund 100 Jahre, ehe mit (von »Feindesseite« aus gesehen) äußerer Stadtgrabenstützmauer, Graben, innerer Grabenfuttermauer mit Grabentürmen, Zwinger sowie Hauptmauer mit Wehrgang samt Stadtmauertürmen die Befestigungsanlage ihren ersten Abschluss fand. Im 16. Jahrhunderten kamen an manchen Stellen außerhalb der Mauer Artilleriebastionen dazu.

Mitte des 14. Jahrhunderts begannen die Arbeiten an der letzten Umwallung um den heutigen Altstadtring. Es dauerte rund 100 Jahre.

Mitte des 16. Jahrhunderts ließ der Rat der Stadt gegen innere und äußere Widerstände eine gewaltige Befestigung der Burg an ihrer nördlichen und nordwestlichen Seite errichten. Der italienische, gerade aus Malta gekommene und deswegen auch als »Malteser« bezeichnete Festungsbaumeister Antonio Fazuni, über den sonst wenig bekannt ist, war auf Arbeitssuche wohl eher zufällig mit dem Rat in Kontakt und ins Geschäft gekommen. Bei einem Vorstellungsgespräch muss er vollkommen überzeugt haben. Nach seinen Plänen entstanden zwischen 1538 und 1545 die mächtigen Wehranlagen mit Vestnertorbastion, Hauptbastion, Tiergärtnertorbastion, Kasematten und Schießscharten. Die imposante Bastei vor der Burg gilt heute als ein Bauwerk von nationaler Bedeutung. Bald danach wurden von 1556 bis 1564 auch die vier Tortürme (Neutor, Laufertor, Königstor, Spittlertor) an den großen Ausfallstraßen nach dem neuesten Stand der Befestigungstechnik rund ummantelt. Die Stadtmauer umschließt in einem leicht trapezförmigen Rechteck die heutige Altstadt. Die vier runden Türme sind echte Hingucker im Nürnberger Stadtbild.

Über Jahrhunderte gab es nur fünf Haupttore und zwei Fußgängerdurchgänge. Mitte des 19. Jahrhunderts, als die Stadt längst über die Mauern hinausgewachsen war, kamen sieben zusätzliche Tore dazu. Im preußisch-österreichischen Krieg wurde Nürnberg am 12. Juli 1866 zur offenen Stadt erklärt. Spätestens jetzt hatte die Stadtmauer ihre Funktion verloren. Der aufblühenden Industriestadt und dem wachsenden Verkehr stand die Stadtmauer zunehmend im Wege. Die Stadt veranlasste Durchbrüche, Gräben wurden aufgeschüttet. Doch das »reichsstadtstolze« Traditionsbewusstsein und die Nüchternheit der Nürnberger sorgten dafür, dass die Stadtmauer in weitaus geringerem Maß als in vielen anderen deutschen Städten geschleift wurde. Nur an wenigen Stellen ließ man die Gräben auffüllen. Ein großer kultureller Schatz wurde so bewahrt.

Heute erstreckt sich die Stadtmauer über 3,8 Kilometer von ursprünglich fünf Kilometern. 74 Stadtmauertürme sind im Besitz der Stadt, die überwiegend an Jugendorganisationen, Vereine, Künstler, aber auch als Wohnungen vermietet sind. Unterhalt und Sanierung bleiben eine Daueraufgabe. Burg und Stadtmauer haben ihren früheren Charakter als Stätten der Macht und der Wehrhaftigkeit längst verloren. Stattdessen sind sie zu Lebens-, Erlebnis- und Naherholungsorten für viele Menschen geworden. Der Stadtgraben hat Platz für Sportanlagen, Schrebergärten, Spielplätze, Spazier- und Fahrradwege. Auf dem Zwinger nahe dem Königstor findet man einen Skulpturenpark. Das Nürnberger Bündnis für Biodiversität demonstriert am Zwinger beim Spittlertorgraben biologische Vielfalt, unter anderem mit Wildkräutern und -blumenbeeten. In der Kaiserstallung ist eine der schönsten und beliebtesten Jugendherbergen Deutschlands untergebracht. Die Nationalsozialisten hatten das Gebäude erstmals entsprechend umgebaut. Eröffnet worden war die Reichsjugendherberge während des Reichsparteitags 1938. Dank aufwendiger Sanierung bis 2013 ist die Jugendherberge eine der modernsten und attraktivsten des Deutschen Jugendherbergswerks. In und mit diesen »alten Gemäuern« fühlen sich junge Leute aus aller Welt wohl.

In der Kaiserburg kann man Räume für private oder geschäftliche Anlässe mieten. Man kann ehrfürchtig vor den Monumenten deutscher Geschichte stehen, aber sich die Vergangenheit auch selbstbewusst aneignen. Wie zum Beispiel bei der »Blauen Nacht«. Seit 2007 dienen bei diesem Kulturspektakel der Burgberg und die Burg als Projektionsfläche für Bildinstallationen, die Tausende begeistern. Oder auch beim noch älteren adventlichen »Lichterzug« der Nürnberger Schulkinder, der seit 1948 mit einem Krippenspiel zu Füßen der Burg am Ölberg endet.

Auch die Natur hat sich die Burg angeeignet. Mehr als 2000 Tier- und Pflanzenarten sind hier zu Hause. Im Burggarten tummeln sich Buchfink, Blaumeise, Zilpzalp und die Mönchsgrasmücke. Eine grüne Idylle ist der erst 2013 neben dem Heidenturm geschaffene Maria-Sibylla-Merian-Garten, benannt nach der Künstlerin und Naturforscherin Maria Sibylla Merian (1647–1717), die zwischen 1668 und 1682 in Nürnberg lebte und arbeitete. Die Stars sind die Wanderfalken. Schon 2011/12 brüteten im Heidenturm Turmfalken. Während der Sanierung des Bauwerks wurde im Sinwellturm ein Ersatzquartier geschaffen. Seit 2013 haben in dem Nistkasten die noch selteneren Wanderfalken die Herrschaft übernommen. Seither sind (bis 2023) 27 Junge geschlüpft. Allerdings war die Brut nie allein. Über eine Videokamera stehen Eltern und Nachwuchs unter ständiger Beobachtung. Allein 2022 wurde die Website nahezu drei Millionen Mal besucht.

Von einer Sage muss noch die Rede sein. Im Spätmittelalter scheuten sich verarmte Adlige nicht, mit Überfällen auf reiche Kaufmannszüge ihren Lebensunterhalt zu fristen. Einer dieser Raubritter war Eppelein, eigentlich Eckelein (oder Eckhardt) von Gailingen. Die Stadt wurde seiner jedoch habhaft und verurteilte ihn zum Tode. Der Legende zufolge wünschte er sich vor der Hinrichtung, auf der Burg noch einmal sein Pferd besteigen zu dürfen. Es wurde ihm gewährt. Er gab dem Pferd die Sporen und entwischte mit einem mächtigen Sprung über den nördlichen Burggraben. Wer heute auf die Mauer blickt, entdeckt erstens mehrere Hufabdrücke (von wem auch immer nachträglich in den Sandstein hineingekratzt) und kann zweitens nur annehmen, dass Eppelein von Gailingen sein Sprungmanöver wegen multipler Brüche und sonstiger Beschädigungen nicht überlebt hat. Aber die Sage lebt, weil mit ihm auch dieser provokante Spruch verbunden ist: »Die Nürnberger hängen keinen, sie hätten ihn denn zuvor!« Ein Hinweis auf die vermeintliche Unzulänglichkeit der Nürnberger. Der Raubritter ging ab und gab den Nürnbergern noch eins mit.

Keine andere Großstadt Deutschlands kann mit einer solch prächtigen Burg und einmaligen Stadtmauer aufwarten wie Nürnberg. Burg und Stadtmauer sind Kunst- und Baudenkmäler der Stadt von europäischem Rang. Die ehemalige Kaiserpfalz und die reichsstädtischen Gebäude sind nicht nur museale Stätten, sondern Treffpunkt, Aussichtsplattform, Erholungs-, Freizeit- und Bildungsort. Bei der Nürnberger Burg handelt es sich nicht nur um eine beliebte touristische Attraktion und ein herausragendes Denkmal deutscher Geschichte, sondern um die Burg der Nürnberger.

Keine andere Großstadt Deutschlands kann mit einer solch prächtigen Burg und einmaligen Stadtmauer aufwarten wie Nürnberg.

Hauptmarkt

Ein weiser Prophet überlebte alles

Wenn der Hauptmarkt frei von jeglicher Möblierung ist, wenn dort kein Event stattfindet und nicht ein einziger Obst- und Gemüsehändler seine Waren feilbietet, offenbart er seinen wahren Reiz. Der Platz hat ein leichtes Gefälle in Richtung Pegnitz, vor allem ist er krumm und bucklig. Nirgends ist das Kopfsteinpflaster plan. Der Hauptmarkt zeigt sich vielfältig – wie die ganze Stadt. Er ist der zentrale Platz und das Herz der Stadt. Am Anfang stand das Massaker beim Pogrom 1349 samt Abriss von Synagoge und Wohnhäusern des jüdischen Gettos.

Zunächst hießen die neuen Verkaufsflächen »Großer Markt« oder »Grüner Markt«. Östlich davon entwickelte sich der Obstmarkt. Im westlichen Teil des Großen Markts etablierten sich Untermärkte wie Wildbretmarkt, Tauben- und Vogelmarkt oder Spanferkelmarkt. Zuvor gab es schon unter anderem den Milchmarkt (heute: Albrecht-Dürer-Platz), den Weinmarkt, den Heumarkt (heute: Theresienplatz) oder den Salzmarkt (hinter dem Alten Rathaus). Der Name Hauptmarkt für den Grünen Markt kam erst 1809/10 auf, damit er von den anderen Marktplätzen unterschieden werden konnte.

Eingerahmt ist die 5000 Quadratmeter große Fläche heute überwiegend von Nachkriegsbauten. Bestimmt wird der trapezförmige Platz mit unterschiedlichen Seitenlängen zwischen 56 und 85 Metern von der Frauenkirche und dem Schönen Brunnen, herausragenden Zeugnissen der Gotik in Nürnberg. Neben St. Sebald und St. Lorenz ist die Frauenkirche die wichtigste historische Kirche in Nürnberg. Sie entstand zwischen 1352 und

links Am Abend entfalten die Frauenkirche und der Schöne Brunnen am Hauptmarkt einen besonderen Reiz.

1358 auf der Fläche der geschleiften Synagoge. Der 1356 zum Kaiser gekrönte Karl IV. hatte die Frauenkirche gestiftet, zur Hofkirche bestimmt und dem Augustiner-Chorherrenstift »Unserer Lieben Frau« in Prag unterstellt. Die drei Schiffe der Frauenkirche auf einem fast quadratischen Grundriss sind annähernd gleich hoch. Damit ist das Gotteshaus eine der frühesten Hallenkirchen Frankens. Wahrscheinlich war Peter Parler (1330/1333–1399) – Dombaumeister Karls IV. und Vollender des Veitsdoms in Prag – der Architekt der Frauenkirche.

Eine Attraktion am Hauptmarkt zieht tagtäglich zur Mittagszeit Scharen von Touristen an. Zwischen 1506 und 1508 erfuhr der Giebel am Michaelschor – Erzengel Michael war der Schutzherr von Kaiser und Reich – an der Westfassade einen Umbau durch Adam Kraft. In dem Zusammenhang entstand von 1506 bis 1509 das sogenannte Männleinlaufen, veranlasst von der Stadt in Erinnerung an die Goldene Bulle (mit der Festlegung, dass der erste Reichstag nach einer Königswahl immer in Nürnberg stattzufinden habe) und in Verehrung Kaiser Karls IV. Das in die Kunstuhr von Jörg Heuss (um 1470–1536) eingebundene Schauspiel zeigt die Huldigung der sieben Kurfürsten gegenüber Karl IV. Der Herrscher thront im goldenen Ornat auf einem Stuhl. Schlag 12 Uhr öffnen sich zwei Türen. Figuren stellen die sieben Kurfürsten – die Erzbischöfe von Mainz, Köln und Trier, den König von Böhmen, den Herzog von Sachsen, den Pfalzgraf bei Rhein und den Markgraf von Brandenburg – dar. Sie umkreisen drei Mal den Kaiser, wobei sie sich jedes Mal vor Karl IV. angedeutet verneigen. Der Potentat senkt zum Gegengruß jeweils generös sein Zepter.

Die Frauenkirche fungierte von der Reformation bis zur Vereinnahmung der Stadt durch Bayern als evangelische Predigerkirche.

Die Frauenkirche fungierte von der Reformation bis zur Vereinnahmung der Stadt durch Bayern als evangelische Predigerkirche. Im Zuge der Säkularisation war bis dahin die komplette Innenausstattung verschwunden. 1810 erwarb die katholische Gemeinde von der evangelischen Kirche die Frauenkirche zurück. »Unsere liebe Frau« wurde so zur katholischen Ursprungspfarrei zu Beginn des 19. Jahrhunderts. 1816 feierten die Gläubigen in dieser Marienkirche wieder den ersten katholischen Gottesdienst.

Obwohl die Frauenkirche damals »leergeräumt« war, verfügt sie heute trotzdem über eine Reihe von Kunstschätzen. Sie stammen zum Großteil aus säkularisierten und abgerissenen Klöstern und Kirchen, die die Gemeinde schon früh im 19. Jahrhundert übernehmen konnte. Dazu zählt unter anderem der Tucheraltar im Ostchor, von einem unbekannten Meister um 1445 geschaffen. Er gilt als das bedeutendste Zeugnis Nürnberger Tafelmalerei vor Albrecht Dürer. Von Adam Kraft stammen bedeutende Grabdenkmäler wie das Pergenstorffer und das Rebeck'sche Epitaph. Die Gemeinde erinnert auch mit verschiedenen künstlerischen Werken an die Entstehungsgeschichte der Kirche, am offenkundigsten mit einem im Ostchor im Boden eingelassenen Davidstern aus Bronze.

Der Schöne Brunnen ist ebenfalls ein Wahrzeichen der Stadt. Er war als nördlicher Abschluss des Hauptmarkts in Korrespondenz zur Frauenkirche geplant und entstand schließlich zwischen 1389 und 1396 als 19 Meter hohe, golden und farbig gefasste Brunnenpyramide in Gestalt eines gotischen Kirchturms. Nach Einschätzung des Historikers Helmut Häußler hat er »in der Welt nicht seinesgleichen«. »Herzstück des Schönen Brunnens ist sein statuarisches Programm von 40 Steinfiguren, die das Geschichtswissen und den geistigen Erfahrungsraum des 14. Jahrhunderts repräsentieren« (Häußler). Über vier Ebenen verteilt, reichen die unterlebensgroßen Gestalten von Vertretern der Künste und Wissenschaft sowie den Evangelisten über Herrscher der Antike und Helden der mittelalterlichen Christenheit bis zu den Propheten des Alten Testaments (von unten nach oben).

Über all die Jahrhunderte seiner Existenz hat der Schöne Brunnen viele Ausbesserungen und Restaurierungen, aber auch

Phasen der Vernachlässigung erlebt. Bis 1821 war der Sandsteinbau fast ganz verfallen. Der heutige Schöne Brunnen ist eine Kopie aus Muschelkalk, errichtet zwischen 1902 und 1904. Die Reste der letzten originalen Bauteile sind im Germanischen Nationalmuseum gesichert. Die meisten Nürnberg-Besucher dürften den Schönen Brunnen weniger wegen seiner kunsthistorischen Bedeutung, sondern wegen des »Goldenen Rings« in dem ihn umgebenden Eisengitter ansteuern. Im 16. Jahrhundert soll ein Lehrling den nahtlosen, beweglichen Messingring über Nacht in die Absperrung eingefügt haben, um sein Können unter Beweis zu stellen. Der Ring soll ein Glücksbringer sein, wenn man daran dreht. Dabei gibt es zwei solcher Ringe: einen golden schimmernden im südwestlichen und einen unauffälligen, matten im nordöstlichen Segment. Der letztgenannte soll die wahre Glückswirkung entfalten …

In allen Epochen hat der Hauptmarkt immer wieder bauliche Veränderungen im Umfeld erfahren. Besonders prägend waren Kolonnaden, die von 1809 bis zum Abriss 1895 den Hauptmarkt nach Westen, Norden und Osten begrenzten, sowie der barocke Neptunbrunnen von 1902 bis 1934, ehe er auf Geheiß der Nationalsozialisten auf seine kleine Wanderschaft durch die Stadt geschickt wurde. 1909 bestand der Hauptmarkt beim Jahrhunderthochwasser aus einem einzigen See. Und immer war der Platz neben seiner Haupteigenschaft als Markt auch Begegnungs-, Veranstaltungs- und Feierort. Hier fanden im Mittelalter die Heiltumsweisungen statt, junge Handwerker richteten ihre »Gesellenstechen« aus, die Metzger präsentierten 1658 stolz eine 432 Meter lange Bratwurst. Die Nationalsozialisten bezogen den Hauptmarkt, der von 1933 bis 1945 Adolf-Hitler-Platz hieß, mit Aufmärschen in ihre Parteitage mit ein, die US-Amerikaner hielten hier am 20. April 1945 ihre Siegesparade ab.

Wer immer etwas zu sagen oder zu zeigen hat oder es zumindest glaubt, drängt auf den Hauptmarkt. Er musste auch schon Präsentationen teurer Automarken aushalten. Es finden Sportveranstaltungen statt oder Zehntausende Fans versammeln sich nach großen Erfolgen des 1. FC Nürnberg zur Siegesfeier, zuletzt nach dem Pokalsieg 2007.

Neben dem Grünen Markt ist der Hauptmarkt, seit 1984 Fußgängerzone, Ort von Sondermärkten wie dem Oster- und Herbstmarkt, dem Trempelmarkt (einem der größten Flohmärkte Deutschlands) oder dem Christkindlesmarkt. Gelegentlich kommt die Kunst auf den Hauptmarkt, 2003 etwa mit dem fast poetischen »großen Hasenstück« von Ottmar Hörl oder alljährlich mit der »Blauen Nacht« und den Konzerten beim Bardentreffen. Insgesamt ist eine Tendenz zur »Eventisierung« des Hauptmarkts nicht von der Hand zu weisen. Schon lange sind schier verzweifelte Versuche zu beobachten, dem Platz im Alltag mehr Leben und »Aufenthaltsqualität« einzuhauchen. Seit 2012 liegen die Ergebnisse eines Ideen- und Realisierungswettbewerbs für eine Umgestaltung des Haupt- und Obstmarkts vor. Baubeginn könnte 2025 sein (Stand: 2024).

Einer hat alles überlebt, den Abbruch der Synagoge genauso wie die verheerenden Zerstörungen im Zweiten Weltkrieg. Auf dem obersten Rang des Schönen Brunnens steht neben sieben weiteren Propheten auch Moses. (Das Denkmal hat den Bombenkrieg überstanden, weil es durch einen Betonmantel geschützt war.) Mosche Rabbenu ist im jüdischen Glauben der Lehrer Moses. Die Figur auf dem Schönen Brunnen ist nach Osten, in Gebetsrichtung Jerusalem, ausgerichtet. Die Skulptur hält im linken Arm zwei Gesetzestafeln und deutet mit der rechten Hand auf das sechste Gebot: »Du sollst nicht morden.«

ZONE

Rathaus

Sitz des »guten Regiments«

Mit »Rathaus« verbinden die meisten Menschen ein konkretes Gebäude. Das Wort ist aber auch ein Synonym für Verwaltung oder Behörde. Und es hat eine politische Bedeutung: Die Bürger bestimmen in einer Demokratie bei Kommunalwahlen, welche Rathausmehrheit die Stadtregierung stellt. Dabei hat sich jede Gemeinde an Bundes- und Landesgesetze zu halten. Sie handelt oft im sogenannten übertragenen Wirkungskreis, ist also nur ausführendes Organ übergeordneter staatlicher Instanzen. Gleichwohl garantiert das kommunale Selbstverwaltungsrecht jeder Stadt, im eigenen Wirkungskreis auf vielen Gebieten selbstständig und unabhängig zu entscheiden.

Über Jahrhunderte zuvor war das ganz anders. Nürnberg war im Spätmittelalter und in der frühen Neuzeit eine Metropole von europäischem Rang, die sich selbst als »Republik« bezeichnete. Noch heute nachzulesen ist das beispielsweise auf der Anfang des 18. Jahrhunderts gebauten Karlsbrücke, benannt nach Kaiser Karl VI. (1685–1740). Dort weist eine Gedenktafel die Aufschrift »S P Q Norimb.« auf, ausgeschrieben: »Senatus Populusque Norimbergensum« (»Rat und Volk der Nürnberger«). Man sah sich also ganz in der Tradition der antiken Römer, die ihre Schriftstücke mit »Senatus Populusque Romanus« unterzeichneten. Nach Herbert Maas wollten die Nürnberger mit ihrer Formel zweierlei sagen: »1. Unser Regiment hat teil an einer traditionsreichen Reichsgewalt. 2. Wir sind wie die alten Römer trotz der kaiserlichen Oberhoheit eine republikanische Einrichtung, in der Rat und Volk zusammenarbeiten.«

links Der Wolffsche Bau kündet von der Bedeutung und dem Stolz des einstigen Stadtstaats.

Ganz so idealtypisch verhielt es sich allerdings nicht. Es gab einen selten tagenden und lange politisch bedeutungslosen Größeren Rat mit 300 bis 500 »Genannten«. Erst bei einer Verfassungsreform im sogenannten Grundvertrag 1794 erhielt er – für sehr kurze Zeit bis zum Ende der Freien Reichsstadt – mehr Gewicht. Die tatsächliche Herrschaft hatten nur wenige Familien inne, die seit dem Humanismus so bezeichneten Patrizier. Sie bildeten den Inneren Rat (auch: Kleiner Rat oder Magistrat) mit 34 Ratsherren und acht »Ratsfreunden« aus dem Handwerk. Die eigentlichen Staatsgeschäfte führte ein aus dem Kleinen Rat stammendes Triumvirat. Für die verschiedenen Aufgaben entwickelte sich ein Verwaltungsapparat. Die Beschränkung der höchsten Ämter auf die patrizischen Familien trug mit zum Niedergang der Reichsstadt bei.

Als Reichsstadt unterstand Nürnberg nur dem König beziehungsweise Kaiser und Reich. Seit der erstmaligen Übernahme des Amts des Reichsschultheißen – eines vom Kaiser bestellten Beamten, der die Gerichtsbarkeit über die Bürger ausübte – durch Konrad Groß 1338 waren Exekutive, Legislative und Jurisdiktion in der Hand des Stadtregiments. So war Nürnberg ein selbstständig handelnder Stadtstaat, dessen Recht auch für sein Landgebiet galt.

Mit der Besitzergreifung durch Bayern 1806 war es mit diesem Status ein für alle Mal vorbei. Erst allmählich erlangte die Stadt im 19. Jahrhundert wieder eigene Zuständigkeiten. Bis 1918 konnte sie auch wieder eine effiziente Verwaltung entwickeln. Seit 1919 – mit Ausnahme der NS-Zeit zwischen 1933 und 1945 – bestimmt ein frei gewählter Stadtrat die Geschicke Nürnbergs. Die Verfassung des Freistaats Bayern garantiert seit 1946 das Selbstverwaltungsrecht der Gemeinden. Es »dient dem Aufbau der Demokratie von unten nach oben«, heißt es im Artikel 11. Städte und Gemeinden »haben das Recht, ihre eigenen Angelegenheiten im Rahmen der

Die Verfassung des Freistaats Bayern garantiert seit 1946 das Selbstverwaltungsrecht der Gemeinden.

Gesetze selbst zu ordnen und zu verwalten, insbesondere ihre Bürgermeister und Vertretungskörper zu wählen«. Die »eigenen Angelegenheiten« sind vielfältig. Dazu gehören unter anderem: Straßen- und Wegebau, Ortsplanung, Wohnungsbau, örtliche Kulturpflege, Versorgung der Bevölkerung mit Wasser und Energie, Gesundheitswesen, Schulen, Wohlfahrtspflege und vieles mehr. So ist auch die Stadt Nürnberg für die Begleitung des Lebens von der Wiege bis zum Grab zuständig. Der 70-köpfige Stadtrat und der Oberbürgermeister beschließen die Satzungen – die lokalen Gesetze. Bei aller Kritik an »der Verwaltung« messen die Bürger »der Stadt« eine hohe Problemlösungskompetenz zu.

In der Stadtverwaltung sind rund 12 000 Personen mit mehr als 200 unterschiedlichen Berufen und Fachrichtungen beschäftigt. Zählt man noch die Mitarbeiter des Verkehrsbetriebs VAG, des Energieversorgers N-Ergie, des kommunalen Klinikums und der städtischen Wohnungsbaugesellschaft wbg dazu, sind über 24 000 Menschen in Nürnberg für die Bürgerschaft und das Gemeinwesen tätig. Die Stadt Nürnberg betreibt über das gesamte Stadtgebiet unzählige öffentliche Einrichtungen und verfügt über eine Reihe von Verwaltungsgebäuden. Einen prominenten Platz hat das zwischen 1954 und 1956 gebaute »Neue Rathaus« am nördlichen Abschluss des Hauptmarkts.

Wenige Meter nördlich davon liegt seit dem Mittelalter die politische Machtzentrale: das »Alte Rathaus«. Der Begriff beschreibt einen Rathauskomplex mit Gebäuden aus verschiedenen Epochen. Im Süden liegt der älteste, gotische Teil mit dem zwischen 1332 und 1340 errichteten Saalbau. Mit einer Länge von 40 Metern, einer Breite und Höhe von 12 Metern war er zur Entstehungszeit der größte weltliche Bau nördlich der Alpen. Unter Federführung Albrecht Dürers wurde er ab 1521 mit Wandmalereien, Vertäfelungen und einer Holztonnendecke zu einem Gesamtkunstwerk der Renaissance gestaltet. Mit der Verlesung der »Goldenen Bulle« 1356, dem ersten geschriebenen Reichsgesetz, oder dem Friedensmahl 1649 wurde der Saal zum Schauplatz historischer Ereignisse. Er fungierte auch gewissermaßen als

Mehrzweckhalle für die Bürgerschaft, die es sich leisten konnte. Patrizier feierten hier Feste und Hochzeiten; mieten lässt sich der Saal auch heute noch. Der einstige Glanz ging im Kriegsfeuer 1945 unter. Bis zum äußeren Wiederaufbau (1956–1958) standen nur die Außenmauern, bei der Wiederherstellung im Inneren in den 1980er-Jahren wurden die Decke und die Vertäfelung rekonstruiert, die Wände blieben weiß.

Der immer wieder nach Norden erweiterte Rathauskomplex erfuhr im Wesentlichen zwischen 1616 und 1622 nach Plänen von Jakob Wolff d. J. (1571–1620) eine grundlegende Neugestaltung nach dem Vorbild italienischer Stadtpaläste der Hochrenaissance: mit einem Westtrakt und drei Seiten eines großen Hofes. Die Westfassade gegenüber dem Ostchor von St. Sebald bestimmt das nach seinem Architekten benannte Rathaus Wolffscher Bau. Prägend sind die drei Barockportale. Das südliche dient als Zugang zu einem Restaurant, die Türe zum nördlichen ist meist verschlossen. Die eigentliche Aufgabe übernimmt das mittlere Portal, das den Eintritt ins Rathaus gewährt. In der anschließenden Ehrenhalle versammeln sich Touristen, ehe sie in den Katakomben die »Lochgefängnisse« besuchen und sich mit wohligem Schauer vorstellen, wie Menschen vor Jahrhunderten gefangen gehalten und malträtiert wurden.

Auch der Wolffsche Bau wurde im Krieg weitgehend zerstört. Von der reichhaltigen historischen Inneneinrichtung konnte manches gerettet und beim Wiederaufbau verwendet werden wie etwa im kleinen Rathaussaal (»Schöner Saal«) eine Kassettendecke von Kunstschreiner Hans Wilhelm Beheim (1570–1619) mit eingelassenen dekorativen Gemälden.

Kaum jemand, der das Rathaus unter dem mittleren Portal durch eine unangemessen kleine Türe betritt, wird vorher nach oben geblickt haben. Dort findet sich für heutige Augen eine ungewöhnliche Ansammlung von Symbolen. Zunächst das Wappen des Heiligen Römischen Reiches Deutscher Nation mit dem Reichsadler, der klar macht, dass diese Stadt über sich niemanden anderen weiß als den Kaiser. Und dass man sich als Freie Reichsstadt versteht. Links und rechts daneben zwei entspannt lümmelnde weibliche Figuren. Sie stehen, oder besser: liegen für Gerechtigkeit und Klugheit. Und darüber: ein Pelikan. Er reißt sich mit dem Schnabel die Brust auf, um seine Jungen mit seinem Herzblut zu nähren.

Unter dem Pelikan sind die Buchstaben P L E G zu erkennen, für lateinisch »Prudentia, Legibus et Gratia« – zu deutsch: mit Klugheit, Gesetzen und – etwas frei übersetzt – Güte. Ein Akronym als Regierungsprogramm: Hier arbeitet der kluge, gerechte und sich für seine Bürger aufopfernde Rat. Diese Deutung ist seit mehr als 200 Jahren bekannt. Gottlieb von Murr hat sie in seiner *Beschreibung der vornehmsten Merkwürdigkeiten in der Reichsstadt Nürnberg* festgehalten. Manche betrachten die Buchstabenfolge auch als Abkürzung von »Pro Lege et Patria« (»Für Gesetz und Vaterland«). Einige Forscher sind indes sicher, dass PLEG für »Pro Lege et Grege« (»Für das Recht und das eigene Volk«) stehe.

Dabei ähneln sich alle Interpretationen. Im Kern soll es im Rathaus immer um ein »gutes Regiment« gehen. »Good Governance« heißt das heute. Die Altvorderen scheinen sich diesem selbst gestellten Auftrag immer verpflichtet gefühlt zu haben. Das wurde den Menschen auch *im* Rathaussaal vor Augen geführt. Dort fand sich schon seit 1613 über dem Chörlein an der Ostwand eine bildhafte Darstellung des Pelikanmotivs. Darunter stand: »Salus Populi Suprema Lex Esto« (Das Wohl des Volkes sei das höchste Gesetz). Die Kriegszerstörung hat Pelikan und Inschrift verschwinden lassen.

Heilig-Geist-Spital

Konrad Groß hat viele Nachfahren

Mit dem Seelenheil im Mittelalter war es so eine Sache. Wer auf Nummer sicher gehen wollte, um ins Paradies zu kommen oder zumindest im Jenseits einigermaßen gut aufgehoben zu sein, tat im Diesseits möglichst viele gute Werke. Zumal wenn man es sich leisten konnte. Der Ratsherr und Kaufmann Konrad Groß (1280–1356) zählte zu den reichsten Männern seiner Zeit. Gern wird er auch mit Jakob Fugger verglichen. Sein Vermögen stammte zum Teil aus ererbtem Familienbesitz. Schon sein Vater wurde »Heinz der Reiche« genannt. Konrad war aber auch selbst als Unternehmer und in Geschäften mit dem Kaiser sehr geschickt. 17 Jahre bis zu seinem Tod übte der angesehene Patrizier zudem das Amt des Reichsschultheißen aus. Den Großteil seines Reichtums steckte er in Stiftungen, allen voran in das »Neue Hospital zum Heiligen Geist«.

Die Gründung des Heilig-Geist-Spitals ist auch ein Zeichen dafür, dass im Hochmittelalter das aufsteigende Bürgertum, zumal das vermögende, eigene Stiftungen gründete und damit auch Fürsten und Ritter als Kulturträger ablöste. Primär flossen die Mittel in die Kirchen und ihre Ausstattung. Konrad Groß ging es um Wohlfahrt. In einer Sage wird er sehr positiv beschrieben: »(Konrad) gehörte nicht zu jenen Menschen, die habgierig viel zu Vielem legen und anderen nichts gönnen. Er (...) hatte ein fühlendes Herz für die Kranken und Verlassenen und sonderlich für die alten Leute.«

Das Heilig-Geist-Spital – entstanden zwischen 1331 und 1339 – war zunächst Krankenhaus und Altenheim für Arme in

links Beliebtes Postkartenmotiv: Über einen Arm der Pegnitz spannt sich ein Teil des Heilig-Geist-Spitals.

einem; es konnte 200 Menschen aufnehmen. Zu diesem Zweck hatte Groß von Burggraf Friedrich IV. eine Wiese an der Pegnitz überschrieben bekommen. Später konnten sich Pfründner (Rentner) auch einkaufen. Seit bald 700 Jahren existiert der Komplex in prominentester Lage. Vom Ursprungsbau ist heute nichts mehr zu erkennen. Im Laufe der Jahrhunderte gab es mehrere Erweiterungs- und Umbauten. Ende des 15. Jahrhunderts begann der beeindruckende Bau über den nördlichen Pegnitzarm – schon lange eine Touristenattraktion. Dieses stattliche Gebäude mit zwei Schwibbögen steht für »Alt-Nürnberg« wie wenige andere. Die Ansicht von der Museumsbrücke gehört zu den beliebtesten Fotomotiven, schon lange vor Instagram. Eine idyllische Ansicht. Vielleicht auch Projektionsfläche. Hinter einigen Fenstern warten die Räume eines Restaurants.

Das Heilig-Geist-Spital, genauer: die Heilig-Geist-Kirche, steht aber auch in besonderem Maße für die große Bedeutung Nürnbergs im Heiligen Römischen Reich Deutscher Nation. Denn die Kirche war von 1424 bis 1796 Heimstatt der sogenannten Reichskleinodien, also des Kronschatzes. Die Altstadtfreunde haben Krone, Apfel und Zepter nachbilden lassen, »um die zeitweise glanzvolle Stellung Nürnbergs ins öffentliche Bewusstsein zu rufen«. Seit 1990 sind die Repliken in städtischen Räumen zu sehen, inzwischen im Stadtmuseum Fembohaus.

Die Heilig-Geist-Spital-Stiftung ist die reichste Stiftung in Nürnberg. Die Stadt Nürnberg kümmert sich treuhänderisch um sie.

Noch immer steht in weiten Teilen des Komplexes die Wohlfahrt im Vordergrund. So hat dort eines der städtischen Altenheime seinen Sitz. Nach der Stiftungsurkunde vom 13. Januar 1339 für das Heilig-Geist-Spital ging es Konrad Groß darum, »nach Christi Gebot den Nächsten zu lieben, ihn in seinem augenblicklichen Unglück zu Hilfe zu kommen, den Hungrigen zu speisen, den Durstigen zu tränken, den Nackten zu kleiden, den Siechen zu pflegen, den heimatlosen und gebrechlichen Fremden aufzunehmen, den durch das Schicksal

Verängstigten zu trösten, die barmherzige Gastfreundschaft zu mehren.«

Nach dem Tod von Konrad Groß wuchs die Heilig-Geist-Spital-Stiftung über die Jahrhunderte hinweg durch Zustiftungen, Zusammenlegung mit anderen Stiftungen, aber auch gezielte Immobilienkäufen weiter an. So gehören zum Heilig-Geist-Stiftungsvermögen heute unter anderem die Mauthalle, einige Häuser im Stadtteil Langwasser und 511 Hektar Wald in Mittelfranken. Die Heilig-Geist-Spital-Stiftung ist die reichste Stiftung in Nürnberg. Die Stadt Nürnberg kümmert sich treuhänderisch um sie.

In der im Finanzreferat angesiedelten Stiftungsverwaltung arbeiteten 2023 allein elf Mitarbeiterinnen und Mitarbeiter. Denn es geht nicht nur um das Heilig-Geist-Spital. In diesem Jahr wurden allein von der Stadt 64 Stiftungen mit einem Bilanzvermögen von insgesamt rund 296 Millionen Euro betreut. Darunter sind auch einige Stiftungen, die erst in den vergangenen zehn bis 20 Jahren gegründet wurden. Dazu hat auch beigetragen, dass der Gesetzgeber den steuerlichen Rahmen verbessert hat. Zudem wächst das Privatvermögen, und nicht immer gibt es Nachkommen, an die etwas zu vererben wäre. Stiften bedeutet, Vermögen dauerhaft einem bestimmten Zweck zu widmen. Das eingebrachte Vermögen bleibt für immer erhalten. Stiftungen sind für die Ewigkeit angelegt. Die jährlichen Erträge dürfen nur für den festgelegten Zweck ausgegeben werden. Die städtische Stiftungsverwaltung hat 2022 rund sechs Millionen Euro für mildtätige oder gemeinnützige Zwecke bereitgestellt. Unter anderem wurden rund 5100 Menschen in Notsituationen finanziell unterstützt. 169 verschiedene Institutionen erhielten Zuwendungen.

Das Nürnberger Stiftungswesen hat in den vergangenen Jahrhunderten verschiedene Ausprägungen erfahren. Stiftungen leisten schon immer einen wichtigen Beitrag für das Gemeinwohl. Die Motive der heutigen Gründerinnen und Gründer sind unterschiedlich. Sie wollen der Gesellschaft etwas zurückgeben.

Sie sorgen sich um Mitmenschen, denen es nicht so gut geht. Sie wollen Kultur, Forschung und Bildung unterstützen. Es ist sicher auch ein Antrieb, einfach Gutes zu tun und über den Tod hinaus zu wirken. Rund drei Viertel aller Stiftungen, die von der Stadt verwaltet werden, haben soziale Zwecke im Blick. Eine der jüngsten Stiftungen hat eine Biologin ins Leben gerufen: »Bäume für Nürnberg«. Die Gründerin möchte, dass in der Stadt mehr Straßenbäume gepflanzt werden. Eine Stiftung kann jeder gründen. Das lässt sich über einen Anwalt oder Notar regeln. Oder private Organisationen helfen dabei.

Indes sind bei Weitem nicht alle Stiftungen in Nürnberg bei der Stadt angesiedelt. Der »Eiskönig« und Nürnberger Ehrenbürger Theo Schöller (1917–2004) hat beispielsweise die selbst verwalteten Schöller-Stiftungen ins Leben gerufen. Schon Mitte der 1980er-Jahre machte die Schöller Lebensmittel GmbH & Co. KG mit der Herstellung von Speiseeis und Lebkuchen, Backwaren und Tiefkühlkost fast eine Milliarde Mark Umsatz. Auf dem Höhepunkt ihres Erfolgs erwirtschaftete die Schöller Gruppe mit 14 500 Mitarbeitern einen Umsatz von 1,5 Mrd. Euro. 2001 hat Schöller sein Unternehmen an die Nestlé AG verkauft. Mit seiner Frau Friedl (1924–2014) steckte Theo Schöller seine Mittel in eine Reihe von Stiftungen. Geld fließt daraus unter anderem in die schulische Bildung, in die Forschung und in die Wissenschaft. Die Theo und Friedl Schöller-Stiftung unterstützte auch die Errichtung des Zentrums für Altersmedizin am Klinikum Nürnberg.

Andere Beispiele: Die Sparkasse Nürnberg fördert mit ihrer Zukunftsstiftung, ihrer Kulturstiftung und ihrer Stiftung Altenhilfe für die Stadt Nürnberg zahlreiche gemeinnützige Projekte. Stiftungen entstehen nicht nur von Einzelnen oder aus Unternehmen heraus. Seit 2001 spielt in Nürnberg die Bürgerstiftung mit gemeinnützigem und mildtätigem Zweck eine wichtige Rolle. Sie wurde von Bürgern für Bürger gegründet. Das Besondere: Man kann auch mit kleinen Beträgen durch Zustiftung das Grundstockvermögen mehren. Und man kann auch bei Projekten mitarbeiten und so seine Zeit stiften.

2010 gründete die Stadt auf Initiative des Finanzreferenten Harald Riedel und des Sozialreferenten Reiner Prölß eine Stifter-Initiative. Sie will die Kultur des Stiftens fördern. Alljährlich findet ein Stiftertag statt, um über Projekte zu informieren, (potenzielle) Stifter zusammenzubringen und zu ermutigen. Stiftungen sind ein Zeichen des Miteinanders in der Gesellschaft. Sie gehen mit ihren Leistungen über das hinaus, was die öffentliche Hand zu leisten imstande ist. Die vielen Nürnberger Stiftungen – ob klein, ob groß, ob jung, ob alt – sind Ausdruck eines großen bürgerschaftlichen Engagements. Sie zeigen, was auch Einzelpersonen abseits jeglicher Politik im Dienst für andere bewegen können. Konrad Groß hat vor bald 700 Jahren in Nürnberg einen prominenten Anfang gemacht. Und so auch für seine Nachkommen vorgesorgt. Lange Zeit war die Patrizierfamilie Groß sehr erfolgreich. Doch im 16. Jahrhundert war ihr Niedergang nicht mehr aufzuhalten. Als letzter Vertreter seiner Familie starb Sebastian Groß verarmt im Jahr 1589 – als Bewohner des Heilig-Geist-Spitals.

Johannisfriedhof

Kleinod mit ungeahnter Blumenpracht

Der Johannisfriedhof gehört kunst- und kulturgeschichtlich zu den bedeutendsten Begräbnisstätten in Deutschland, wenn nicht sogar Europas. Manche sagen sogar, er sei einmalig in der Welt. Seinen größten optischen Reiz entfaltet er im Frühsommer. Dann erwartet den Besucher ein leuchtendes Blumenmeer mit roten, weißen, gelben und lachsfarbenen Rosenbüschen und auf den Grabmalen blühende Geranien in Schalen und Kästen. Doch auch im Herbst, wenn allerorten Heidekraut und Wintergrün dominieren, bietet der Gottesacker einen bezaubernden Anblick. Die florale Besonderheit ist ein Zufallsprodukt. Die Bürger haben mit der Bepflanzung erst Anfang des 20. Jahrhunderts allmählich begonnen.

Eine der beliebtesten Sehenswürdigkeiten der Stadt verdankt ihre Existenz einst unheilbaren Krankheiten. Die von Lepra befallenen Menschen wurden im Mittelalter vor die Tore der Stadt zur Isolierung und notdürftigen Pflege in eines der vier an den Ausfallstraßen gelegenen »Siechköbel« verwiesen. Das Aussätzigenhaus an der Straße nach Frankfurt lag in St. Johannis. Im Jahr 1234 wurde es in einem Schriftstück erstmals erwähnt. Wer dort starb, wurde ab 1238 nebenan auf einem eigenen Siechkobelfriedhof südlich der neuen Siechkobelkapelle (dem Vorläufer der heutigen St. Johanniskirche aus dem 14. Jahrhundert) bestattet. Nördlich davon lag die letzte Ruhestätte für Bewohner der umliegenden Dörfer. Östlich der Johanniskirche legte die Stadt 1395 in der Zeit »der großen Sterb« noch einen Pestfriedhof mit der Stephanuskapelle (jetzt Holzschuherkapelle) an. So

links Am Johannisfriedhof überragt die Münzer'sche Wandsäule das weite Feld der Sandstein-Grabmäler.

entstand der älteste Teil des heutigen Johannisfriedhofs. Eine der mehrfachen späteren Erweiterungen bezog auch einen ehemaligen Schießplatz mit ein. Auf dem Johannisfriedhof liegen heute rund 6500 Gräber, etwa 1600 stehen unter besonderem Denkmalschutz.

1347/48 war die Pest aus dem Vorderen Orient nach Europa eingeschleppt worden. Der »Schwarze Tod« hatte Nürnberg 1359, 1377 und 1388 erfasst. Die tödliche Seuche war immer wieder präsent. Zum Teil wurde die Bevölkerung erheblich dezimiert. Die drei größten Pestepidemien sind für die Jahre 1533/34 (5754 Tote), 1562/63 (9186 Tote) und schließlich 1632/33 (15 661 Tote) belegt. Ende 2023 stießen Archäologen in der Baugrube für ein geplantes Seniorenheim nahe der Pegnitz auf das größte Pestgrab Deutschlands, möglicherweise Europas. Die Fundstelle liegt ein paar Hundert Meter südlich des Johannisfriedhofs. Die Wissenschaftler sind sicher, dass es sich um Tote der Pestwelle 1632/33 handelt. Zu Beginn des Jahres 2024 hatten die Archäologen 1100 Skelette geborgen. Sie rechneten zu diesem Zeitpunkt mit insgesamt 2000.

Bis 1518 wurden alle Einwohner in den Pfarrkirchen und den sie umgebenden Friedhöfen innerhalb der Stadtmauer bestattet. Der Rat beendete in diesem Jahr diese Praxis, nicht zuletzt wegen der häufigen Seuchen. Seitdem war der Johannisfriedhof die Begräbnisstätte für die Bürger der (vermögenderen) Sebalder Stadtseite. Einwohner der Lorenzer Hälfte wurden auf dem während der Pestepidemie 1517/18 einige Hundert Meter vor dem Spittlertor neu geschaffenen Rochusfriedhof beerdigt – im heutigen Stadtteil Gostenhof an der Rothenburger Straße. Er ähnelt dem Erscheinungsbild des Johannisfriedhofs, weist aber nur 3000 Grabmale auf. Die beiden Friedhöfe sind die ältesten in Nürnberg erhaltenen.

Der Johannisfriedhof beeindruckt durch eine Reihe von herausragenden Besonderheiten. Es finden sich keine üblichen Gestaltungselemente wie etwa aufgestellte Kreuze. Stattdessen wird das einheitliche Erscheinungsbild bestimmt von liegenden

Sandsteinblöcken in Ost-West-Ausrichtung, die die eigentlichen Grabstätten bedecken. Seit 1520 war diese Gestaltung vorgeschrieben. Ursprünglich waren die Grabsteine mit einem Maß von drei mal sechs »Nürnberger Werkschuh« (umgerechnet 1,67 Meter) alle gleich lang. Man kann dies als Zeichen verstehen, dass alle Menschen im Tod gleich sind. Manche waren aber früher bereits ein bisschen gleicher, und die Sandsteinkörper wurden auch schon mal größer angefertigt. Im 17. und 18. Jahrhundert kamen barocke Formen hinzu. Üblich waren Gesellen- und Gemeinschaftsgräber, Familiengräber und Einzelgräber.

Als einziger Schmuck waren ursprünglich nur Epitaphien (Grabplatten) aus Bronze und Messing erlaubt. Sie zeugen von der hervorragenden Rotgießer- und Bildhauerkunst in Nürnberg. Die Epitaphien weisen eine ungeheure Vielfalt auf. Sie nennen Namen und Lebensdaten des Grabbesitzers und anderer bestatteter Angehöriger, enthalten Inschriften – oft auf Latein und mit biblischem Inhalt –, zeigen unter anderem Familienwappen und Hausmarken. Gerade Handwerker verewigten sich auf Metalltafeln mit ihren Berufssymbolen, ihren Produkten und mit ihrem Werkzeug. Vom 14. bis weit ins 17. Jahrhundert lag der Anteil der Handwerker an der Bevölkerung bei 50 Prozent und weit darüber. Ein Schild am Grab eines Lebküchners präsentiert drei Arten des Gebäcks, eine Breze verweist auf einen Bäcker, am Grab eines Goldschmieds hält ein Mann in spanischer Tracht in der linken Hand einen Pokal und in der rechten einen kleinen Hammer, für einen »Bantzermacher« spricht ein Kettenhemd. An einem Grab verdeutlichen Fass, Hammer und Schlegel das Handwerk eines Büttners.

An einem Grab verdeutlichen Fass, Hammer und Schlegel das Handwerk eines Büttners.

Viele Patrizier und berühmte Nürnberger sind auf dem Johannisfriedhof bestattet. Nur gut situierte Bürger konnten sich früher ein eigenes Grab leisten. Nicht wenige Besucher des Friedhofs schauen sich heute vor allem das Grab mit der Nummer 649 an: die letzte Ruhestätte von Albrecht Dürer und Ehefrau Agnes. Die von seinem Freund und Humanisten Willibald Pirckheimer verfasste lateinische Aufschrift lautet übersetzt: »Was von Albrecht Dürer sterblich war, liegt unter diesem Grabhügel. Er ging von uns am 6. April 1528.« Allerdings ist das seit rund 350 Jahren nicht mehr der Fall. Da Albrecht und Agnes keine Nachkommen hatten, kümmerte sich zunächst die Obrigkeit um das Grab, aber nur bis 1651. Dann ließ sie es von den Gebeinen Dürers befreien. Danach wurden noch mehrere andere Personen dort bestattet. Der Grabaufbau mit Pirckheimers Inschrift blieb aber bestehen. Nachdem Joachim von Sandrart das Grab 1680 erworben hatte, ließ er zusätzlich eine Messingplatte anbringen mit einer hymnischen Inschrift auf Deutsch und Latein. Die deutsche Übersetzung des lateinischen Textes beginnt mit: »Die Zierde seines Deutschlands ist gestorben, Albrecht Dürer, der Künstler Glanz, der Künstler Sonne, der Noris seiner Vaterstadt Zierde, ein Maler, Kupferstecher und Bildhauer, der seinesgleichen nicht hatte.« Spätestens seit der großen Feier zum 300. Todestag im Jahr 1828 ist das Grabmal zur Dürer-Gedenk- und Weihestätte geworden.

Neben Dürer finden sich auf dem Johannisfriedhof die Grabmale einer Reihe anderer berühmter Nürnberger, unter anderem von Willibald Pirckheimer, dem Buchdrucker und Verleger Anton Koberger, dem superreichen Patrizier Bartholomäus Viatis (auf einem Epitaph abgebildet mit 15 Kindern, 31 Enkeln und 19 Urenkeln), dem Bildhauer Veit Stoß, dem Erzgießer Peter Flötner, dem Schuhmacher und Meistersinger Hans Sachs, dem Goldschmied Wenzel Jamnitzer, dem Mundartdichter Konrad Grübel, dem Bildhauer und Erzgießer Daniel Burgschmiet (1796–1858) – Schöpfer des Albrecht-Dürer-Denkmals –, dem Maler Anselm Feuerbach (1829–1880), dem Philosophen Ludwig Feuerbach (1804–1872), dem langjährigen Vor-

Spätestens seit der großen Feier zum 300. Todestag im Jahr 1828 ist das Grabmal zur Dürer-Gedenk- und Weihestätte geworden.

sitzenden der Altstadtfreunde Erich Mulzer und dem Maler und Rockmusiker Kevin Coyne (1944–2004).

Zwei Grabstätten ragen auf dem Johannisfriedhof im Wortsinn heraus. Im historischen Teil steht seit 1560 eine von dem Ritter Wolfgang Münzer (1524–1577) gestiftete Wandsäule aus Sandstein. Auf der Südseite stellt ein Relief die Auferstehung Christi dar, auf der Nordseite ist das Münzer'sche Wappenschild zu sehen. Zu Füßen liegt das Familiengrab. Wolfgang Münzer hatte 1556 eine Pilgerreise nach Jerusalem unternommen. Auf der Heimreise war er aufgrund falscher Anschuldigungen in Gefangenschaft geraten und erst nach drei Jahren wieder freigelassen worden. Wieder in Nürnberg, gründete er eine Stiftung, die hundert arme alte Männer einmal jährlich mit neuer Kleidung ausstattete und sie speiste. Dafür erhielt er die Erlaubnis zur Errichtung der Gedenksäule. Die mit Abstand größte Begräbnisstätte ist dem Großindustriellen Theodor von Cramer-Klett gewidmet. Sie liegt im Erweiterungsbereich von 1860 auf dem ehemaligen Schießplatz, wo heute auch moderne Grabsteine stehen. Sie umfasst den Raum von 30 normalen Gräbern. Demut angesichts des Todes wich offensichtlich einer Repräsentationslust, der niemand Einhalt gebot.

Das »Memento mori« (»Gedenke des Todes«) ist überall auf dem Johannisfriedhof präsent. Aber vielfach ist auch die Auferstehung Christi symbolisiert, am sichtbarsten auf der Münzer'schen Wandsäule. Ein Gang über den Johannisfriedhof ist wie ein Streifzug durch die Jahrhunderte. Künstler, Gelehrte, Patrizier, Forscher, Handwerker, berühmte und unbekannte, einst arme und schwerreiche Menschen liegen hier nebeneinander. Der Friedhof birgt unzählige Geschichten. Er erzählt von der Historie der Stadt, vom Leben und Sterben, vom Alltag, vom Glauben. Seine Gestaltung macht ihn einzigartig. Die Epitaphienkultur steht seit 2018 im »Bayerischen Landesverzeichnis des immateriellen Kulturerbes«. Obwohl der Gottesacker mitten in der Stadt liegt, ist er ein Ort der Stille und der Besinnung im Alltagsgetriebe.

Stadtpark

Die blütenreichste Grünanlage

Zur reichsstädtischen Zeit fehlte in Nürnberg jeglicher Platz für Grünanlagen. Da musste man schon vor die Tore der Stadt. Der erste öffentliche Park entstand im 15. Jahrhundert auf der Hallerwiese. Der Rat hatte dem Besitzer Berthold Haller 1434 die sumpfige Wiese an der Pegnitz abgekauft, sie mit Linden bepflanzt und einen Spiel-, Fest- und Schützenplatz geschaffen. Ein Armbrustschützenbrunnen kündet auf der Wiese seit 1904 von der Tradition der Schnepperschützen. Dort steht auch Nürnbergs größter Baum: eine 35 Meter hohe Platane aus dem Jahr 1850. Unweit davon legten betuchte Bürger später private Hesperidengärten (kleine barocke Parks mit Zitrusfrüchten) an.

Öffentliche Parks entstanden in Nürnberg erst allmählich im 19. Jahrhundert, als sich die Stadt mit zahlreichen Eingemeindungen immer mehr über ihr bisheriges Gebiet innerhalb der Wehrmauern ausdehnte. Der vermögende Kaufmann Georg Zacharias Platner (1781–1862) ließ zwischen 1817 und 1821 auf seinem Privatgrund östlich des heutigen Friedrich-Ebert-Platzes im Stadtteil Gärten hinter der Veste die erste öffentliche Grünanlage in der bayerischen Zeit anlegen. Auf einem kleineren Teil des früheren Areals liegt heute der städtische Archivpark. 1827 schuf ein Privatmann südwestlich der Altstadt zunächst für ein wohlhabendes Publikum den Rosenaupark samt Gastwirtschaft und Tanzpavillon. Auch auf dem Kühberg – einem kleinen Hang, der einst nördlich der Burgbastion als Viehweide genutzt wurde – entstand eine Grünanlage.

links Im Stadtpark steht mit dieser Linde der älteste Baum Nürnbergs. Er wird auf rund 400 Jahre geschätzt.

Eine große Fläche außerhalb der Stadt nördlich des Laufertors trug über Jahrhunderte den Namen Judenbühl. An diesem Ort sind beim Pogrom im Jahr 1349 Juden verbrannt worden. Auch Bauschutt der zerstörten Häuser im Getto ist dort gelandet. Danach entstand ein weitgehend freier Platz, der im 18. Jahrhundert eine gewisse Gestaltung auch mit Baumpflanzungen erfuhr. Am 12. November 1787 startete hier der französische Konstrukteur Jean-Pierre Blanchard (1753–1809) seine 28. Luftfahrt mit einem Heißluftballon. Er soll 50 000 Zuschauer angelockt haben. Im Revolutionsjahr 1849 forderten Volksversammlungen mit bis zu 30 000 Personen die Annahme der Reichsverfassung. Auf dem Weg zur Demokratie entdeckten die Nürnberger aber erst einmal ihre Zuneigung zum bayerischen Herrscherhaus. König Maximilian II. (1811–1864) wohnte 1855 mit Gemahlin und Gefolge über vier Wochen in der Kaiserburg. Der Landesherr zeigte bei Fabrikbesuchen echtes Interesse an der industriellen Entwicklung der Stadt. Maximilian zu Ehren veranstaltete die Stadt auf dem Judenbühl ein großes Volksfest mit Darstellern von Albrecht Dürer bis Hans Sachs in historischen Kostümen. Nach des Königs Abreise benannte die Stadt den Feierort in Maxfeld um.

Das Maxfeld wurde im Juli 1861 zum Schauplatz des Deutschen Sängerfests. Dabei ging es nicht nur um die Pflege von Liedgut, sondern die Zusammenkunft war auch eine Demonstration für ein einiges Deutschland, das es noch nicht gab. Zwischen 1872 und 1884 fanden alljährlich Volksfeste statt. Schon für die Landesausstellung 1882 ließ die Stadt das Gelände gezielt bepflanzen. Nach dem Abriss der temporären Gebäude wurde das Areal zum Stadtpark erklärt, auch wenn dort 1896 erneut eine Landesausstellung stattfand. Ein elegantes Stadtparkrestaurant war um 1900 Schauplatz bürgerlicher Kultur. 1905 wurde die Grünanlage nach Norden bis zur Virchowstraße auf eine Gesamtfläche von 19 Hektar erweitert. Damit ist der Stadtpark heute nach dem Volkspark Marienberg die zweitgrößte Park- und Grünanlage der Nordstadt. Vor allem ist er der *Stadt*park. Allein diese Bezeichnung hebt ihn von allen anderen ab.

Der Hochglanz des 19. und frühen 20. Jahrhunderts ist dem Stadtpark ein wenig abhandengekommen. Doch er bietet heute mitten im Wohngebiet Menschen jedes Alters und aus allen Kulturen einen Ort der Begegnung, der Ruhe, des Spiels und der Bewegung. Ein großer Teich ist das Herz der Anlage, der prächtige Neptunbrunnen daneben die größte Sehenswürdigkeit des Stadtparks. Weniger wahrgenommen wird das zum hundertsten Todestag des Dichters 1905 begonnene, aber erst 1909 vollendete Denkmal für Friedrich Schiller (1789–1809). Zahlreiche Stauden- und Blumenpflanzungen machen den Stadtpark zum blütenreichsten Nürnberger Park. Zudem kann er mit einem besonderen Superlativ aufwarten. Gegenüber dem Schiller-Denkmal steht eine mächtige Linde. Ihr Stammumfang beträgt acht Meter. Sie ist ein wahres Naturdenkmal. Ihr Alter wird auf 400 Jahre geschätzt. Damit ist die Linde der älteste Baum Nürnbergs. Keine andere Grünanlage bietet eine solche Vielfalt wie der Stadtpark.

Ähnlich wie der Stadtpark verdankt auch der Luitpoldhain seine Entstehung einer Landesausstellung: der dritten bayerischen Landes-Gewerbe-, Industrie- und Kunstausstellung im Jahr 1906. Nachdem die Schau beendet war, wurde das Areal nördlich des Dutzendteichs zum Luitpoldhain – benannt nach dem damaligen bayerischen Prinzregenten – umgestaltet. Dabei standen nicht mehr nur ein rein gärtnerisches Konzept im Vordergrund, sondern eher der Gedanke eines Volksparks, der möglichst vielen Menschen Erholung bieten sollte. Von den Nationalsozialisten zur Luitpoldarena umgebaut, wurde die Anlage nach 1945 wieder ihrer eigentlichen Bestimmung zugeführt. Eine große Rasenfläche ist ihr wesentliches Merkmal. Rund um das neue städtische Stadion entstand zwischen 1921 und 1928 der Volkspark am Dutzendteich. Eine wichtige Rolle spielten dabei auch Kleingärten.

Von den Nationalsozialisten zur Luitpoldarena umgebaut, wurde die Anlage nach 1945 wieder ihrer eigentlichen Bestimmung zugeführt.

Nach dem Krieg legte die Stadt zwischen 1959 und 1973 auf dem Grund des ehemaligen Flughafens im Norden den Volkspark Marienberg an, einen weitläufigen Landschaftspark. Es folgten unter anderem der Westpark (1970–1981), das Rednitztal wurde 1971 zum Landschaftsschutzgebiet ausgewiesen. Das Pegnitztal, die Wöhrder Wiese und die Anlagen rund um den Wöhrder See erfuhren über Jahrzehnte eine kontinuierliche Aufwertung für Natur, Erholung und Freizeit. In allen Stadtteilen finden sich heute kleinere und größere Parks, vom Hummelsteiner Park und dem Annapark, dem Kontumazgarten, der Rechenberganlage und dem Cramer-Klett-Park bis hin zum jungen Südstadtpark unmittelbar hinter dem Bahnhof und dem Marie-Juchacz-Park zwischen Sündersbühl und St. Leonhard. Wahre Idyllen sind der Bürgermeistergarten, der Heilkräutergarten am Hallertor oder der Garten des Tucherschlosses. Auch wenn sie meist nicht so wahrgenommen werden, sind der Süd- und Westfriedhof auch besonders große Parks.

Nürnberg ist eine der am dichtesten bebauten Großstädte Deutschlands. Gleichwohl stehen 5,5 Millionen Quadratmeter Grünfläche für Freizeit und Erholung zur Verfügung. Die Stadt kümmert sich allein um 334 Grünanlagen. Nach einem »Masterplan Freiraum« entstehen weitere Frischezonen. Längst haben die Planer nicht nur gepflegte und das Auge erfreuende Gärten im Blick. Es geht auch um den Erhalt der Artenvielfalt mitten in der Stadt, um Grünflächen, um wasserspeichernde Auen und um Bäume als Luftreiniger und Sauerstoffspender.

Es geht auch um den Erhalt der Artenvielfalt mitten in der Stadt, um Grünflächen, um wasserspeichernde Auen und um Bäume als Luftreiniger und Sauerstoffspender.

Die Verwaltungssprache kennt das schöne Wort »Straßenbegleitgrün«. Gemeint ist damit Bepflanzung aller Art neben und zwischen Straßen. In Nürnberg stehen auf so bezeichneten Flächen immerhin 80 000 Bäume. Dazu kommen in den Grünanlagen und auf Spielplätzen weitere 190 000. Eiche, Ahorn und

Hainbuche sind die meistverbreiteten. Wer sich im Norden, Osten und Süden an den Stadtrand begibt, landet im Nu in einer dichten Ansammlung von Bäumen: dem Reichswald (siehe Kapitel »Reichswald«).

Plärrerhochhaus

»Aufgeschobene Moderne« zum Neubeginn

Was ein Hochhaus ist, bestimmt in Deutschland das Baurecht. Jedes Gebäude, das höher als 22 Meter ist, zählt dazu. So weit reichen im Rettungsfall in der Regel die Drehleitern der Feuerwehr. Ragt ein Bauwerk darüber, müssen durch zusätzliche Treppenhäuser Fluchtwege geschaffen werden. Es gibt in Nürnberg 126 Hochhäuser (Stand: 2022). Schöne und weniger schöne, Eindruck schindende und eher schmucklose, Bürohäuser, Wohnhäuser und öffentlich genutzte Gebäude.

Hochhäuser in Nürnberg sind ein Phänomen ab der zweiten Hälfte des 20. Jahrhunderts. Exponiert empfangen beispielsweise fünf 1965 fertiggestellte Wohnhäuser in Neuselsbrunn die im Stadtsüden auf der Münchener Straße einfahrenden Autos. Neuerdings auch noch mit an den Fassaden prangenden Botschaften wie »Willkommen« oder »Welcome«. Nürnberg international und ganz sympathisch. Der Norikus, ein anderer, 1972 eingeweihter Wohnkomplex am Wöhrder See, bringt es mit 17 Stockwerken auf rund 51 Meter Höhe. Einen Kilometer entfernt davon Richtung Osten steht seit dem Jahr 2000 der Business Tower. Das von der Nürnberger Versicherung als Unternehmenssitz errichtete Bürohaus ist – nach dem Fernmeldeturm in Schweinau mit knapp 293 Metern (und damit höchstem Bauwerk in Bayern) – das zweithöchste Gebäude Nürnbergs mit einer Höhe von 135 Metern. Einige Zeit war es auch das höchste Bürogebäude Bayerns.

Das erste Nürnberger Hochhaus steht am Plärrer, Hausnummer 43. Es entstand auf einer rechteckigen Grundfläche von

links Das Plärrerhochhaus (links) ist 56 Meter hoch. Der Fernmeldeturm (rechts) bringt es auf knapp 293 Meter.

21 mal 34 Metern als neuer Sitz der Städtischen Werke Nürnberg, der Dachgesellschaft der früheren Energie- und Wasserversorgungsgesellschaft EWAG (heute: N-Ergie) und der Verkehrsaktien-Gesellschaft Nürnberg VAG. In einer Bauzeit von März 1952 bis Oktober 1953 wuchs das Gebäude an einem der wichtigsten Verkehrsknotenpunkte empor, in unmittelbarer Nähe zur Altstadt – Spittlertorturm und historische Stadtmauer in Reichweite – und zu einer Zeit, da die tiefen Wunden der Kriegszerstörung noch das Umfeld beherrschten. Mit seinen 15 Stockwerken plus Penthouse und Dachterrasse sowie 56 Metern Höhe war es seinerzeit das höchste Bauwerk Bayerns. Aus dem Haus leuchtet bis heute ein hoffnungsfroher Wagemut. Das Plärrerhochhaus ist zu einem einzigartigen Symbol des Wiederaufbaus und Neubeginns geworden.

Nicht alle Nürnbergerinnen und Nürnberger waren damals jedoch mit dem »Wolkenkratzer« einverstanden. Kritische Stimmen fanden Bezeichnungen wie »Schandfleck am Rande der Altstadt« oder schlicht »Betonklotz«. Viele empfanden das Bauwerk als Fremdkörper gegenüber dem historischen Nürnberg, oder dem, was davon übrig geblieben war. Entworfen hat das »Geschäfts- und Werkstättengebäude« der Städtischen Werke der Architekt Wilhelm Schlegtendal. Neben dem Hochhaus entstanden noch vier weitere Bauteile, darunter an der Fürther Straße ein hundert Meter langer viergeschossiger Seitenflügel mit der damals längsten Schaufensterfront Nürnbergs. Mit der Platzierung des Verwaltungskomplexes auf diesem Grundstück kehrte der Energieversorger Städtische Werke auf historischen Boden zurück. 1847 war an diesem Standort das erste Gaswerk in Nürnberg entstanden, zunächst unter privater Regie, ehe die öffentliche Hand es übernahm.

Bau- und kunstgeschichtlich gilt das Plärrerhochhaus als ein typisches Beispiel der Architektur der 1950er-Jahre. Tatsächlich ist es ein beeindruckendes Stück »aufgeschobener Moderne«. Nicht nur äußerlich, sondern auch bautechnisch. Es ist in Stahlbeton-Skelettbauweise entstanden. Es ist schlicht, doch zugleich elegant. Dafür hat Schlegtendal auch mit einem Kniff gesorgt: Ab dem fünften Stockwerk hat der Architekt auf jeder Seite das Bauwerk um einen Zentimeter verjüngt, sodass es schlanker wirkt. Eine Herausforderung für die Betonbauer.

Dass Schlegtendal diese schnörkellose, moderne, eher ans (von den Nationalsozialisten verfemte) Bauhaus erinnernde Formensprache wählte, ist erstaunlich. Denn erst rund zwölf Jahre zuvor hatte er bereits einmal (zusammen mit Heinz Schmeißner) für die geplante Neugestaltung der »Stadt der Reichsparteitage« ein Konzept für den Plärrer vorgelegt. Es sah an den Seiten eines großen, rechteckigen Platzes dreistöckige Parteibauten und als Dominante am Westende ein zehnstöckiges Hochhaus mit Walmdach vor, das an einen ostpreußischen Wehrturm erinnern sollte. Schon das Modell des fast zur Trutzburg umgestalteten Plärrers war NS-Baustil pur: heimattümelnd, einschüchternd, die Macht der potenziellen Erbauer beschwörend. Und derselbe Architekt entwarf 1951 für die fast gleiche Stelle ein schier filigranes Hochhaus, das an Zurückhaltung und Leichtigkeit kaum zu übertreffen ist. Dieser Stil ist auch im Inneren auszumachen.

Schon das Modell des fast zur Trutzburg umgestalteten Plärrers war NS-Baustil pur.

Der Diplom-Ingenieur Wilhelm Schlegtendal (1906–1994) kam nach dem Studium bei Paul Bonatz und Paul Schmitthenner in Stuttgart und einiger Zeit der Berufserfahrung als Stadtbaurat 1937 ins Nürnberger Hochbauamt. Sein Freund und Kollege Heinz Schmeißner – von 1941 bis 1945 Hochbaureferent – arbeitete dort schon seit 1936. Die beiden Architekten wirkten eng zusammen. Viele Schulgebäude entstanden in der NS-Zeit nach ihren Plänen, unter anderem zwischen 1936 und 1940 die »Hermann-Göring-Schule« (heute: Konrad-Groß-Schule). Es soll damals das größte nach dem Ersten Weltkrieg in Deutschland entstandene Schulgebäude gewesen sein. Die schon Anfang des 20. Jahrhunderts aufgekommene und von den Nationalsozialisten geschätzte Heimatstilarchitektur fand auch hier – wie in anderen öffentlichen Schlegtendal-Bauten in Nürnberg – einen herausragenden Ausdruck. 1937 gewann Schlegtendal einen zweiten Preis beim Wettbewerb für ein »Gauforum« in Frankfurt/Oder. Er scheint die Erwartungen der NSDAP erfüllt zu haben.

Wie viele andere deutsche Architekten seiner Generation war auch Wilhelm Schlegtendal sehr anpassungsfähig. Nach dem Zweiten Weltkrieg arbeitete er als freischaffender Architekt. Mit Heinz Schmeißner gewann er 1947 den Wettbewerb zum Wiederaufbau der Nürnberger Altstadt. Schlegtendal war an mehreren Bauabschnitten zur Neugestaltung von Langwasser beteiligt. Zahlreiche Geschäfts-, Verwaltungs- und auch Sakralbauten hat er entworfen. Als Mitglied im Baukunstbeirat und als Vorsitzender des Bunds Deutscher Architekten hatte er in wichtigen Gremien viel Einfluss.

Manches ist ihm auch missglückt. Etwa im Jahr 1970 der Neubau der Dresdner Bank (heute: Commerzbank) an der damaligen Bischof-Meiser-Straße (heute: Spitalgasse). Ein wuchtiger, abweisender Baubrocken. Wieder ein Zeichen der Fähigkeit, sich an die Trends der Architektur anzupassen. Mit Respekt vor der historischen Altstadt und ihren Strukturen und Bauformen, die Schlegtendal im städtebaulichen Ideenwettbewerb für den Wiederaufbau der Altstadt 1947 noch wichtig war, hatte das nichts mehr zu tun. Schlegtendal hat viel Rühmliches und einiges weniger Rühmliche in seinem Berufsleben bewerkstelligt. Das Plärrerhochhaus ist sein schönster Nachlass.

Im obersten Dachgeschoss des Plärrerhochhauses ist eine »Teestube« situiert. Der Begriff ist untertrieben. Dieser Ort dient nicht nur den Hausherrn, sondern auch der Stadt Nürnberg bis heute für repräsentative Zwecke, für Empfänge, für Zusammenkünfte mit Gästen aus aller Welt. Der Blick kann frei über Nürnberg in alle Himmelsrichtungen schweifen. Die Stadt liegt einem zu Füßen. Von 2016 bis 2019 wurde das Gebäude für 50 Millionen Euro kernsaniert. Es ging um Brandschutz und andere technische Fragen. 1060 aus Stahl gefertigte Fenster wurden ausgetauscht. Und nicht nur das. Aber der Charakter, der Stil, die Feinheit des Hauses wurde bewahrt.

Das Plärrerhochhaus dominiert die unwirtliche Verkehrsdrehscheibe zu seinen Füßen. Es gibt dem seit mehr als 70 Jahren überwiegend unansehnlichen Platz einen Halt, eine Orientierung. Die in späteren Jahrzehnten entstandenen Geschäftshäuser im Umfeld wissen um ihre gesichtslose Nachrangigkeit. Als eines der ersten Gebäude der Nachkriegszeit ist das Plärrerhochhaus als »klassischer Bau der 1950er-Jahre« 1988 unter Denkmalschutz gestellt worden. Es ist – nach der Kaiserburg – ein weiteres Wahrzeichen der Stadt.

Viele Nürnbergerinnen und Nürnberger verbinden mit dem Bauwerk auch Erinnerungen und Erlebnisse. Man ging dort nicht nur hin, um Kundengespräche zu führen. Für manche war beispielsweise die Fahrt im Paternoster ein kostenloses (und großzügig geduldetes) Vergnügen. Einmal rauf und verbotenerweise nach dem letzten Geschoss und dem Wechsel in den anderen Schacht wieder runter: ein kleines Abenteuer. Mit der Sanierung des Plärrerhochhauses ist der Paternoster verschwunden. Ein kultureller Verlust. Die Größe des Gebäudes bleibt. Und seine nicht nur bauhistorische Bedeutung für die Stadt Nürnberg.

Kanäle

Menschheitstraum und Idylle

Nürnberg ist Hafenstadt. Und nicht nur das. Das trimodale Güterverkehrszentrum (GVZ) bayernhafen Nürnberg verknüpft die Verkehrsträger Binnenschiff, Bahn und Lkw. Das GVZ Nürnberg steht im europäischen Ranking auf Rang 3. Es ist eines der bedeutendsten Güterverkehrs- und Logistikzentren Europas. Möglich gemacht hat dies der Main-Donau-Kanal, manchmal auch Rhein-Main-Donau-Kanal genannt. Er verbindet über 171 Kilometer den Main von der Mündung der Regnitz bis zur Donau. 16 Schleusen und Hebewerke zwischen Bamberg und Kelheim helfen, den Höhenunterschied von 175 Metern bis zum Scheitel der europäischen Hauptwasserscheide Rhein-Donau auf 406 Metern Meereshöhe und dann wieder einen »Abstieg« von fast 68 Metern zu überwinden. Die künstliche Rinne ist 55 Meter breit und rund vier Meter tief. Der Schifffahrt steht damit eine 3500 Kilometer lange Wasserstraße von Rotterdam an der Nordsee bis zum Schwarzen Meer zur Verfügung.

An dem politisch höchst umstrittenen Projekt wurde von 1960 bis 1992 gebaut. Der Bund (zwei Drittel) und der Freistaat Bayern (ein Drittel) finanzierten die sechs Milliarden Mark teure Wasserstraße vor. Am 23. September 1972 war mit der Eröffnung des Landeshafens Nürnberg die Nordstrecke (Bamberg–Nürnberg) fertiggestellt. »Frankn lichd nedd am Meer« heißt der erste Gedichtband des Mundartautors Helmut Haberkamm. Er erschien just 1992, als der Kanal vollendet wurde. Seither liegt Nürnberg doch irgendwie am Meer.

links Der Alte Kanal nahe der Gartenstadt bietet Spaziergängern und Radfahrern entspannte Erholung.

Mit der Fertigstellung des Kanals wurde für viele ein Menschheitstraum Wirklichkeit. Manche sprachen auch von einem Albtraum. In den 1970er- und 1980er-Jahren wuchsen die Umweltbedenken. Gerade mit dem Ausbau der Altmühl über eine Strecke von 34 Kilometern wurden viele negativen Folgen für Pflanzen und Tiere befürchtet. Die ökologisch-ökonomischen Zweifel nahmen zu. Volker Hauff (SPD), von 1980 bis 1982 Bundesverkehrsminister, nannte den Kanal das »dümmste Projekt seit dem Turmbau zu Babel«. Eine »qualifizierte Beendigung« war im Gespräch.

Die Kabarettisten Dieter Hildebrandt, Gerhard Polt und Gisela Schneeberger lieferten mit ihrer Kritik an der Wasserstraße 1982 in der TV-Sendung *Scheibenwischer* ein satirisches Meisterwerk ab. Der neue Bundeskanzler Helmut Kohl (CDU) verkündete 1982 jedoch das »eindeutige Ja der Bundesregierung zum Weiterbau«. Der damalige bayerische Ministerpräsident Franz-Josef Strauß (CSU) sprach euphorisch von einem »Jahrtausendbauwerk«.

Der Gedanke an eine solche Wasserstraße ist mehr als 1200 Jahre alt. »Ein köstlich nutz ding und grosse sachen« sah König Karl der Große in den Jahren 792/793, als ihm seine Berater den Einfall präsentierten, »dass man von dem Rhein in die Donaw auff dem Wasser möchte fahren«. Von Frühjahr bis Herbst 793 begannen 6000 Arbeiter mit einfachsten Hacken und Schaufeln zwischen den heutigen Ortschaften Treuchtlingen und Dietfurt von der schwäbischen Rezat bis zur Altmühl einen »grossen graben« auszuheben. Nach Unwettern rutschten die Wände der sechs Meter breiten und 0,5 bis 0,8 Meter tiefen Wasserrinne aber immer wieder ab und verschütteten den Fahrweg. Der Herrscher begrub damit seine Idee auch gleich mit. Die Bauarbeiten wurden im Winter 793/794 wieder eingestellt. Die »Fossa Carolina« blieb eine Episode.

Die Bauarbeiten wurden im Winter 793/794 wieder eingestellt. Die »Fossa Carolina« blieb eine Episode.

Doch der Wunsch, mit einer künstlichen Wasserstraße die Nordsee mit dem Schwarzen Meer zu verbinden, ließ die Menschen nicht mehr los. 1720 veröffentlichte Georg Zacharias Haas eine Abhandlung mit dem Titel *De Danubii et Rheni Coniunctione a Carolo Magno Tentata*. Das Projekt scheiterte jedoch an unterschiedlichen Interessen der verschiedenen Landesherren. Hundert Jahre später griff der bayerische König Ludwig I. (1786–1868) den Gedanken wieder auf. Ab 1836 schufen 9000 Arbeiter zwischen Bamberg und Dietfurt eine rund 150 Kilometer lange, 15,8 Meter breite und knapp 1,5 Meter tiefe Rinne samt 100 Schleusen. Die Eröffnung des »Ludwig-Donau-Main-Kanals« 1846 wurde begeistert gefeiert. 1850 erreichte der Kanal – auf dem die 120-Tonnen-Schiffe von Pferden auf den Treidelpfaden an den Ufern gezogen wurden – mit 196 000 Tonnen sein höchstes Frachtaufkommen. Von da an ging's bergab. 1915 wurden gerade noch 32 000 Tonnen transportiert. Auch der Nürnberger Hafen an der Rothenburger Straße war weniger frequentiert. Die Eisenbahn hatte der Wasserstraße längst den Rang abgelaufen. Der Kanal war zudem zu klein ausgefallen. Immerhin diente der Wasserweg der Personenschifffahrt und dem lokalen Ausflugsverkehr, etwa für eine Fahrt mit dem »Schlagrahmdampfer« von Nürnberg nach Kronach bei Fürth zum *Gasthof Weigel* samt Genuss kalorienreicher Windbeutel. Die Nationalsozialisten machten diesem Vergnügen, weil sie es für unnötigen Luxus hielten, ein Ende.

Politik und Wirtschaft blieben hartnäckig. 1892 gründete man den »Deutschen Wasserstraßen- und Schifffahrtsverein Rhein-Main-Donau e. V.« unter dem Vorsitz des Nürnberger Oberbürgermeisters Johann Georg Ritter von Schuh. Erste Pläne sahen eine neue 38 Meter breite und 3,75 Meter tiefe Großschifffahrtsstraße vor, die auch 1200-Tonnen-Rheinschiffe hätte aufnehmen können. Es gingen mehrere Jahrzehnte ins Land, ehe das Deutsche Reich und das Land Bayern 1921 einen Staatsvertrag schlossen, »um den Plan der Main-Donau-Wasserstraße baldigst zu verwirklichen«. Zu diesem Zweck wurde die private

Rhein-Main-Donau (RMD) AG gegründet. Sie erhielt zur Refinanzierung das Recht, die Wasserkräfte an Main, Regnitz, Altmühl, Donau und Lech auszunutzen. Inflation und Wirtschaftskrise verhinderten jedoch eine schnelle Realisierung des Kanalvorhabens.

Nach dem Zweiten Weltkrieg traten die Bundesrepublik Deutschland und der Freistaat Bayern im Verhältnis 2:1 als Rechtsnachfolger in die Verträge ein, übernahmen die RMD-Gesellschaft und gewährten der RMD AG zinslose Kredite in Milliardenhöhe. Die Gesellschaft errichtete zwischen 1927 und 2000 59 Wasserkraftwerke. Mit den Erlösen werden die Schulden bei den staatlichen Geldgebern getilgt. Die Konzession läuft bis 2050. Danach gehen die Kraftwerke in den Besitz von Bund und Land über. 1996 wurde die AG privatisiert, 2018 folgte die Umwandlung in eine GmbH, die mehrheitlich im Eigentum des Unternehmens Uniper ist. Der Main-Donau-Kanal hat Bayern nachhaltig verändert. Unvergessen bleibt die Katastrophe, als am 26. März 1979 in Nürnberg-Katzwang ein Damm brach. In den Fluten kam ein Mädchen ums Leben. Im Ort entstand ein Millionenschaden.

Der neue Staatshafen Nürnberg mit zwei Becken entstand am südwestlichen Rand der Stadt im Ortsteil Maiach, unmittelbar an einem Autobahnanschluss gelegen. Anfänglich hielten sich die Schiffsbewegungen im überschaubaren Rahmen, was zu einem kleinen Witz führte: »Schiff ahoi, sagt man in Hamburg. In Nürnberg rufen die Menschen erstaunt: Hoi, a Schiff.« Das hat sich geändert. Die Leistungsfähigkeit des Kanals reicht in Nürnberg bis zu einer Frachtrate von 18 Millionen Tonnen Gütern pro Jahr. Sie ist noch lange nicht erreicht. Die herausragende Bedeutung des Nürnberger Hafens liegt in der Verknüpfung von Wasser, Schiene und Straße, sodass nach und nach das größte Güterverkehrszentrum Süddeutschlands entstand. 2007 verlegte die Deutsche Bahn AG ihren Containerbahnhof vom alten Standort an der Austraße in Gostenhof in den Hafen. Damit entfiel erheblicher Lkw-Verkehr in dichten Wohngebieten, sodass auch die Werte der Luftschadstoffe sanken. Alle großen Logistik-Unternehmen haben im Hafen einen Sitz und frühere Standorte an anderer Stelle in der Stadt zum Teil aufgegeben. Der Kombinierte Verkehr (KV) spielt eine große Rolle: So fungiert das KV-Terminal im bayernhafen Nürnberg als Container-Drehkreuz für die Metropolregion Nürnberg. Als strukturpolitisch wertvoll hat sich die Existenz eines eigenen Beckens zum Verladen von Schwergut erwiesen. So kann das Siemens Transformatorenwerk Nürnberg Hunderte Tonnen schwere Trafos per Binnenschiff zu Kunden in alle Welt verschicken.

Eigentümerin des GVZ ist die bayernhafen-Gruppe, die zu 100 Prozent dem Freistaat Bayern gehört. Betreibergesellschaft des GVZ ist die Hafen Nürnberg-Roth GmbH, an der die bayernhafen-Gruppe, die Stadt Nürnberg und die Stadt Roth beteiligt sind. Der bayernhafen Nürnberg umfasst 337 Hektar (oder 470 Fußballfelder). 1992 waren dort rund 4000 Personen beschäftigt. 2022 arbeiteten in rund 200 Unternehmen von Transport und Logistik, Umschlag, Recycling, Industrie, Handel, Lagerung und verkehrsrelevanten Servicedienstleistern mehr als 7000 Personen.

Die regionale Beschäftigungswirkung umfasst mehr als 21 000 Arbeitsplätze. Über 16 Millionen Tonnen Güter wurden 2022 umgeschlagen, davon 4,5 Millionen Tonnen per Schiff (vor allem mit Massengütern wie Baustoffe, Steine, Erden, Brennstoffe oder Getreide) und Bahn. »Das GVZ ist auch von großer Bedeutung für Nürnberg als Industriestandort. Die hier hergestellten Produkte werden über das GVZ in die ganze Welt transportiert, Rohstoffe und Vorprodukte kommen über das GVZ in unsere Region«, heißt es aus dem Wirtschaftsreferat der Stadt Nürnberg.

Die regionale Beschäftigungswirkung umfasst mehr als 21 000 Arbeitsplätze.

Als der Hafen Nürnberg 1972 in Betrieb ging, dachte niemand daran, dass auf dem Wasserweg einmal Touristen nach Nürnberg reisen könnten. Mit einem neuen Trend kamen meist reifere Menschen aus aller Welt, vor allem aus Nordamerika, um die »Alte Welt« zu entdecken. Es entstand ein Boom an Flusskreuzfahrten. Die Stadt Nürnberg trug dem Rechnung und schuf 2016 am »Europakai« vor der Einfahrt in den gewerblichen Hafen für 10,5 Millionen Euro einen Personenschifffahrtshafen mit der Möglichkeit, dass zehn Schiffe über eine 1400 Meter lange Strecke gleichzeitig anlegen können. Inzwischen laufen jährlich über 60 Reedereien mit mehr als 130 Schiffen den Personenschifffahrtshafen Nürnberg an. Die durchschnittlich 900 Anlegevorgänge im Jahr bringen etwa 126 000 Touristen in die Stadt. Der Main-Donau-Kanal verbindet die Menschen – weltweit. Wie alle Verkehrswege. Der Kanal bietet aber auch viele Freizeitmöglichkeiten. Sogar im Hafenbecken wird geangelt. Wer seinen Bootsführerschein machen will, ist im Sportboothafen Gebersdorf richtig.

Nürnberg hat zwei Kanäle – einen alten aus dem 19. Jahrhundert und einen neuen aus dem späten 20. Jahrhundert, einen idyllisch-nostalgischen und einen modernen, sachlich-wirtschaftlichen. Der Alte Kanal konnte seine Erwartungen nicht erfüllen. Doch längst ist er als Stillwasserkanal ein Ort unaufgeregten Freizeitvergnügens mit Angeln, Wandern, Radfahren, Joggen oder Eislaufen – sollte es noch entsprechende kalte Winter geben. Die Literatur verklärt gelegentlich den Alten Kanal zu einem verwunschenen Ort. Doch er war auch ein Produkt der Fortschrittsgläubigkeit. Der Ludwig-Donau-Main-Kanal hat Spuren hinterlassen, aber er ist an vielen Stellen auch geschleift worden. Über weite Strecken verläuft in seinem ehemaligen Bett der Frankenschnellweg. Im Süden der Stadt ist er noch vorhanden, schmeichelt sich in den verschiedenen Jahreszeiten bei den Spaziergängern ein. An seinen innovativen Charakter erinnert nichts mehr. Er ist ein lebendiges Relikt der Vergangenheit.

Die Literatur verklärt gelegentlich den Alten Kanal zu einem verwunschenen Ort. Doch er war auch ein Produkt der Fortschrittsgläubigkeit.

Der Main-Donau-Kanal und der neue Hafen Nürnberg sind grandiose Vorhaben ihrer Zeit. Solche Großprojekte lassen sich nicht aus der Jetztzeit beurteilen. Der Main-Donau-Kanal ist so etwas wie eine zehnspurige Autobahn. Man möchte sie eigentlich nicht haben, aber es ist gut, dass es sie gibt. Für Nürnberg ist dieser Kanal und sein Hafen ein wegweisendes Stück Stadtentwicklung des späten 20. Jahrhunderts. Die Idee ist mehr als 1200 Jahre alt.

MAN

Frankenschnellweg

(K)eine unendliche Geschichte

Die Idee für eine leistungsfähige Stadtstraße im Bett des alten Ludwig-Donau-Main-Kanals hatte Stadtplaner Hermann Jansen schon in den 1920er-Jahren. Dass sich aus dem ein halbes Jahrhundert später realisierten Frankenschnellweg (FSW) ein »Frankenschleichweg« und »Frankenstauweg« entwickelte, ist nicht Jansen anzulasten. Für die Lösung der Verkehrs- und Umweltproblematik gibt es seit Jahrzehnten sehr konkrete Pläne. Ebenso lange verhindert dies eine kritische Minderheit. Der kreuzungsfreie Ausbau des Frankenschnellwegs ist in mehrfacher Hinsicht ein Lehrstück, dessen Ausgang Anfang 2024 weiter ungewiss ist. Die Debatte um den Frankenschnellweg ist *der* lokalpolitische Dauerbrenner.

Die Bundesautobahn A 73 führt über 167 Kilometer vom thüringischen Suhl bis zu ihrem Übergang in die A 9 Richtung München am Ende auch durch das Stadtgebiet Nürnberg. Die Strecke zwischen der Stadtgrenze Nürnberg/Fürth und dem Kreuz Nürnberg-Hafen hat jedoch einen eigenen Charakter. Dieser Abschnitt ist keine Bundesautobahn, sondern eine Kreisstraße (mit der Nummer »N 4«) in der Zuständigkeit der Stadt Nürnberg. Der Bau dieser Trasse fand im Wesentlichen zwischen 1967 und 1980 statt. Er erfolgte damals auch, um eine Ersatzstraße während des U-Bahn-Baus in der Fürther Straße zu schaffen und Verkehrsflüsse zu bündeln. An den Kreuzungen der N 4 mit der Rothenburger und Schwabacher Straße sowie An den Rampen regeln Ampeln den Verkehr. Niemand ahnte wohl die gewaltige Zunahme des Kraftfahrzeugverkehrs und damit auch die

links Seit Jahrzehnten immer wieder das gleiche Bild: Stau auf dem Frankenschnellweg.

steigende Belastung des FSW. Allein in Nürnberg waren im Jahr 1980 rund 179 000 Kraftfahrzeuge zugelassen, vier Jahrzehnte später sind es über 303 000. Vor allem zu den Stoßzeiten sind die FSW-Kreuzungen beispiellose Stau- und Abgasproduzenten. Ein frustrierender Zustand, nicht nur für die betroffenen Autofahrer, sondern auch für die rund 20 000 Anwohner, die entlang der Trasse leben. 60 000 Fahrzeuge aus Nürnberg und der Region nutzen täglich den Frankenschnellweg auf Nürnberger Stadtgebiet. Bei einer Umfrage des ADAC im Jahr 2021 haben sich 74 Prozent der Befragten – Nürnberger wie Umland-Bewohner – für einen FSW-Ausbau nach den städtischen Plänen ausgesprochen.

Mitte der 1990er-Jahre unternahm die CSU-geführte Stadtregierung einen ersten Vorstoß in Richtung kreuzungsfreier Ausbau: Diskussionen im Rathaus, Beschlüsse, Gutachten, Vorentwürfe. Nach der Kommunalwahl 2002 vereinbarten SPD mit Oberbürgermeister Ulrich Maly und CSU ein gemeinsames Vorgehen. Als Ziele wurden benannt: die Verbesserung der verkehrlichen Situation, Aufhebung der trennenden Wirkung der Straße für verschiedene Stadtteile, Lärmschutz, Priorität für den regionalen Verkehr und Entlastung des innerstädtischen Verkehrs (an anderer Stelle). Nach diesen Prämissen soll der Frankenschnellweg zwischen Stadtgrenze und Otto-Brenner-Brücke ausgebaut werden. Bündnis 90/Die Grünen waren schon immer gegen das Vorhaben. Mit einem Projektbeirat (einschließlich Bund Naturschutz/BN) begann eine umfassende Bürgerbeteiligung. Es folgten weitere Gutachten, die Untersuchung verschiedener Bauvarianten, eine modifizierte Planung und 2006 der Beschluss für einen 1,8 Kilometer langen Tunnel im »Abschnitt Mitte«. 2013 erfolgte der Planfeststellungsbeschluss.

Mit einem Projektbeirat (einschließlich Bund Naturschutz/BN) begann eine umfassende Bürgerbeteiligung.

Damit hätte Baurecht bestanden. Doch der BN und zwei Privatpersonen klagten dagegen vor dem Verwaltungsgericht –

erfolglos. Der Bayerische Verwaltungsgerichtshof (VGH) ließ 2015 eine Berufung zu. Die Stadt suchte mit den Klägern unterdessen einen Kompromiss. So lange ließen die Beteiligten das Gerichtsverfahren ruhen. Am Ende der Verhandlungen um Zugeständnisse sicherte die Stadt ein Durchfahrverbot für Lkw über 7,5 Tonnen im überregionalen Transitverkehr, die Festlegung von Tempo 60, verkehrslenkende Maßnahmen zur Luftreinhaltung, zusätzlichen Lärmschutz, Stärkung des Öffentlichen Personennahverkehrs und des Radverkehrs in der Stadt zu. Die BN-Landesgruppe nahm diesen Vergleich an, nicht jedoch die BN-Kreisgruppe Nürnberg-Stadt.

Sie befragte dazu im Frühjahr 2021 ihre Mitglieder. 7032 waren stimmberechtigt. 39 Prozent beteiligten sich an der Abstimmung. 1543 (57 Prozent) Personen lehnten den Vergleich ab. 1147 (42 Prozent) stimmten ihm zu. 37 Mitglieder (1 Prozent) enthielten sich der Stimme. Damit haben ungefähr 0,3 Prozent der Stadtbevölkerung ohne repräsentatives Mandat entschieden, auf dem Klageweg ein großes, durch mehrere Stadtratsbeschlüsse demokratisch legitimiertes Stadtentwicklungsprojekt in ihrem Sinn zu stoppen oder zumindest weiter zu behindern. Nach dem Mitgliedervotum wurde das VGH-Verfahren wieder aufgenommen. Ende März 2024 bestätigte das Gericht die Rechtmäßigkeit der städtischen Planungen. Eine Revision wurde nicht zugelassen. Offen war zu dem Zeitpunkt, ob die Kläger dagegen Beschwerde beim Bundesverwaltungsgericht einlegen. Die endgültige Entscheidung war mithin noch nicht getroffen.

Von Anfang an scheinen sich Befürworter und Gegner des kreuzungsfreien FSW-Ausbaus nahezu unversöhnlich gegenüberzustehen. Die Pro-Fraktion erwartet deutlich weniger Lärm, vor allem für Anwohner, besseren Verkehrsfluss, weniger Emissionen und mehr Grün, einen neuen Stadtteilpark, Entlastung für Bürger und Umwelt. BN und ein »Bündnis gegen den Frankenschnellweg« befürchten stattdessen schlechtere Luft durch mehr Stickoxide und Feinstaub. Die Ausbaupläne seien Ausdruck einer überholten Politik der »autogerechten Stadt«, mithin eine »Dinosaurierplanung« aus der Vergangenheit. Wer Straßen baue, werde mehr Verkehr anziehen. Befürchtet werde eine Lkw-Abkürzungsroute von der A 3 zur A 9. Der BN schlägt statt FSW-Ausbau einen »Frankenboulevard für alle« vor mit weniger Fahrspuren für Autos. Auf den gewonnenen Flächen soll es Platz für Alleen, Wohnungen, Läden und Cafés geben.

Schon 2019 hat der VGH den Klägern signalisiert, dass sie vor Gericht den FSW-Ausbau wohl nicht verhindern können. So hat sich der BN auch notgedrungen auf die Kompromissgespräche mit der Stadt eingelassen. Es ging und geht vor Gericht nicht um die eigentliche Sache, sondern um Rechts- und Verfahrensfragen. Der Blick auf die Kosten könnte den Ausbaugegnern irgendwann einen Sieg bescheren. Zu Beginn der Planung kalkulierte die Stadt mit 449 Millionen Euro. Der Freistaat hatte zugesagt, 80 Prozent zu übernehmen. Zehn Jahre später ergaben die Berechnungen wegen gestiegener Baupreise und der Inflation 660 Millionen Euro. Damit hätte der städtische Eigenanteil bei 132 Millionen Euro gelegen. Manche Beobachter vermuten, BN und andere hätten ihre Verzögerungstaktik auch im Blick auf die erwartbare Kostensteigerung verfolgt. Anfang 2024 wurde spekuliert, dass die Kosten inzwischen auch bei über einer Milliarde Euro liegen könnten. Ist eine solche Investition noch öffentlich zu vertreten, ist das »vermittelbar«? Steht die Mehrheit im Stadtrat noch zusammen? Ist das Land als entscheidender Zuschussgeber weiter mit von der Partie? Im April 2024 bekräftigten die bisherigen Befürworter im Rathaus ihren Willen, an dem Großprojekt festzuhalten. Dazu beigetragen hat die mündliche Zusage des Ministerpräsidenten für eine Förderung des Vorhabens in Höhe von 80 Prozent.

Je nach Standpunkt mag man dem Frankenschnellweg-Ausbau positiv oder negativ gegenüberstehen. Jenseits der eigenen Betrachtung ist der Vorgang beispiellos in der jüngeren Stadtgeschichte. Er zeigt, wie gut organisierte Interessengruppen Entscheidungen einer gewählten Volksvertretung wie dem Stadtrat obsolet machen (können). Das Vertrauen in die repräsentative (lokale) Demokratie scheint zu schwinden. Er zeigt, dass die Mobilisierung *gegen* etwas in der Stadtentwicklung zu sein, einfacher ist, als sich *für* etwas einzusetzen. Die mutmaßlichen Profiteure des FSW-Ausbaus – vor allem Zigtausende Autofahrer und Anwohner – blieben über Jahre im öffentlichen Streit mehr oder weniger stumm. Man kann sich auch die Frage stellen, ob Anfang des 21. Jahrhunderts große kommunale Infrastrukturprojekte überhaupt noch möglich sind.

Der Frankenschnellweg in Nürnberg ist mehr als 40 Jahre alt. Sollte er nicht ausgebaut werden, ist seine überfällige Sanierung notwendig – allein für den Bestandserhalt ohne verkehrliche oder sonstige Verbesserung. 2019 waren dafür rund hundert Millionen Euro an Kosten berechnet worden. Man muss kein Prophet sein, um vorauszusehen, dass nie ein grüner »Frankenboulevard« entstehen wird. Die Perspektive: Nach 30 Jahren intensiver Diskussionen, immensen Planungsaufwands und juristischer Auseinandersetzungen bleibt alles so, wie es ist. In den Lokalzeitungen wurde der FSW-Ausbau gerne als »unendliche Geschichte« beschrieben. Doch irgendwann wird sie zu Ende gehen. Die nächsten Generationen werden dereinst urteilen, ob der Ausgang der Geschichte der Stadt und ihren Bürgern zum Vor- oder Nachteil gereicht hat.

MUSEUM NÜRNBER

Augustinerhof

Langer Weg zur Stadtreparatur

Der Augustinerhof. Mitten in der Stadt gelegen. Ein kleines Quartier im Schatten des Hauptmarkts, unscheinbar, über Jahrzehnte abgeschottet, eher ein Hinterhof. Den Namen »Augustinerhof« hat der Ort erst mit dem Projekt bekommen, das seinen Ursprung in den späten 1980er-Jahren hat. Im 12. Jahrhundert hatten hier in dem sumpfigen Bereich an der Pegnitz Handwerkerfamilien ihre Behausungen errichtet. Dann zog die geistliche Welt ein. 1265 wurde in diesem Viertel das Augustinerkloster zum ersten Mal urkundlich erwähnt. Ab 1479 betrieb das Kloster auch eine eigene Druckerei. Die Reformation nahm in Nürnberg ihren Anfang im Augustinerkloster. 1524 bot es dem Rat die Übernahme an.

Der Konvent an der heutigen Augustinerstraße wurde im 19. Jahrhundert in Etappen abgerissen. Stadt- und Almosenamt nutzten noch bestehende Gebäude. Die Stadtsparkasse, die Polytechnische Schule und die Handelsgewerbeschule nahmen hier ihren Anfang. Auf dem ehemaligen Klosterareal wurde 1877 auch ein Justizgebäude errichtet. Das Sozialgericht hat dort noch heute seinen Sitz. Es entwickelte sich ein Viertel mit Wohnen, Gewerbe, öffentlichen Einrichtungen und Kleinindustrie.

Ende des 19. Jahrhunderts gründete der Verleger und Buchdrucker Franz Willmy auf dem östlichen Teil des Geländes zwischen Pegnitz, Karlstraße, Augustinerstraße und Winklerstraße eine Druckerei. Willmy produzierte sehr erfolgreich in der ersten Hälfte des 20. Jahrhunderts unterschiedliche Produkte, etwa die *Nordbayerische Volkszeitung*, aber auch die nationalsozialisti-

links Der Innenhof des Augustinerhof-Komplexes öffnet sich trichterförmig hin zur Pegnitz.

sche *Fränkische Tageszeitung*, das antisemitische Hetzblatt *Der Stürmer*, die 1920 gegründete Fußballzeitschrift *Kicker* sowie schon seit 1919 das *8-Uhr-Blatt*, die erste Boulevardzeitung Deutschlands (damals noch vom katholischen *Sebaldusverlag* herausgebracht, ehe der Verlag die Zeitung 1930 an Willmy veräußerte).

Nach dem Zweiten Weltkrieg war auf dem Areal vieles zerstört. Doch es wuchs auch an dieser Stelle neues Leben aus Ruinen. An der Karlstraße wurden schnell Wohngebäude hochgezogen. An der Winklerstraße hatte weiter die Redaktion des *8-Uhr-Blatts* ihren Sitz. 1964 übernahm die Münchener *Abendzeitung* das *8-Uhr-Blatt*, das danach in den Untertitel rutschte. Die Nürnberger *Abendzeitung* war nah dran am lokalen Geschehen, ihr Feuilleton glänzte. Zu diesem Zeitpunkt war die Zeitung schon lange nicht mehr von Willmy gedruckt worden. Irgendwann passte ein so großer Gewerbebetrieb auch nicht mehr ins Herz der Stadt. Schon 1973 war er weggezogen. Es blieb: ein Leerstand. Über Jahre hinweg. So entwickelte sich das ehemalige Willmy-Areal zu einer offenen Wunde im zunehmend touristisch aufgehübschten Antlitz der einst so stolzen Freien Reichsstadt.

Wenige Hundert Meter davon entfernt in der Königstraße hatte der iranischstämmige Mohammad Khan Abousaidy (1931–2013) ein Teppichgeschäft. Der mit Nürnberg sehr verbundene Unternehmer wollte etwas bewegen, sicher auch ein Geschäft machen. Die schreckliche Brachfläche des Augustinerhofs missfiel ihm. Er hatte eine Idee. Eine Idee, für die die Stadt nicht bereit war, wie sich erst nach einigen Jahren herausstellen sollte. Dabei sah es am Anfang aus Sicht des Bauherrn noch gut aus.

Abousaidy hatte 1989 nicht nur das Willmy-Gelände, sondern peu à peu auch einige Nachkriegshäuser auf den angrenzenden Grundstücken erworben, um sie für sein Vorhaben abreißen zu lassen. Er wollte Platz schaffen für Größeres. Es gelang ihm 1990/91, den weltweit bekannten Chicagoer Stararchitekten Helmut Jahn (1940–2021) für einen Bebauungsentwurf auf dem heruntergekommenen Areal zu gewinnen. Der Plan sah ein Geschäftshaus, edles Wohnen, Hotel, Tiefgarage und eine Shopping Mall mit Öffnung des Raums hin zur Pegnitz vor. Der Bauherr überzeugte die Stadtspitze von seinem Projekt. Oberbürgermeister Peter Schönlein (SPD), Baureferent Walter Anderle (SPD), aber auch der Oppositionsführer im Stadtrat Ludwig Scholz und seine CSU-Fraktion waren sehr angetan. Auch aus der Industrie- und Handelskammer gab es positive Signale. Nürnberg wollte das Weltstädtische wagen und einen Kontrapunkt zum Althergebrachten setzen.

Jahn wurde 1940 in Zirndorf bei Nürnberg geboren. In Nürnberg besuchte er die Schule. Nach dem Studium ging er nach Chicago und stieg im renommierten Architekturbüro C. F. Murphy Associates ein – das später als Murphy/Jahn firmierte. Heute heißt es nur noch JAHN. Eine Marke. Weltweit erhielt Jahn internationale Anerkennung mit spektakulären Bauwerken wie dem Frankfurter Messeturm, dem Sony Center am Potsdamer Platz in Berlin oder dem Flughafen Bangkok-Suvarnabhumi.

Jahn hatte sich seine ihm zugedachte Aufgabe in Nürnberg genau angesehen. Er entwarf ein Gebäude, das das Äußerste aus dem Grundstück herausholte. Es sollte ein »Glaspalast« entstehen, der sich deutlich von seinem Umfeld abhob. Ein aufgeschnittenes Halbtonnendach erinnerte an die typischen Satteldächer der Nürnberger Altstadt – für den, der es sehen wollte. Andere Stimmen hingen dem Entwurf schnell ein despektierliches Etikett an. Von einer »aufgeplatzten Weißwurst« war die Rede, auch von einer ebensolchen Bratwurst. Eine frühe Form eines – in diesem Fall – herabsetzenden Framings. Auch das Volumen, die Größe und Dichte der Bebauung wurden alsbald heftig kritisiert. Es ging also um Architektur, ihre Formensprache, aber auch um den dominanten

Jahn hatte sich seine ihm zugedachte Aufgabe in Nürnberg genau angesehen. Er entwarf ein Gebäude, das das Äußerste aus dem Grundstück herausholte.

Charakter des Gebäudes, die Gefahr der Zerstörung der Dachlandschaft in der historisch anmutenden Altstadt und negative Auswirkungen auf die Nachbarschaft.

Auch dieses Gebäude musste sich an die im Baurecht festgelegten Verfahren halten. Es begann eine öffentliche Debatte. Die von Schönlein geführte Stadtregierung und Baureferent Anderle standen für das Projekt ein. Es sollte nach Paragraf 34 des Baugesetzbuches genehmigt werden. Diese vor allem in verdichteten Großstädten – wenn es keinen aktuellen Bebauungsplan gibt – vielfach angewandte Regelung sieht vor, dass »innerhalb der im Zusammenhang bebauten Ortsteile ein Vorhaben zulässig (ist), wenn es sich nach Art und Maß der baulichen Nutzung, der Bauweise und der Grundstücksfläche, die überbaut werden soll, in die Eigenart der näheren Umgebung einfügt und die Erschließung gesichert ist«. Dass dieser Paragraf angesichts der Dimension des Jahn-Entwurfs tatsächlich rechtlich anwendbar sein sollte, wurde von einigen infrage gestellt.

Als der Gegenwind immer mächtiger wurde, schwand auch die Zustimmung bei der CSU – vielleicht aus Überzeugung, vielleicht auch aus politischem Kalkül oder aus beidem.

Meinungsführer im Widerstreit zu dem Bauvorhaben waren die Altstadtfreunde, namentlich ihr leidenschaftlicher Vorsitzender Erich Mulzer. Formal organisierte das neu gegründete Bürgerforum »Rettet die Sebalder Altstadt« die Kampagne dagegen, im Wesentlichen aber wurde sie getragen von Mulzer und seinen Altstadtfreunden. Als der Gegenwind immer mächtiger wurde, schwand auch die Zustimmung bei der CSU – vielleicht aus Überzeugung, vielleicht auch aus politischem Kalkül oder aus beidem.

Vor diesem Hintergrund konnte die Planung »nach 34« nicht genehmigt werden. Der damalige bayerische Innenminister Edmund Stoiber als Chef der Obersten bayerischen Baubehörde verpflichtete die Stadt zur Aufstellung eines Bebauungsplans. Die Stadt leitete einen solchen ein, um das Areal als

Mischgebiet (mit der Möglichkeit verdichteten Bauens) einzustufen. Nach Ende des Verfahrens wurde er im Stadtrat knapp gebilligt. Auch Bauherr und Architekt reagierten. Jahn legte eine in seiner Dimension abgespeckte Version seines Ursprungsentwurfs vor. Die Stadt startete ein Verfahren für eine zweite Fassung des B-Plans, um den modifizierten Jahn-Entwurf zu ermöglichen. Der Druck der Öffentlichkeit blieb jedoch.

Das Bürgerforum »Rettet die Sebalder Altstadt« sammelte mehr als 50 000 Unterschriften gegen das Vorhaben. Während der öffentlichen Auslegung des Bebauungsplans gingen 7951 Bedenken und Anregungen bei der Stadt ein, die den B-Plan überwiegend ablehnten. Angesichts dieser Zahlen entschloss sich der Stadtrat Mitte Dezember 1995 zu einem Bürgerentscheid. Erst am 1. November 1995 war in Bayern (nach einem vorangegangenen Volksentscheid) ein neues Gesetz in Kraft getreten, das kommunale Bürgerentscheide ermöglichte.

Formal ging es um den vom Stadtrat beschlossenen Bebauungsplanentwurf Nr. 4333. Unterschwellig stand aber die Architektur zur Abstimmung. Die Frage des Bürgerentscheids lautete: »Soll für das Gebiet zwischen Augustinerstraße, Winklerstraße, Zwischen den Fleischbänken, der Pegnitz und der Karlstraße ein neues Bebauungsplanverfahren mit dem Ziel einer Mischgebietsnutzung eingeleitet und demzufolge das Verfahren zum Erlaß des Bebauungsplanes Nr. 4333 2. Fassung eingestellt werden?« Die Fragestellung hat so manchen irritiert. Vereinfacht gesagt: Wer für das Projekt war, musste mit Nein stimmen oder mit Ja, wenn man dagegen war. Am 14. Januar 1996 fand die Abstimmung statt. Mit 68,7 Prozent der abgegebenen Stimmen sprachen sich die Wählerinnen und Wähler gegen das Projekt aus. Damit war es erledigt.

Die Wahlbeteiligung lag bei 27 Prozent. Mithin haben nach Jahren zahlloser öffentlicher Debatten nur rund 18 Prozent der Wahlberechtigten dieses Vorhaben zu Fall gebracht. Für die meisten Wahlberechtigten war das Thema anscheinend nicht relevant oder sie waren dafür, jedoch ohne es zu Protokoll zu geben. Nach einer Analyse des Amts für Stadtforschung und Statistik der Stadt Nürnberg war die persönliche Betroffenheit der Menschen maßgebend für die Motivation, zur Wahlurne zu gehen. Altstadtbewohner beteiligten sich überdurchschnittlich an dem Entscheid. In konservativ geprägten Stadtteilen war die Ablehnung ebenfalls hoch.

Wie ist es zu diesem Ergebnis gekommen? Eine Vielzahl von Aspekten mag eine Rolle gespielt haben. Das geplante Bauwerk war für diesen Standort überdimensioniert. Einige Bürger befiel ein Unbehagen. Sie sahen das Erscheinungsbild der Altstadt in Gefahr. Im Kern ging es um große Fragen: Wie möchte die Stadtgesellschaft »ihre« Altstadt (die seit der Zerstörung am 2. Januar 1945 keine »Alt«stadt mehr war) weiterentwickeln? Welche Projektionen ermöglicht diese neue Altstadt noch? Das Jahn-Projekt bot seit langer Zeit wieder einmal Anlass, über solche Fragen öffentlich nachzudenken. Das Bewusstsein für Tradition und historische Zeugnisse war gewachsen. Noch einige Jahre zuvor waren – bis heute wie Fremdkörper wirkende – öffentliche und private Gebäudekomplexe ohne großen oder gar keinen Widerspruch in die Sebalder Altstadt implementiert worden, etwa in unmittelbarer Nachbarschaft zum Augustinerhof das »Parkhaus Hauptmarkt«, an der Tetzelgasse der Neubau des Johannes-Scharrer-Gymnasiums (1974), ein Bankgebäude an der Spitalgasse oder der Neubau für die Wirtschafts- und sozialwissenschaftliche Fakultät der Universität Erlangen-Nürnberg an der Langen Gasse (1977).

Der Bürgerentscheid fiel in die Hochphase des Kommunalwahlkampfs 1996. Die CSU unterstützte die Ablehnung des Jahn-Projekts. Auch wenn es niemand offen aussprach, hatten manche zudem unterschwellig Vorbehalte gegen den migrantischen Investor und den weltweit erfolgreichen Architekten, der vor allem für seine Hochhäuser berühmt war, von manchen deshalb auch »Turmvater Jahn« genannt. (Dass das Neue Museum in Nürnberg Helmut Jahn 2012 eine eigene Ausstellung widmete, um sein Lebenswerk zu würdigen, war für Jahn vielleicht eine kleine Genugtuung.) Maßgeblichen Anteil am Ergebnis des Bürgerentscheids hatte eine starke Bürgerbewegung, die sehr geschickt argumentativ und emotional gegen das Projekt vorging.

Die weiteren persönlichen, wirtschaftlichen und politischen Folgen dieser Abstimmung waren gravierend. Abousaidy war ein gebrochener Mann, er ging insolvent, und seine Immobilien gerieten unter Zwangsverwaltung. In der Kommunalwahl am 10. März 1996 verlor die SPD zum ersten Mal in der Nachkriegsgeschichte mit nur 25 Sitzen ihre Mehrheit im Stadtrat. Die CSU stellte mit 33 Sitzen (bis 2002) erstmals die größte Fraktion (bei insgesamt 70 Stadtratsmitgliedern). Bei der gleichzeitigen Oberbürgermeisterwahl lag Amtsinhaber Peter Schönlein mit 44,5 Prozent der Stimmen noch ganz knapp vor seinem Herausforderer Ludwig Scholz (44,1 Prozent). In der Stichwahl am 24. März 1996 unterlag Schönlein (44,5 Prozent) jedoch seinem Kontrahenten Scholz (55,5 Prozent) deutlich. Der überraschende Sieger konnte seinen Erfolg nicht fassen. Erstmals in der Geschichte Nürnbergs stand ein Vertreter der Christlich-Sozialen Union an der Spitze der Stadt. Der Streit um die Bebauung des Augustinerhofs hat mit dazu beigetragen.

Die trostlose Brache blieb. Über ein Dutzend Jahre. In den ehemaligen Wohngebäuden an der Karlstraße barsten Fenster oder wurden zerschlagen.

Die trostlose Brache blieb. Über ein Dutzend Jahre. In den ehemaligen Wohngebäuden an der Karlstraße barsten Fenster oder wurden zerschlagen. Erich Mulzer sprach von einem »Ratzentanzplatz«. 2008 kam es zur Zwangsversteigerung. Der Nürnberger Immobilien-Unternehmer Gerd Schmelzer erhielt für 5,8 Millionen Euro den Zuschlag. Schmelzer hatte schon in den Jahren zuvor mit viel Einfühlungsvermögen einige leerstehende Industrieareale in der Stadt mit kreativen Neunutzungen revitalisiert. Und ihm war insbesondere nach der Vorgeschichte die Bedeutung des sensiblen Standorts Augustinerhof bewusst. Er nahm sich Zeit für Neues.

Zunächst ließ er die leer stehenden Gebäude an der Karlstraße abreißen. Auf der gesamten Fläche entstand der schönste oberirdische Innenstadtparkplatz in Nürnberg – unter anderem mit Kunstobjekten (»Ferngucker«) auf Beleuchtungsstelen des Nürnberger Akademieprofessors Ottmar Hörl. Schmelzer übernahm das Grundkonzept des Vorbesitzers, aber nicht den Jahn-Entwurf. Er suchte den Dialog mit der Politik, der Stadtgesellschaft und den Altstadtfreunden. 2008 lobte er einen Realisierungswettbewerb aus. Als Sieger ging das Berliner Büro von Volker Staab hervor. Staab hatte bereits mit zwei Bauwerken in der Nürnberger Altstadt – dem Neuen Museum (1996–1999) und den Sebalder Höfen (2006–2007) – bewiesen, zeitgemäße Bauten behutsam und im Einklang mit der (historischen) Umgebung schaffen zu können. Hotel, Wohnen, Läden und Gastronomie waren vorgesehen. Vor allem enthielt der Staab-Entwurf eine breite Öffnung des Areals zur Pegnitz hin, mit einem seit Jahrhunderten erstmals öffentlichen Durchgang an dieser Stelle von der Winklerstraße zur Karlstraße und umgekehrt.

Weitere zehn Jahre gingen ins Land, auch wegen einer nachbarschaftlichen Intervention, ehe 2018 der Grundstein für diesen Augustinerhof gelegt werden konnte. Noch während der Planungsphase hatte der damalige bayerische Finanzminister (und Nürnberger) Markus Söder eine neue Idee. In Nürnberg könnte im Rahmen der Nordbayerninitiative der Staatsregierung eine Filiale des Deutschen Museums (München) geschaffen werden. Das Deutsche Museum griff die Anregung auf, prüfte Standorte und stellte fest: Der Augustinerhof wäre bestens geeignet. Staab plante um, damit im Westflügel des Komplexes das neue »Zukunftsmuseum« mit 5500 Quadratmetern Ausstellungsfläche untergebracht werden konnte. Hier geht es um Fragen der Zukunftstechnologien wie unter anderem: Energie, Mobilität, Robotik oder Medizin. Wie wollen wir morgen leben? Wegen der Covid-19-Epidemie wurde das Museum erst am 17. September 2021 eröffnet. Seither haben rund 200 000 Menschen das Museum besucht (Stand: Mai 2023). Mit einem solchen Publikumserfolg hatten die Macher nicht gerechnet.

Irgendwann wurde öffentlich, dass das Deutsche Museum eine nicht unerhebliche Miete zahlen müsse: 230 000 Euro monatlich, für eine Vertragslaufzeit von 25 Jahren. Die Opposition im Bayerischen Landtag bestand auf einem Untersuchungsausschuss. Er sollte klären, ob Markus Söder bestimmt habe, dass gewissermaßen um jeden Preis das Zukunftsmuseum im Augustinerhof hat einziehen sollen und ob es einen Zusammenhang mit Spenden von Gerd Schmelzer an die CSU gegeben habe. Zwei Gutachten ergaben, dass die Miete zwar an der Obergrenze, doch angemessen und alles mit rechten Dingen zugegangen sei. Ein anderes Gutachten kam zum gegenteiligen Schluss. Der Untersuchungsausschuss mit Vertretern von Regierungs- und Oppositionsfraktionen kam zu keinem einheitlichen Ergebnis.

Entstanden ist im Augustinerhof ein lebendiges Stadtkarree. Der Weg dorthin war lang. Es gab Gewinner und Verlierer. Heute ist der Augustinerhof ein gelungenes Stück Stadtreparatur und ein fränkisch-weltläufiger Ort. Der Begriff steht aber auch wie wenige andere für das Ringen um die beste Stadtentwicklung, -gestaltung und -nutzung. Der Augustinerhof ist das Ergebnis einer lebendigen lokalen Demokratie. Letztlich haben die Bürger entschieden, was dort geschehen soll – oder eben auch nicht.

LICHTBLICK
OPTIK
Salon Regina
OPTIK
WIR SUCHEN DICH!
für KÜCHE & SERVICE

Stadtteile

Kein Viertel ist wie das andere

Als Nürnberg 1806 im Königreich Bayern aufging, beschränkte sich die Stadt auf das Gebiet innerhalb der Ringmauer: die heutige Altstadt. Sie ist 1,6 Quadratkilometer groß. 200 Jahre später weist die Stadtfläche über 186,4 Quadratkilometer auf. Sie ist damit 116 Mal größer als noch zu Dürers Zeiten. Das Wachstum begann mit der Industrialisierung. Fabriken brauchten Platz und Arbeiter Wohnraum. So dehnte sich die Stadt schon im 19. Jahrhundert deutlich aus: je näher der Vorort, umso früher die Aufnahme in die Stadt. Die Eingemeindungen erfolgten innerhalb von rund 150 Jahren in konzentrischen Kreisen um die Kernstadt. Oft baten die Vororte um Aufnahme. In der rasanten Urbanisierung ging es auch darum, an der neuen Infrastruktur mit Kanalisation, Wasserversorgung, Beleuchtung, Straßen, Krankenhaus, öffentlichem Nahverkehr und kulturellen Einrichtungen teilzuhaben.

Am 1. Oktober 1825 kamen Gostenhof, Wöhrd, Wöhrder Gärten, Gärten hinter der Veste, St. Johannis mit Großweidenmühle, Galgenhof und Teile von Sündersbühl, Steinbühl und Gleißhammer unter das Dach der Stadt. Dieser ersten Phase folgten immer wieder neue Eingliederungen. Noch im vergangenen Jahrhundert fand im Zuge der bayerischen Gebietsreform am 1. Januar 1972 eine große Welle von Eingemeindungen ländlicher Räume statt, wie etwa im Norden (Knoblauchsland) Großgründlach, Boxdorf und Neunhof, im Süden Katzwang, Kornburg oder Worzeldorf.

links Gostenhof vereint vieles. Der Stadtteil ist hip und bodenständig. Hier eine Szene an der Fürther Straße.

Doch was ist überhaupt ein Stadtteil? Die Frage ist nicht ganz eindeutig zu beantworten. Es gibt in der Stadt amtliche Gemeindeteilnamen, zum Beispiel Altenfurt, Gaulnhofen oder Reutles. Manche Bezeichnungen sind offiziös ohne klare Gebietsgrenze: Bleiweiß, Gerasmühle, Nordbahnhof oder Platnersberg gehören in diese Kategorie. Oder auch Rabus, ein kleines Viertel in der Südstadt. Dabei gibt es »die« Südstadt offiziell gar nicht. Meist wird damit das Stadtgebiet südlich der Bahnlinie gemeint, das westlich von der Gibitzenhofstraße, südlich von der Frankenstraße und östlich von Regensburger-, Hain- und Münchener Straße begrenzt wird. Innerhalb dieses Areals finden sich Stadtteile wie Steinbühl, Galgenhof oder Lichtenhof. Als Stadtteil werden manchmal auch staatliche Gemarkungsbezeichnungen verstanden. Die ganze Republik ist in Gemarkungen aufgeteilt. Nürnberg hat 49 aufzuweisen. Und schließlich hat die Verwaltung die Stadt in 97 statistische Bezirke gegliedert. Nicht selten sind Gemarkungsbezeichnungen und statistische Bezirke identisch. Nach diesen vier verschiedenen Kategorien besteht Nürnberg aus über 160 Stadtteilen. Der jüngste Stadtteil heißt Lichtenreuth, dort soll in den nächsten Jahren die Technische Universität Nürnberg emporwachsen. Älter als Nürnberg sind die Stadtteile Großgründlach und Mögeldorf, wie man aus schriftlichen Dokumenten weiß. 1021 hat Kaiser Heinrich II. das Dorf Crintilaha (Großgründlich) dem Bistum Bamberg geschenkt. Und König Konrad II. besuchte – zwei Jahre vor seiner Kaiserkrönung – 1025 das Gut Megelendorf (Mögeldorf).

Mancher spricht von GoHo und denkt an Soho in New York oder London. Gostenhof ist cool. Das war nicht immer so.

Jeder Stadtteil ist anders. In Mögeldorf und Erlenstegen ist die betuchtere Bürgerschaft zu Hause. Steinbühl oder Galgenhof sind geprägt von dichter Bebauung und wenig Grün. In der Marienvorstadt dominieren Bürogebäude. In Röthenbach West und Röthenbach Ost entstanden im 20./21. Jahrhundert neue Wohngebiete. Jeder Stadtteil hat seine eigene Struktur, hat seine eigene Geschichte zu erzählen. Gostenhof zum Beispiel. Heute gilt es als angesagtes Szeneviertel. Mancher spricht von GoHo und denkt an Soho in New York oder London. Gostenhof ist cool. Das war nicht immer so. Nach dem Krieg kam das Quartier immer mehr herunter. Manche sprachen von einem Glasscherbenviertel. Die Wohngebäude aus dem Industriezeitalter waren weit entfernt von zeitgemäßen Standards, zumal die schlichten Hinterhäuser. Dafür waren die Mietwohnungen billig, was sie für »Gastarbeiter« und Wohngemeinschaften mit schmalem Geldbeutel attraktiv machte. Der Anteil an Migranten ist überdurchschnittlich, was der Volksmund in der Wortschöpfung »Gostanbul« zum Ausdruck brachte. In den 1970er-Jahren begann eine systematische Stadterneuerung mit Gebäudesanierung, Verkehrsberuhigung und modernem Wohnungsbau. Inzwischen sehen manche die Gefahr der Gentrifizierung. Entlang der durch Gostenhof führenden Fürther Straße spielte sich ein wesentliches Stück der industriellen Revolution ab. 1890 entstand am Plärrer ein Denkmal in Erinnerung an die Gründung der Ludwigseisenbahn. Nach zweimaligem Umzug steht es seit 1993 etwas beziehungslos an der Fürther Straße in Höhe der U-Bahnstation Bärenschanze. Gostenhof vereint vieles: Arbeiter-, Industrie- und Zuwanderergeschichte, Strukturwandel und Stadtumbau, Start-ups und Datev, linksliberales Milieu und Szenekneipen, die selbst schon wieder Geschichte sind. Gostenhof ist hip und bodenständig, international und ein kultureller Schmelztiegel.

Ein anderes Gesicht zeigt Langwasser, die ab den 1950er-Jahren systematisch geplante und über Jahrzehnte gewachsene »Trabantenstadt«. Langwasser wurde zum erfolgreichen Experimentierfeld des Städte- und Wohnungsbaus. Der Stadtteil zeichnet sich unter anderem durch viel Grün und Großzügigkeit aus. Für viele Menschen hat Langwasser eine hohe Anziehungskraft. Ein Einkaufszentrum ist nicht nur für die Stadtteilbewohner attraktiv. Obwohl es sich um ein großes Stadtquartier aus der Retorte handelt, ist die Bindung der Bewohner an ihr Viertel hoch. Dafür sorgen auch zahlreiche Vereine. Langwasser ist aber nicht nur »Wohnstadt« für rund 35 000 Menschen, sondern auch Sitz gesamtstädtischer Infrastruktur, etwa mit dem Südklinikum für tausend Patienten, der Bertolt-Brecht-Schule oder dem Blindenzentrum. Auch Industrie und Gewerbe sind Teil von Langwasser.

Nürnberg ist urban, großstädtisch und – ländlich. Auch wenn so mancher Städter aufs Land flüchtete, um sich in neu ausgewiesenen Baugebieten am Rand der Vorortgemeinden den Traum vom Eigenheim zu erfüllen, bestehen in den Außenbezirken die dörflichen Strukturen nach wie vor. 1441/42 tauchte der Name Knoblauchsland erstmals auf (»im knoblauch lande«). Tatsächlich wurde hier auch Knoblauch angebaut. Heute ist die Fläche im Städtedreieck zwischen Nürnberg, Fürth und Erlangen Bayerns größtes zusammenhängendes Gemüseanbaugebiet. Auf Nürnberger Stadtgelände werden 1500 Hektar für die Gemüseerzeugung im Freiland genutzt. Auf etwa 95 Hektar findet der Anbau unter Glas statt. Hier ist der Ertrag neun Mal höher als auf dem Acker. Das Knoblauchsland ist eine historisch gewachsene Kulturlandschaft, landwirtschaftliches Anbau-, aber auch Naherholungsgebiet, Lebensraum für Rebhühner und Kiebitze und für viele ein Wohnort. Die mittelalterliche Wehrkirche in Kraftshof, das ehemalige patrizische Schloss Neunhof mit Garten, der verwunschene Irrhain in Kraftshof – seit 1676 Versammlungsort der Mitglieder des Sprachpflegevereins Pegnesischer Blumenorden – oder das Schloss Großgründlach sind Sehenswürdigkeiten. Trotz einer gewissen Verstädterung haben sich die Orte ihre Eigenarten bewahrt. Bei jeder Kärwa (Kirchweihfest) wird die Tradition besonders gepflegt.

Nürnberg hat keine »City«. Nürnberg hat eine Altstadt. Dort schlägt das Herz der Stadt. Dort geht man bummeln. Dort finden die großen Feste statt. Dort trifft man sich auf dem Markt, in einem der 400 Restaurants und Wirtshäuser oder in einem der 130 Betriebe, die dem Nachtleben zugeordnet werden. Nürnberger gehen oder fahren »in die Stadt« zum Einkaufen, und sie meinen damit die Altstadt. Nürnberger präsentieren ihren Gästen »ihre Stadt« – und präsentieren die Altstadt. Dabei ist sie eine wiederaufgebaute und zu großen Teilen neue »Altstadt«. Am Ende des Zweiten Weltkriegs war »die gute Stube«, »des Deutschen Reiches Schatzkästlein«, zu 90 Prozent zerstört. Doch majestätische Denkmale wie die großen Kirchen, die Burg und andere bauliche Ikonen der Vergangenheit vermitteln ein warmes Gefühl der vermeintlich ungebrochenen Geschichte, der Vertrautheit und des Zuhauseseins.

Die Altstadt ist auch Wohnort für rund 9000 Menschen auf der Sebalder und 5000 auf der Lorenzer Seite. Das unterscheidet sie von anderen Innenstädten, in denen kalte Ruhe einkehrt, wenn die Menschen die Konsumtempel und Bürotürme verlassen haben. Die Nürnberger Altstadt ist nicht in Gefahr, ein touristisches Freiluftmuseum ohne Seele zu werden. Dagegen spricht das vielfältige urbane Leben, das nicht immer konfliktfrei ist. Denn Bewohner, Besucher, Gewerbetreibende, Junge und Alte, Familien, Vergnügungssüchtige, Kulturinteressierte, Konsumenten, Autofahrer, Radler und Fußgänger und viele andere Gruppen haben unterschiedliche Erwartungen und Bedürfnisse.

Die Nürnberger Altstadt ist nicht in Gefahr, ein touristisches Freiluftmuseum ohne Seele zu werden.

Doch die Altstadt »gehört« irgendwie allen. Damit kann sich auch jeder identifizieren. Manchmal ist sie Seismograf, manchmal Labor der Stadtentwicklung, Ort neuer Ideen, Heimstatt aktiven Bürgersinns. Die Altstadt ist Sehnsuchtsort und ganz realer Lebensraum. Auf jeden Fall für viele Menschen eine Herzensangelegenheit. Das »Schatzkästlein« gibt es nicht mehr, doch ein Schatz bleibt die Altstadt allemal.

Reichswald

Ältester Kunstforst der Welt

Nürnberg wird im Vorbeifahren nicht wahrgenommen. Verantwortlich dafür ist der Reichswald. Wer Nürnberg auf einer der reichlich vorhandenen Autobahnen rund um die Stadt passiert, bekommt nicht die geringste Vorstellung, dass wenige Kilometer entfernt eine respektable Großstadt liegt. Dicht gereihte Bäume fungieren wie ein Sichtschutz. Der Reichswald bestimmte schon vor Urzeiten das mittelfränkische Becken, lange bevor es eine Ansiedlung namens Nürnberg gab. Und er ist nach wie vor da, auch wenn es die Menschen nicht immer gut mit ihm gemeint haben. Sie haben ihn über Jahrhunderte rücksichtslos ausgebeutet. Nürnberg verdankt seinen wirtschaftlichen Aufstieg im Mittelalter auch der Ressource Wald. Erst 1979 ist Wegweisendes geschehen: Der Freistaat erklärte den Reichswald als ersten Forst in Bayern zum Bannwald und stellte ihn damit unter besonderen Schutz. Seither ist Rodung weitgehend ausgeschlossen.

Der Nürnberger Reichswald ist der älteste Kunstforst der Welt und das fünftgrößte zusammenhängende Waldgebiet Bayerns außerhalb der Alpen. Im Norden, Osten und Süden umschließt der Reichswald halbkreisförmig die Stadt. Er war ursprünglich im Besitz des Königs, war also ein Gut des Reichs, was ihm seinen Namen einbrachte. 1806 kam er in das Eigentum eines anderen Reichs – des Königreichs Bayern. In dessen Nachfolge gehört der Nürnberger Reichswald heute dem Freistaat Bayern, gehegt, gepflegt und genutzt von der Staatsforstverwaltung (seit 2005 offiziell: Bayerische Staatsforsten). Er umfasst rund 24 000 Hektar, entsprechend der Teilung der Altstadt

links Viele dünne Kiefern prägen den Reichswald, was ihm auch den mundartlichen Namen »Steggerlaswald« einbrachte.

durch die Pegnitz auch in den (nördlichen) Sebalder und den (südlichen und größeren) Lorenzer Reichswald untergliedert. Die Stadt Nürnberg verfügt über 2800 Hektar Waldfläche auf eigenem Gebiet. (Neuerdings ist auch noch von einem Südlichen Reichswald die Rede, der südlich des Lorenzer Reichswalds eine Fläche von rund 10 000 Hektar bis zum Rothsee umfasst und ähnliche geologische und forstbotanische Merkmale aufweist.)

Die Stadtführung erkannte früh, wie lebensnotwendig eine sichere Rohstoff- und Energieversorgung für Nürnberg war. So setzte sie alles daran, auf den Reichswald zugreifen zu können. Schließlich lagen 1396 alle Rechte für den Lorenzer Wald und 1427 auch für den Sebalder Wald bei der Stadt. Nicht nur die Honig- und Wachsgewinnung der Zeidler mit Wildbienen war relevant. Holz diente als Baustoff und Heizmaterial. Köhler erzeugten Holzkohle, vor allem für das metallverarbeitende Handwerk. Man baute Sandstein im Reichswald ab. Zwar bestimmen Sandflächen zu zwei Drittel den Reichswaldboden, was auch das Bild von des »Reiches Streusandbüchse« entstehen ließ, doch ein Drittel besteht aus Ton- und Lehmböden. Die hochwertigen feuerfesten Tone waren wichtig für die Messing- und Eisenwarenproduktion und zur Herstellung von Ziegeln. Relevant waren auch die Jagderträge, auch wenn sie weitgehend dem Adel vorbehalten waren. Bis in die Mitte des 20. Jahrhunderts sammelten Bauern Laub und Nadeln als Einstreu für die Viehställe. Auch diese Praxis brachte über die Jahrhunderte das ökologische Gleichgewicht im Wald ins Wanken.

Der Reichswald war ursprünglich ein Mischwald. Im 13. und 14. Jahrhundert wurde offenkundig, wie viel Raubbau mit ihm bereits getrieben worden war.

Der Reichswald war ursprünglich ein Mischwald. Im 13. und 14. Jahrhundert wurde offenkundig, wie viel Raubbau mit ihm bereits getrieben worden war. 1368 begann der Montanunternehmer Peter Stromer d. Ä. (um 1315–1388) aus einem der angesehensten Patriziergeschlechter in Lichtenhof erstmals

Wald zu säen. Dies gilt als Beginn der von Menschenhand angelegten Forste. Stromer wurde zum »Vater der Forstkultur« – aus reinem Eigennutz. Schließlich brauchte man das Holz für das Metallgewerbe. Stromer »erfand« die Nadelholzsaat oder verbesserte zumindest die damals vorhandenen Kenntnisse. Die Nürnberger Saattechnik wurde sogar zum »Exportschlager«. Das hatte jedoch noch nichts mit nachhaltiger Forstwirtschaft zu tun. Den Grundsatz, in einem Jahr nur so viel Holz einzuschlagen, wie auch nachgewachsen ist, stellte Hans Carl Carlowitz (1645–1714) erst 1713 auf.

Stromer säte auch Birken aus. Es überwogen jedoch schnell wachsende Kiefern und Fichten. Damit war der Anfang gemacht für eine jahrhundertelange Monokultur. Beim Übergang an Bayern umfasste der Reichswald rund 32 000 Hektar, war aber in einem erbärmlichen Zustand. Zwischen 1836 und 1838 gab es einen größeren Schädlingsbefall auf über 5000 Hektar Fläche; 1760 Hektar mussten gerodet werden. Noch schlimmer kam es in den 1890er-Jahren, als vor allem die Kiefernspannerraupe den Wald heimsuchte. Um weiteres Unheil bis zur Unbrauchbarkeit des Holzes zu verhindern, rodeten 4000 Arbeiter fast 10 000 Hektar Wald – nahezu ein Drittel des damaligen Bestands. Die Freiflächen wurden später überwiegend mit Kiefern aufgeforstet, die den »Steggerlaswald« bis heute prägen.

Immer wieder holzten die Menschen Wald ab, um Flächen für andere Nutzungen zu gewinnen. Das begann bereits um das Jahr 1000 mit der Rodung im westlichen Teil für das später sogenannte Knoblauchsland. Vom Mittelalter bis zum frühen 19. Jahrhundert blieb die Waldfläche relativ konstant. Gravierende Verluste sind vor allem Folgen der Industrialisierung und der Ausdehnung des Stadtraums. Bis zur Erhebung zum Bannwald hat der Reichswald etwa ein Fünftel seiner Fläche für den Siedlungsbau, für Autobahnen, Gewerbe und Industrie oder auch militärische Nutzungen (Exerzierplatz, Munitionsanstalt) verloren. Allein die Anlage des NS-Parteitagsgeländes verkleinerte den Reichswald um nahezu 2000 Hektar.

Den Wald zu schützen ist ein Gedanke, der erst ab der zweiten Hälfte des 20. Jahrhunderts immer mehr Menschen erreicht hat. Organisationen wie der Bund Naturschutz oder die Schutzgemeinschaft Altnürnberger Landschaft haben mit dazu beigetragen. Seit 1973 veranstaltet der BN alljährlich ein sommerliches Reichswaldfest, um immer wieder die Sensibilität für das größte großstadtnahe Waldgebiet Deutschlands zu schärfen. Die Aufforstung mit Laubbäumen ist seit den 1970er-Jahren im Gange. Inzwischen besteht der Reichswald zu 21 Prozent aus Laubhölzern, unter anderem aus Eichen und Buchen. 2022 machten Fichten zwölf und Kiefern fast 70 Prozent des Besatzes aus. Der Waldumbau braucht Zeit. In hundert Jahren soll es 43 Prozent Anteile Laub- und 57 Prozent Nadelhölzer geben. Um den Wald klimaresistenter zu machen, werden auch Esskastanien oder Weißtannen gepflanzt, die bislang in südlicheren Regionen heimisch sind.

Die rücksichtslose Ausbeutung des Reichswalds gehört der Vergangenheit an. Die Staatsforsten verkaufen zwar weiterhin Holz, aber aus nachhaltiger Waldbewirtschaftung. Schon im späten Mittelalter ließen sich vermögende Patrizier außerhalb der Stadtmauern sommerliche Herrensitze errichten. Ausflugsziel war der Reichswald bereits im 19. Jahrhundert. Der 1888 eigens errichtete Aussichtsturm am Schmausenbuck kündet davon. Die verstärkte Suche nach Naherholung setzte mit der Industrialisierung ein. Heute ist der Reichswald für viele Stadtmenschen ein Sehnsuchtsort, ein Rückzugsraum im Grünen, ein Ziel zum Spazieren, Wandern, Radfahren, zur Entspannung, zur Naturbeobachtung und zum Naturgenuss. Der Reichswald ist Vogelschutzgebiet, Teilflächen sind als Landschaftsschutzgebiet und Naturschutzgebiet ausgewiesen. Seltene Tierarten wie Haselhuhn, Hohltaube, Sperlingskauz oder Schwarzspecht sind hier zu Hause. 2011 wurde das verschwunden geglaubte Auerhuhn nachgewiesen. In abgestorbenen Bäumen entsteht neuer Lebensraum für Insekten und Fledermäuse.

Nicht zu unterschätzen ist die Bedeutung des Reichswalds für das (Stadt-)Klima. An heißen Tagen liegt die Temperatur im

Wald bis zu acht Grad Celsius unter den Werten der Innenstadt. Kühlere Luft kann über Schneisen ins Zentrum strömen. Bäume haben auch eine große reinigende Kraft. Ein Hektar Wald kann jährlich bis zu 50 Tonnen Staub und Ruß aus der Atmosphäre filtern und über die Fotosynthese gleichzeitig 30 Tonnen Sauerstoff produzieren. Die Luftqualität im Wald ist um 90 Prozent besser als in der Stadt. Schließlich ist auch der Reichswald ein wichtiger Speicher für das Grund- und Oberflächenwasser, schützt nahe Siedlungen vor Überflutung, reinigt das Wasser, ehe es zum Trinken gewonnen wird.

Zwischen der Stadt und dem Reichswald besteht seit jeher eine enge Beziehung. Er war Teil des frühen Erfolgs der Reichsstadt, der zu Lasten der natürlichen Ressourcen ging. Immerhin erkannte der Großunternehmer Peter Stromer die dramatischen Auswirkungen und steuerte um. Ein verantwortungsvollerer Umgang mit dem Reichswald hat sich erst in der zweiten Hälfte des 20. Jahrhunderts entwickelt. Heute geht es dem Reichswald so gut wie seit Jahrhunderten nicht mehr. Selbstverständlich ist das nicht angesichts seiner Geschichte.

Schlusswort

Was macht Nürnberg aus? Besonders markante Bauwerke künden bis heute von der phasenweise großen, aber auch wechselvollen Geschichte. Die Kaiserburg, St. Sebald oder die Frauenkirche stehen für das gotische Mittelalter, als Nürnberg seinen Ruf begründete. Das Rathaus Wolffscher Bau kann von der Dürerzeit und von der Bedeutung als größter Stadtstaat in Deutschland Anfang des 16. Jahrhunderts erzählen. Die großen Fabrikareale, etwa von Siemens oder MAN, in der Südstadt legen immer noch Zeugnis ab von Nürnberg als einstiges industrielles Herz ganz Bayerns. Die monumentalen NS-Hinterlassenschaften am ehemaligen Reichsparteitagsgelände bleiben eine Stein gewordene Mahnung. Beim Blick auf die vielen Seiten Nürnbergs wird immer wieder deutlich, welche epochale Zäsur die nationalsozialistische Herrschaft und der vernichtende Zweite Weltkrieg auch für diese Stadt darstellen. Vieles wirkt nach. »Nach 1945« ist heute.

Das Nürnberg der Gegenwart hat das Nürnberg der Vergangenheit nicht verdrängt, sondern darauf aufgebaut. Man ist sich der tiefen Wurzeln bewusst, doch erstarrt nicht vor der einstigen historischen Größe. Die Stadt ist modern, sie pulsiert im Hier und Heute. Nürnberg war nie Bischofs-, Fürsten- oder Regierungssitz. Die Präsenz von weltlichen oder geistlichen Herrschern hat so manchen Orten zu allen Zeiten Aufmerksamkeit und Wohlstand beschert. Die Nürnberger waren immer auf sich alleine gestellt. Der Erfolg entsprang der eigenen Strebsamkeit und Findigkeit. Man schaute über den Tellerrand, war früh in Europa vernetzt, war offen für Neues. Die Reichsstadt war für sich selbst verantwortlich. Nürnberg war eine selbstständige Bürgerstadt und wurde zur Arbeiterstadt. Ein freier, unabhängiger und fortschrittlicher Geist kennzeichnet die Stadt heute ebenso wie eine demokratisch-republikanische Tradition. Viele Errungenschaften sind »hausgemacht«.

Bratwürste und Lebkuchen mögen manche Klischees erfüllen, aber es handelt sich um »Alleinstellungsmerkmale«, um die andere die Stadt beneiden. Nürnberg weist viele Besonderheiten auf. Hier geht es wohltemperiert und moderat zu. Nicht nur klimatisch. Dramatische Ausschläge sind selten, auch in der Gefühlswelt. Wenn es so etwas wie eine kollektive Wesensart gibt, dann gilt der Satz, den ein Psychologe einmal geprägt hat: »Der Nürnberger räsoniert, aber er revolutioniert nicht.« Trotzdem ist die Stadt niemals stehen geblieben. Auch wenn sie phasenweise ziemlich oder sogar ganz am Ende war, gelang es, größte Herausforderungen zu meistern und schlimmste Zeiten zu überwinden.

Die Stadt verfügt über eine große Integrationskraft. Die Menschen machen Nürnberg aus. Neu-Nürnberger lernen die Stadt meist schnell zu schätzen. Nürnberg bietet alles (und manchmal sogar noch mehr), was man von einer Großstadt erwarten kann. Die Stadt weist sehr viele Facetten auf. Trotz ihrer Größe ist sie überschaubar. Man kann hier die Anonymität einer Halbmillionenstadt ebenso finden wie die Geborgenheit eines fränkischen Dorfs. Für die Identität spielen Altstadt und historisches Flair sowohl bei der älteren als auch bei der jüngeren Bevölkerung eine wichtige Rolle. Die Nürnberger mögen ihre Stadt.

Nürnberg ist nicht mehr das Zentrum Europas. Aber die Lage inmitten Europas, die Nürnbergs Aufstieg zu einer bedeutenden Handelsstadt begünstigt hat, bleibt bestimmend. Nürnberg ist eine internationale Stadt mit eigenem Charakter, mit unverkennbarem Gesicht, mit unvergleichlicher Geschichte, fränkischem Charme und sympathischer Ausstrahlung. Wie sieht also das Urteil über Nürnberg heute aus? Kurz gesagt: »Bassd scho.«

LITERATURVERZEICHNIS

Detlev Arens: *Der Wald. Natur, Nutzung und Geschichte unserer Wälder im Porträt*, Köln 2016

Franz Bauer: *Alt-Nürnberg. Sagen, Geschichten und Legenden*, München 1969

Christoph Bausenwein, Harald Kaiser, Bernd Siegler: *1. FC Nürnberg. Die Legende vom Club*, Göttingen 1996

Christoph Bausenwein, Harald Kaiser, Herbert Liedel, Bernd Siegler: *Der Club. 100 Jahre Fußball*, Nürnberg 1999

Christoph Bausenwein, Harald Kaiser, Bernd Siegler: *Der Club. Die Chronik*, Göttingen 2018

Helmut Beer: *Nürnberger Erinnerungen 10. Rund um die Altstadt – Nürnbergs Vorstädte*, Nürnberg 1998

Annamaria Böckel: *Heilig Geist in Nürnberg. Spitalstiftung und Aufbewahrungsort der Reichskleinodien*, Nürnberg 1990

Dietmar Bruckner: *Nürnberg. Ein Rundgang durch die Stadtgeschichte*, Cadolzburg 2011

Centrum Industriekultur Nürnberg (Hg.): *Räder im Fluß. Die Geschichte der Nürnberger Mühlen*, Nürnberg 1986

Martina Christmeier, Melanie Wager (Hg.): *Nürnberg – Ort der Reichsparteitage. Inszenierung, Erlebnis und Gewalt*, Ausstellungskatalog des Dokumentationszentrums Reichsparteitagsgelände, Petersberg 2021

Das rote Nürnberg. Dokumente zur Geschichte der Arbeiterbewegung, Band 3, hrsg. von Gerd Lobodda, Peter Scherer, Barbara Tilch, Nürnberg 1984

Michael Diefenbacher: *650 Jahre Hospital zum Heiligen Geist in Nürnberg 1339–1989*. Eine Ausstellung des Stadtarchivs Nürnberg 9. November – 1. Dezember 1989, Ausstellungskatalog, Nürnberg 1989

Michael Diefenbacher/Rudolf Endres: *Stadtlexikon Nürnberg*, Nürnberg 2000

Michael Diefenbacher, Matthias Henkel (Hg.): *Wiederaufbau in Nürnberg*. Begleitband zu den Ausstellungen des Stadtarchivs Nürnberg »Weichen für den Wiederaufbau« und des Stadtmuseums Fembohaus »Nürnberg baut auf! Straßen. Plätze. Bauten.«, Nürnberg 2009

Michael Diefenbacher, Horst-Dieter Beyerstedt, Martina Bauernfeind: *Nürnberg. Kleine Stadtgeschichte*, Regensburg 2017

Michael Diefenbacher, Steven M. Zahlaus: *Dageblieben! Zuwanderung nach Nürnberg gestern und heute*. Austellungskatalog des Stadtarchivs Nürnberg, Nürnberg 2011

Dokumentationszentrum Reichsparteitagsgelände, Museen der Stadt Nürnberg: *Das Reichsparteitagsgelände im Krieg. Gefangenschaft, Massenmord und Zwangsarbeit*, Petersberg 2021

Werner Durth: *Deutsche Architekten. Biographische Verflechtungen 1900–1970*, München 1992

Günther P. Fehring, Anton Ress: *Bayerische Kunstdenkmale. Die Stadt Nürnberg*, Kurzinventar, München 1977 (unveränderter Nachdruck 1982)

Peter Fleischmann: *Das Bauhandwerk in Nürnberg vom 14. bis zum 18. Jahrhundert*, Nürnberger Werkstücke zur Stadt und Landesgeschichte, Schriftenreihe des Stadtarchivs Nürnberg, Neustadt/Aisch 1985

Peter Fleischmann: »Nürnberg. Der Glanz der Dürerzeit«, in: Katharina Weigand (Hg.): *Eine Reise durch Bayern*, München 2020, S.115–131

Peter Fleischmann: *Nürnberg im 15. Jahrhundert*, München 2012

Birgit Friedel, G. Ulrich Großmann: *Die Kaiserpfalz Nürnberg*, Regensburg 2006

Hermann Glaser (Hg.): *Die Nürnberger Massenverhaftung. Dokumente und Analysen*, Reinbek bei Hamburg 1981

Peter Gössel: »Der gebändigte Fluß. Der Umgang der Nürnberger mit der Pegnitz«, in: Centrum Industriekultur Nürnberg (Hg.): *Räder im Fluß. Die Geschichte der Nürnberger Mühlen*, Nürnberg 1986, S. 287ff.

Sebastian Gulden: *Augustinerhof Nürnberg, die neuen Architekturführer Nr. 196*, Regensburg 2022

Christoph Hackelsberger: *Die aufgeschobene Moderne. Ein Versuch zur Einordnung der fünfziger Jahre*, München/Berlin 1985

Peter Handke: *Die Innenwelt der Außenwelt der Innenwelt*, Frankfurt am Main 1969

Hermann Hanschel: *Oberbürgermeister Luppe*, Nürnberg 1977

Hartmut Heller: *Der Nürnberger Dutzendteich. Reichsstädtische, bayerische und deutsche Vergangenheit*, Nürnberg 1983

Daniel Hess, Thomas Eser (Hg.): *Der frühe Dürer*, Ausstellung im Germanischen Nationalmuseum vom 24. Mai bis 2. September 2012, Nürnberg 2012

Helmut Häußler: *Brunnen, Denkmale und Freiplastiken in Nürnberg*, Nürnberg 1977

Hans Hubert Hofmann: *Die Nürnberger Stadtmauer*, Nürnberg 1967

Israelitische Kultusgemeinde Nürnberg (Hg.): *Leibl Rosenberg: Im Schatten der Burg. Jüdisches Leben in Nürnberg*, Nürnberg 2020

Siegfried Kett: *Das Nürnberger Künstlerhaus. Eine Stadtgeschichte von 1867–1992*, Nürnberg 1992

Herbert und Hannelore Liedel: *Die Pegnitz im Lauf der Zeit*, Nürnberg 2009

Herbert Maas: *Wou die Hasen Hoosn und die Hosen Huusn haaßn. Ein Nürnberger Wörterbuch*, Nürnberg 2001

Herbert Maas: *Geschichte und Geschichten*, Nürnberg 1979

Elke Masa: *Freiplastiken in Nürnberg*, Neustadt/Aisch 1994

Wolfgang Mayer: *Ochsen, Zimt und Bratwurstduft. Ein kulturgeschichtlicher Streifzug durch Nürnbergs kulinarische Vergangenheit*, Regensburg 2023

Matthias Mende: *Albrecht Dürer – ein Künstler in seiner Stadt*, herausgegeben von den Museen der Stadt Nürnberg und der Albrecht-Dürer-Haus-Stiftung e. V. Nürnberg, Nürnberg 2000

Matthias Mende: *Das alte Nürnberger Rathaus. Baugeschichte und Ausstattung des großen Saales und der Ratsstube*, Nürnberg 1979

Nicola A. Mögel, Mathias Orgeldinger: *Tiergarten Nürnberg. Kunst im Landschaftszoo*, Nürnberg 2019

Regierung von Mittelfranken (Hg.): *Lebensraum Burg. Eine Entdeckungstour zu den heimlichen Burgbewohnern*, Ansbach 2017

Roxanne Narz: Geschichte am Wasser. *Rund um den Wöhrder See, Historische Spaziergänge 20*, herausgegeben von Geschichte Für Alle e. V. – Institut für Regionalgeschichte, Nürnberg 2023

Diethard H. Klein, Heike Rosbach (Hg.): *Nürnberg. Ein Lesebuch*, Husum 1987

Steffen Radlmaier, Norbert Treuheit (Hg.): *Made in Franken – Best of Mundart*, Cadolzburg 2018

Steffen Radlmaier, Siegfried Zelnhefer: *Nürnberg und die Spuren des Nationalsozialismus*, Cadolzburg 2021

Leibl Rosenberg: *Spuren und Fragmente*. Jüdische Bücher, Jüdische Schicksale in Nürnberg, eine gemeinsame Ausstellung der Israelitischen Kultusgemeinde Nürnberg und der Stadtbibliothek Nürnberg zum Stadtjubiläum 950 Jahre Nürnberg, Nürnberg 2000

Hannelore Putz: »Ludwigskanal. Zwischen Fossa Carolina und europäischer Großwasserstraße«, in: Katharina Weigand (Hg.): *Eine Reise durch Bayern*, München 2020, S. 317–333

Peter Schäfer: *Kurze Geschichte des Antisemitismus*, München 2020

Markus Schäflein: *111 Gründe, den 1. FC Nürnberg zu lieben. Eine Liebeserklärung an den großartigsten Verein der Welt*, Berlin 2013

Klaus Schamberger: *Mein Nürnberg-Buch*, Cadolzburg 1997

Thomas Schauerte: *Dürer. Das ferne Genie. Eine Biographie*, Stuttgart 2012

Gisela und Ernst-Friedrich Schultheiß: *Vom Stadttheater zum Opernhaus. 500 Jahre Musiktheater in Nürnberg*, Nürnberg 1990

Bernd Siegler: Heulen mit den Wölfen. *Der 1. FC Nürnberg und der Ausschluss seiner jüdischen Mitglieder*, Fürth 2022

Staatstheater Nürnberg (Hg.): *1905–2005. Opernhaus. Staatsoper. Vom Neuen Stadttheater am Ring zum Staatstheater*, Nürnberg 2005

Stadt Nürnberg, Stadtplanungsamt (Hg.): *Heinz Schmeißner zum 100. Geburtstag. Nürnberg: Stadtentwicklung, Zerstörung, Wiederaufbau*, Nürnberg 2005

Stadt Nürnberg, Wirtschafts- und Wissenschaftsreferat (Hg.): *Wirtschaftsstandort Nürnberg. Positionsbestimmung 2023*, Nürnberg 2023

Stiftung Staatstheater Nürnberg (Hg.): *Das neue Schauspielhaus Nürnberg. Vom »Ami-Kino« zum Ensemble-Theater*, Nürnberg 2010

Hans Thieme: *Stadtführer Nürnberg*, Bindlach 1995

Tiergarten Nürnberg (Hg.): *100 Jahre Tiergarten Nürnberg*, Ausstellungsbroschüre, Nürnberg 2012

Thomas Tjiang: *Leben, Arbeiten, Genießen in Nürnberg*, herausgegeben von WIKOMedia Verlag für Kommunale- und Wirtschaftsmedien GmbH, Langenhagen 2020

Kuno Ulshöfer: »Zur Situation der Juden im mittelalterlichen Nürnberg«, in: Josef Kirmeier, Manfred Treml (Hg.): *Geschichte und Kultur der Juden in Bayern*. Aufsätze, München 1988

Melanie Wager: *Der Stürmer und seine Leser. Ein analoges antisemitisches Netzwerk. Zur Geschichte und Propagandawirkung eines nationalsozialistischen Massenmediums*, Berlin 2024

WIKOMedia Verlag für Kommunale- und Wirtschaftsmedien GmbH (Hg.): *Nürnberg im Wandel der Zeit*, Gunzenhausen 2021

Gabriele Wood: Sigena. »Vom Leben der Frauen in Nürnberg um 1050«, in: Nadja Bennewitz, Gaby Franger (Hg.): *Am Anfang war Sigena, Ein Nürnberger Frauengeschichtsbuch*, Cadolzburg 1999

Siegfried Zelnhefer: *Das Nürnberger Christkind*, Cadolzburg 2021

Siegfried Zelnhefer: *Die Reichsparteitage der NSDAP*. Schriftenreihe des Dokumentationszentrums Reichsparteitagsgelände, Band 2, Nürnberg 2002

Siegfried Zelnhefer, Manuel Kohler, Katharina Pflug: *Die Bratwurst. Geschichten, Hintergründe und Rezepte*, Cadolzburg 2023

Periodika

Mitteilungen des Vereins für Geschichte der Stadt Nürnberg

NORICA

Nürnberg Heute

Nürnberger Nachrichten

Webseiten

www.historisches-lexikon-bayerns.de

www.nuernberg.de

www.wikipedia.de

DANK

Für Unterstützung, Anregungen, Informationen und Kritik danke ich Michael Arnold, Dieter Barth, Berlind Bernemann, Christoph Böhmer, Thorsten Brehm, Filiz Doğu, Cornelia Engelhardt, Claus Fleischmann, Andreas Franke, Uli Glaser, Harald Kaiser, Jo-Achim Hamburger, Ernst Kick, Ulrich Maly, Birgit Rothkegel, Klaus Schamberger und Christian Vogel.

Herzlich danken möchte ich Thomas Geiger, der mit seinen Fotografien alle Themen dieses Buchs mit seinem ihm eigenen Blick bestens illustriert hat. Es war eine große Freude, nach vielen Jahren wieder einmal mit ihm zusammenarbeiten zu können.

Bester Dank gebührt Eva Elisabeth Wagner für ihr umsichtiges, kompetentes und verständnisvolles Lektorat.

Verleger Norbert Treuheit danke ich sehr herzlich dafür, dass er mir wieder großes Vertrauen schenkte und die Möglichkeit gab, »mein Nürnberg« zu porträtieren.

Meiner Ute sage ich meinen allerliebsten Dank. Sie hat mich in meinem Vorhaben von Anfang an unterstützt und ermuntert. Ohne meine Frau, mein größtes Glück, hätte dieses Buch nicht entstehen können.

Siegfried Zelnhefer